권구철 총장 설교와 특강집

그리 아니하실지라도

<제 1 권>

도서출판 **노 문 사**

추천하는 말씀

먼저 하나님께 감사를 드립니다.

권구철 목사님의 설교와 특강들을 한데 모은 **"그리 아니하실 지라도"** 제1권이 출간되었습니다.

목사님은 지금으로부터 46년전인 1965년 경북 원동교회 담임 전도사로 발령을 받으시면서 성역을 시작하셨고 특히 1978년 박사학위를 받고부터 신학교육에 투신하시면서 지금까지 33년 동안 강단에서는 격조 있는 설교로, 교단에서는 명강의 교수로, 학장, 총장을 지내시면서 신학계의 큰 스승으로 존경받고 있습니다.

목사님 말씀은 언제나 성경에 있는 것을 가르치셨고 성경이 가는 곳까지 가셨으며, 성경이 멈추는 곳에서 멈추는 오직 성경 중심적 말씀이셨습니다.

사도 바울의 설득력 있는 웅변이나 훌륭한 강연보다 그가 옥중에서 남긴 몇 편의 글이 그리스도교 2000년 역사에서 잠시도 쉬임 없이 읽혀지고 설교되어지며 국경과 인종을 초월해서 영향을 끼치는 것처럼 이 작은 책이 성령 안에서 역사하심으로 읽는 모든 분들에게 은혜되시기를 기원하면서 삼가 일독을 권합니다.

- 사단법인 한국개신교총연합회 대표회장 지용운 목사
- 대한예수교 장로회(합동고신) 부총회장 유화생 목사
- 월드퍼시픽대학교 이사장 신학박사 김주석 목사
- 대한예수교 장로회(합동고신) 부총회장 김종실 목사
- 서울신학 부학장 신학박사 권석우 목사
- 경기신학 학장 신학박사 한종선 목사

- 강원신학 학장 신학박사 심순희 목사
- 인천신학 학장 신학박사 김제숙 목사
- 영남신학 학장 신학박사 권태하 목사
- 일본 동경신학 학장 신학박사 청산 김신 목사
- 대전신학 학장 한봉숙 목사
- 중국 상해신학 학장 송기우 목사
- 한민대학교 교수 상담학박사 조상홍 목사
- 한국법실무능력자협회 서울지부장 오정석 목사
- 서울여대 교수 이학박사 박주한 목사
- 서울신학 교수 목회학박사 김두개 목사
- 서울신학 교수 신학박사 박승란 목사
- 인천신학 교수 신학박사 이춘자 목사
- 서울신학 교수 신학박사 김완옥 목사
- 인천신학 교수 신학박사 최유숙 목사
- 서울신학 교수 신학박사 한덕선 목사
- 서울노회장 한명렴 목사
- 대전신학 교수 김성일 목사

서 문

올 여름에는 유난히 많은 비가 내렸습니다.

수해 소식도 자꾸 들리고, 공기도 후덥지근하여 이제 그만 왔으면 ― 지루한 생각이 듭니다. 발에 맞지 아니한 신발은 한 달 낭패요, 많이 오는 봄비는 일년 낭패라는 옛말이 생각납니다.

요새는 날마다 좋은 글들이 또 유익한 책들이 줄이어 나오고 있는데 또 무슨 책이 더 필요할까 걱정하면서 그래도 이 책의 원고를 써 내려갑니다. 어떻게 하면 모두의 발에 맞출 수 있을까? 어떻게 하면 단비 같은 글이 될까? 걱정이 태산입니다.

되돌아보면 우리가 살아온 시대는 참으로 역사의 격동기였습니다. 일제시대에 태어나 일본 순경의 징 박은 구두소리가 아직도 귓전에 남아 있고, 우리 민족 최대의 경사였던 8·15해방을 겪으며, 또 포성을 들으며 남부여대 피난길에 올랐던 6·25, 보릿고개, 4·19, 5·16군사혁명, 민주화운동 등, 이토록 많은 민족의 몸부림에 우리는 관망자가 아닌 주역으로 우리의 발자국을 찍으며 살아왔습니다.

1965년 나는 목사님이 안 계시는 시골교회의 담임 전도사로 발령 받은 것이 내가 내디딘 성역의 첫 걸음이었습니다. 그 후 46년, 내 머리에 남는 것은 늘 설교시간 직전까지 미흡한 준비에 쫓기고 또 그 다음 준비를 서둘러야 했던 기억들입니다.

1975년, 나는 좀 더 배워야 한다는 판단에서 미국으로 유학을 떠났습니다. 있을 때는 보이지 않던 조국의 모습이 멀리서는 왜 그렇게 선명하든지 왜 그렇게 그립든지 ―.

로스앤젤레스(Los Angeles), 어거스타(Augusta), 그린빌(Greenville) 등에 교회를 개척하면서 이국땅에서 거칠게 살아가는 교포들에게 말씀을 전하는 사명의 길로, 주님은 나를 이끌어 가셨습니다.

1978년 박사학위를 받은 후로 하나님은 나를 신학 교육과 후배 양성의 길로 인도하셨습니다. 교수로서 하는 일은 마치 나무를 심는 것처럼 일년생이 아닌 해마다 열리는 다년생을 심는 것 같은 보람을 느끼게 했습니다.

제자들 중에는 학창시절 ① 열심히 공부하는 사람도 있고, ② 기도하고 예배드리는데 열심하는 사람도 있으며, ③ 높은 사람 찾아다니고 정치하는 운동권도 있습니다. 몇 년 후에 보면 ① 학구파는 교수가, ② 예배파는 큰 교회 목사로, ③ 또 운동권은 무슨 단체 회장이 되어 성지순례도 떠나고 모두 제자리를 찾아 열심히 일하고 있었습니다.

이제 인생의 석양을 바라보면서, 나는 과연 저들에게 무엇을 가르쳤는가, 어떻게 가르쳤는가, 되돌아보며 그 때 썼던 원고지를 모아 정리해 보기로 하였습니다.

글 쓰는 사람도 읽는 사람도 중요한 것은 성령께서 역사하셔야 은혜스럽다는 것을 새삼 깨닫습니다. 분명 졸작이지만 – 그래도 성령께서 함께 하셔서 읽는 분들에게 좋은 생각으로 남기를 손모아 간절히 소원합니다.

2011년 8월

그리스도교 미말에서 **권 구 철** 드림

차 례

제3부 제자들의 신앙

제4부 행사와 절기

제1부

새해와 시작

1. 새해의 세 가지 축복
2. 새 이름
3. 새 봄의 신앙
4. 씨를 뿌릴 때와 단을 거둘 때
5. 샤론의 수선화

새해의 세 가지 祝福

[민수기 6장 22~27절]

본 문

22. 여호와께서 모세에게 일러 가라사대
23. 아론과 그 아들들에게 고하여 이르기를 너희는 이스라엘 자손을 위하여 이렇게 축복하여 이르되
24. 여호와께서 네게 복을 주시고 너를 지키시기를 원하며
25. 여호와는 그 얼굴을 네게 비추사 은혜 베푸시기를 원하며
26. 여호와는 그 얼굴을 네게로 향하여 드사 평강주시기를 원하노라 할찌니라 하라
27. 그들이 이 같이 내 이름으로 이스라엘 자손에게 축복할찌니 내가 그들에게 복을 주리라

내용 개요

Ⅰ. 서 론(6:22~23)

A. 내용으로 접근하는 말
B. 축복을 위임받은 모세와 아론

Ⅱ. 본 론(6:24~26)

A. 여호와 하나님께서 "지켜주시는" 축복(6:24)
(1) 여호와께서 지켜주시지 아니하시면
파수꾼의 경성함이 허사임(시127:1b)
(2) 하나님의 지켜주시는 축복을 받아야 함(6:24b)

B. 여호와 하나님께서 "은혜 베푸시는" 축복(6:25)
(1) 은혜의 기능적 역할
(2) 지금이 은혜 받을 때임(고후6:2)

C. 여호와 하나님께서 "평강주시는" 축복(6:26)
(1) 인간적 평강의 실패
(2) 하나님께서 주시는 평강

Ⅲ. 결 론(6:27)

A. 하나님께서 출입을 지켜주시는 한 해가 되고
B. 하나님의 은혜가 가정과 교회에 넘치는 한 해가 되며
C. 모든 근심이 사라지고 평강의 태양이 떠오르는 새해가 되시기를 기원함

새해의 세 가지 祝福

민수기 6장 22~27절

〈로스앤젤레스 충현교회에서〉

Ⅰ. 서 론(6:22~23)

A. 내용으로 접근하는 말(the Entering word)

1997년이 마치 거목이 쓰러지는 것처럼 소리 없이 역사 속으로 자취를 감추어 버렸습니다. 지나간 세월은 앞으로 아무리 많은 세월이 흘러도 다시 오지 않습니다.

오늘은 1998년 새해를 맞아 민수기 6장을 묵상하면서 하나님께서 모세와 아론을 통하여 이스라엘에 내리신 세 가지 축복의 말씀에 대하여 증거 하겠습니다. 성령께서 이 시간 역사하심으로 성도 여러분들에게 은혜가 되시기를 기원합니다.

B. 축복을 위임받은 모세와 아론(6:22~23)

성경에서 아브라함은 복의 근원이라고 하였습니다. 하나님께서 "내가 너로 큰 민족을 이루고 네게 복을 주어 네 이름을 창대케 하리니 너는 복의 근원이 될지라"고 하셨습니다.

그리고 또 "너를 축복하는 자에게는 내가 복을 내리고 너를 저주하는 자에게는 내가 저주하리니 땅의 모든 족속이 너를 인하여 복을 얻을 것이니라"고 말씀하셨습니다(창12:1~2). 아브라함은 自身도 복을 받았을 뿐만 아니라 복의 근원이 된다고 하여 이중 축복을 받았습니다.

본문 말씀에서는 하나님께서 모세를 불러 제사장들은 이렇게 축복하라고 지시하시고 세 가지 축복의 말씀을 주신 다음(6:24~26), "그들이 이같이……축복할지니 내가 그들에게 복을 주리라"(I will bless them)(6:27)고 확약을 하셨습니다. 이 말씀은 하나님께서 친히 축복을 약속하신 말씀이므로 우리는 여기에 어떤 이유나 회의를 제기할 필요가 전혀 없습니다. 다만 믿음으로 이 말씀을 받아드리면 우리에게 축복이 되실 줄 믿습니다.

이스라엘 역사에서 모세는 위대한 人物입니다. 그는 하나님을 위하여 당시의 강대국 애굽의 왕자를 포기하였으니 이것은 천하를 호령하는 제국의 권좌를 버린 것이고, 그는 학문도 지식도 포기하였으니 애굽의 최고 학부에서 배운 모든 것들보다 차라리 학대받고 무식한 노예백성이 되어 고난의 길을 감수하였습니다. 그는 또 기름진 옥토와 전설적인 나일강의 文化를 버리고 독사와 승냥이가 우글거리는 광야를 유랑하게 되었습니다.

그러나 성경에서 주님은 "누구든지 나를 위하여 제 목숨을 잃으면 찾으리라"고 하셨습니다(눅16:25). 모세는 하나님께서 택하신 사람으로 이스라엘 민족을 해방시킨 민족의 영웅이 되었으며 역사는 이스라엘의 출애굽사건을 모든 민족해방 운동의 모범으로 규정하고 있습니다. 그뿐만 아니라 모세는 가장 위대한 법률을 제정한 법률가가, 구약성경 다섯 권을 저술한 성경기록자가, 전쟁에 임하면 연달아 승리하는 명장이, 한 나라를 독립시킨 민족적 지도자가 되었습니다.

하나님은 이제 이 모세를 통하여 이스라엘 민족에게 세 가지 축복을 주시겠다고 약속하셨습니다. 모세는 120세를 장수하였고 제사장을 맡은 레위지파들은 모세에게 전수 받은 이 축복의 말씀을 후세에 전했습니다. 새해를 맞아 이 말씀이 우리의 축복으로 임하시기를 기원합니다.

Ⅱ. 본 론

A. 여호와 하나님께서 "지켜주시는" 축복 (6:24)

(1) 여호와께서 성을 지키지 아니하시면 파수꾼의 경성함이 허사임 (시127:1b)

솔로몬은 그의 시편에서 "여호와께서 집을 세우지 아니하시면 세우는 자의 수고가 헛되며, 여호와께서 성을 지키지 아니하시면 파수꾼의 경성함이 허사"라고 하였습니다(시127:1). 우리말에서 "지킨다"는 말은 여러 가지 의미가 있습니다. 우선 ① "준수한다"는 뜻으로 法을 지킨다, 약속을 지킨다, 시간을 지킨다 등의 뜻이 있고, ② 다음으로는 "보호한다"는 뜻으로 성을 지킨다, 약한 자를 지킨다, 포도원을 지킨다 自己自身을 지킨다는 뜻이 있습니다.

모세가 하나님의 명을 받아 우리에게 가르쳐주시는 제일 축복은 "여호와는 네게 복을 주시고 너를 지키시기를 원하며"(민6:24), 즉 하나님께서 우리를 지켜주시는 축복을 말씀하고 있습니다.

사람들은 누구나 自己를 지키려고 노력합니다. 국가에서 경찰을 두고, 군대를 양성하고, 집에 울타리를 두르고, 개를 기르는 것은 결국 자기를 지키려는 노력입니다. 그러나 성경은 말하기를 “여호와께서 지키시지 아니하시면 이 모든 것이 허사”라고 말합니다.

옛날 사울이라는 사람은 잃어버린 아버지의 나귀를 찾으러 갔다가 왕이 되었습니다. 그러나 사울은 왕이 된 후 처음에는 잘 하다가 나중에는 하나님과의 약속과 법도를 지키지 않았습니다. 사울이 하나님과의 언약을 잘 지켰을 때는 하나님도 사울을 잘 지켜주셔서 나라가 부강하고 왕조가 튼튼했으며 국방도 철통같았습니다.

그러나 사울이 하나님을 떠났을 때는 하나님도 사울을 떠나, 더 이상 사울의 집을 지키지 아니하셨습니다. 그러므로 사울의 집에는 위험신호가 계속해서 오고 사울 자신도 머리가 아팠습니다. 전쟁에 나가면 실패를 거듭했고 결국 사울과 그의 가족은 전쟁의 와중에서 비참하게 죽었습니다. “여호와께서 지키지 아니하시면, 파수꾼의 경성함이 허사입니다.”

(2) 하나님께서 지켜주시는 축복을 받아야 함 (6:24b)

그러므로 우리는 여호와 하나님께서 지켜주시는 축복을 받아야 하겠습니다. 내일을 예측할 수 없는 삶이 오늘 날 현대인들의 삶입니다. 특히, 미국이나 한국이나를 막론하고 위험은 언제 어디서나 도사리고 있습니다. 어떤 사람은 새벽 일찍 자기 가게를 청소하기 위해서 수돗물을 바께스에 받아오다가 손님으로 가장하고 들어온 강도의 총탄을 가슴과 머리에 맞고 그 자리에서 숨졌습니다. 어떤 사람은 남미계 점원과 약간의 말다툼을 했는데 그 사람의 총에 또 목숨을 잃었습니다. 요사이 미국 교포사회에서는 총기사고가 자주 납니다. 어떤 사람은 밤중에 까페 주차장에서 차를 정차하고 나오다 바깥에서 기다리던 괴한의 총에 이유도 모르는 죽임을 당했습니다. 어떤 부인은 돈 10만불을 갖고 싶었습니다. 열심히 저축해서 10만불을 채우고 은행에 예금하고 나오다 달려오는 차량에 받쳐 목숨을 잃고 말았습니다.

사랑하는 성도 여러분, 人生이 무엇입니까? 생명이 무엇입니까? 베드로도 "모든 육체는 풀과 같고 그 모든 영광이 풀의 꽃과 같으니 풀은 마르고 꽃은 떨어진다"고 하였습니다(벧전1:24). 또 야고보는 "내일 일을 너희가 알지 못하는도다 너희 생명이 무엇이뇨 너희는 잠깐 보이다가 없어지는 안개"(약4:14)라고 하였습니다.

설교자는 로스앤젤스 국제공항에서 갓난아기를 업고 자꾸 울고 있는 젊은 한국부인을 본적이 있습니다. 이 부인은 얼마전 한국에서 재미교포청년과 결혼식을 올리고 청운의 미국 꿈(American Dream)을 안고 미국으로 왔습니다. 그러나 누가 알았으랴, 6개월 후 남편이 교통사고로 죽었습니다. 그리고 또 6개월 후 아버지 없는 딸아이를 낳았습니다. 남편은 미국 땅에 묻어놓고 어쩔 수 없이 갓난아기를 업고 한국으로 돌아갑니다. 앞길이 캄캄합니다. 친정으로 가야할까요. 시댁으로 가야할까요. 누가 반겨줄 것인가 아무리 생각해도 해답이 나오지 않습니다. 절망, 절망, 또 절망뿐입니다.

야고보는 "해가 돋고 뜨거운 바람이 불어 풀을 말리우면 꽃이 떨어져 그 모양의 아름다움이 없어진다"고 하였습니다(약1:11).

미국은 평화스럽고 자유가 있고 안정과 부귀가 있다고 생각합니다. 사실일 수도 있습니다. 그러나 역시 세상에는 슬픔이 있고, 한숨과 신음과 고통과 눈물이 있습니다. 우리가 이 나라에 이민객이 되어 나그네로 살면서 진실로 진실로 필요한 것은 하나님 아버지께서 우리를 지켜주시는 "보호의 축복"이 필요한 줄 믿습니다.

사랑하는 성도 여러분! 하나님은 야곱을 "호위하시며, 보호하시며, 자기 눈동자 같이(as the apple of his eye) 지키셨다"고 하셨습니다. 하나님께서 여러분을 보호하시되 눈동자처럼 지켜주시기를 기원합니다. 하나님께서 우리를 그 강하신 능력의 팔로 붙잡으시고, 이토록 많고 흔한 사고와 총탄의 방패가 되시기를 진심으로 기원합니다.

캘리포니아에는 자동차 수가 유럽 전 지역과 맞먹는 많은 대수를 보유하고 있다고 합니다. 출퇴근과 약속시간에 쫓겨 홍수처럼 정신없이 몰려다닙니다. 이 와중에서 우리는 하나님께서 우리를 보호하시고 지키시고 아무런 사고가 없게 해주시기를 기도 드려야 하겠습니다.

B. 여호와 하나님께서 은혜 베푸시는 축복(6:25)

(1) 은혜의 기능적 역할

두 번째의 축복은 본문 25절에서 "여호와는 그 얼굴로 네게 비추사 은혜 베푸시기를 원한다"고 하셨습니다. 여기 그리스도인들이 흔하게 사용하는 "은혜"라는 말이 나왔습니다. 교회에 다니는 사람들은 "은혜"(Gracious)라는 말을 많이 사용합니다. 또 이 말은 그리스도교 특유의 용어이기도 합니다. 그러나 막상 교회에 오래 다닌 사람들도 은혜가 무엇인가 물으면 명쾌하게 대답하지 못합니다. 본 설교자는 이 시간을 빌려서 은혜의 역할, 즉 그 기능적인 면을 쉽게 이해시켜 드리고자 합니다.

쉽게 말해서 사람을 자동차에 비유하면 은혜는 오일(Oil), 즉 엔진의 기름 같은 것입니다. 엔진을 부드럽게 회전시키는 엔진 오일, 트렌스밋션을 부드럽게 돌아가게 하는 트렌스밋션 오일 같은 역할을 합니다. 무슨 기계든지 오일이 없으면 덜거덕거리고, 마찰이 심하고, 소리가 요란하고, 그러다 계속하면 망가집니다.

하나님으로부터 사죄와 용서와 구원의 확신과 기쁨과 사명 같은 은혜를 체험하지 못한 사람, 즉 은혜가 없는 敎人은 오일이 없는 기계처럼, 마찰이 생깁니다. 말썽이 생깁니다. 가정에서도 재미가 없고, 친구들 사이에도 인기가 없고 교회에 나와서도 존경받지 못합니다.

학식이 높고 인품도 좋지만, 재산도 있지만 하나님께서 베푸시는 은혜가 없는 사람은 딱딱하고, 메마르고, 소리가 나고, 하는 일마다 문제가 생기고 분쟁이 생기고, 맡은 일이 요란해집니다. 은혜가 없어서 그렇습니다.

이 은혜는 우리 스스로 만들어서 가지는 것이 아닙니다. 자동차가 오일을 만들어 가지지는 못하지 않습니까? 주인이, 메카닉이 오일을 부어주어야 합니다. 처럼, 우리는 하나님께서 은혜를 베푸셔야 받을 수 있습니다. 옛날 느부갓네살왕은 하늘을 쳐다보지 못하고 지혜를 상실한 즉 국가의 통치력을 잃고 신하들을 다스리지 못하고 쫓겨나 풀을 먹고, 이슬을 맞으며 짐승처럼 되었다가 7년이 지난 후에야 다시 하늘을 쳐다보고 하나님께서 그에게 은혜를 베푸셔서 인간의 정신을 되찾고 다시 왕이 되었습니다.

(2) 지금이 은혜 받을 때임 (고후6:2)

사도 바울은 "보라 지금은 은혜 받을만한 때요, 보라 지금은 구원의 날이로다"(고후6:2)라고 선포하였습니다. 하나님께서 은혜를 베푸실 때가 우리에겐 은혜를 받을 때입니다. 지금 기름을 쳐야 할 때입니다. 곧 oil change를 해야 합니다. 부서진 다음은 늦습니다. 그래야 교회에서 맡은 직무를 어려움 없이 수행할 수 있습니다.

마치 계속되는 가뭄에서 타버린 대지가 단비를 기다리는 것처럼 우리는 하나님의 은혜를 갈급하게 사모해야 합니다. 우리가 살고 있는 로스앤젤레스와 캘리포니아 주는 비가 적게 오고 물이 모자랍니다. 동쪽으로 두 시간만 가면 메마른 사막이 있고 이곳에 서식하는 동식물들은 비오기를 몹시 기다린다는 것을 느낄 수가 있습니다. 처럼, 지금 우리는 하나님께서 베풀어주시는 은혜의 단비를 간절히 기다리고 사모해야 합니다.

사도 베드로는 요엘의 말을 인용하면서 "그때에 내가 내 영으로 내 남종과 여종들에게 부어 주리니"(행2:18)라고 하셨습니다. 하나님은 지금 우리에게 성령을 주시고 은혜를 주시기 원하십니다. 그래야 우리 교회가 모두 은혜에 충만하고 또 우리의 영이 기갈 중에서 해갈을 얻어, 더욱 활기차고, 더욱 생기 있고, 더욱 씩씩하여 마치 가뭄 후 비를 흠뻑 맞은 나무들처럼 싱싱하게 되어야 하겠습니다.

성경에 이르기를 말세가 되면 교회의 사랑이 식고, 은혜가 메마르고 사람들의 마음이 강팍하여져서 돌처럼 굳겠다고 하였습니다. 그러므로 우리는 하나님께 은혜를 구하여 "여호와여 그 얼굴로 내게 비추사 은혜를 베푸시기를 원하나이다"라고 기원해야 하겠습니다. 그래서 ① 식었던 사랑이 뜨겁게 되고, ② 메말랐던 은혜가 다시 윤택하게 되고, ③ 돌 같은 심령이 녹아서 마치 방금 기름을 채운 자동차처럼 됩시다.

물에서 나온 고기가 살 수 없는 것처럼, 하나님의 은혜가 없는 신앙생활이란 벌써 뿌리부터 마른 가을나무 같아서 잎은 마르고 열매도 없고 결국은 죽어가야 할 것입니다. 사랑하는 성도 여러분 이제부터, 우리의 신앙생활을 은혜 中心으로 바꿉시다. 새해에는 예배도 은혜스럽게 드리고 찬송도 은혜스럽게 부르고, 제직회도 은혜스럽게 합시다. 올해는 열심을 다하여 사모하는 새해가 됩시다.

C. 여호와 하나님께서 평강 주시는 축복(6:26)

(1) 인간적 평강의 실패

마지막 세 번째, 26절에서 "여호와는 그 얼굴을 네게로 향하여드사 평강주시기를 원하노라 할지니라"고 하였습니다. 즉 평강의 축복에 대해서 언급하고 있습니다.

이 세상에는 사람이 노력해서 취할 수 있는 것이 있고 또 사람의 힘으로 어쩔 수 없어 하나님께서 주셔야 가질 수 있는 것이 있습니다. 예를 들면 좋은 옷은 돈을 주고 살 수 있습니다. 그러나 건강과 장수는 하나님의 축복으로 누리는 것입니다. 상아침대는 돈으로 살 수 있습니다. 그러나 단잠은 하나님의 축복으로 이루어집니다. 그래서 잠언기자는 "네가 누운즉 네 잠이 달리로다"고 하였고(잠3:24) 솔로몬은 시편에서 "여호와께서 그 사랑하시는 자에게는 잠을 주시는도다"(시127:2b)라고 기술하였습니다. 영육의 편안한 단잠은 하나님의 축복으로 이루어집니다.

오늘날 얼마나 많은 사람들이 백향목 침대에서도 잠을 이루지 못하고 고통스러워 몸부림을 치는지 모릅니다. 우리는 집을 사고, 가구를 사고, TV는 살 수 있어도 행복은 돈으로 살 수 없습니다. 이것은 하나님께서 주시는 것입니다. 우리 주위에 사는 미국인들이 집이 없어서, TV가 없어서, 가라오께가 없어서 이혼하고 재판하고, 부부가 헤어지고, 자식들은 고아처럼 자라고 삐뚤어진 성격으로 범죄하고 사생아가 더 많고 노인들은 외롭게 죽어갑니까? 아닙니다. 평강은 하나님께서 주셔야 얻을 수 있습니다. 그래서 "하나님께서 얼굴을 네게로 향하여 드사 평강 주시기를 원하다"고 축복하라고 하신 것입니다.

옛날 조선시대 제7대왕 세조는 자기형인 문종의 아들, 단종을 죽이고 많은 충신들을 죽인 후 권력을 잡고 왕위를 빼앗았습니다. 그러나 그 후 그의 마음은 한없이 불안하고 편할 날이 없었습니다. 팔도강산 명승지를 섭렵하고 천하기경을 다 보아도 마음에 평강이 없었습니다. 사찰을 찾아가 불경을 외우고 불교에 귀의해도 불안은 떨쳐 버릴 수가 없고 잠자리에 들면 꿈자리가 치떨리게 사나웠습니다. 지옥 같은 나날이었습니다. 그에게 정녕 필요한 것은 이제 왕좌도 권력도 아니고 마음의 평강이었습니다.

(2) 하나님께서 주시는 평강

주님 제자중 가룟유다는 은을 받고 주님을 팔았습니다. 유다는 돈을 벌었지만 마음은 괴롭고 고통스러웠습니다. 얼마나 괴로운지 목을 매고 몸을 곤두박질치고 창자가 터져 괴롭게 죽었습니다. 그에게 있어서 은보다 귀한 것은 마음과 양심의 평강이었습니다.

어네스트 헤밍웨이(Ernest Hemingway : 1899~1961)는 세계

적으로 이름을 떨치는 문학가로 그의 소설 "노인과 바다"(The Oldman and the Sea), "누구를 위하여 종은 울리나?"(For Whom the Bell tolls?), "무기여 잘 있거라?"(Farewell the Arms) 등 대작들이 인기 절정에 도달했을 때에 그는 자신의 사냥총으로 자기 머리를 쏘아 자결하고 말았습니다.

샌프란시스코(San Francisco)에 있는 금문교에는 해마다 20여명의 사람들이 자살을 한다고 합니다. 지상낙원이라고 생각하는 유럽의 덴마크나 스웨덴 사람들의 자살율이 높다고 합니다. 우리 영혼의 평강을 돈이, 은이, 권세가, 문학이, 명성이 줄 수 있습니까? 아닙니다. 人間의 영혼은 하나님이 주신 평강이 있어야 합니다.

천금을 벌어 놓고, 만석을 쌓아 놓고도 하나님께서 그 마음속에 평강을 주시지 아니하시면 가슴을 치며 답답해하고, 머리를 뜯으며 괴로워해도, 몸을 곤두박질해도 안정이 없고 편안이 없습니다. 진정한 마음의 평강은 우리 하나님께서 주시는 선물입니다. 하나님께서 우리를 향하여 얼굴을 드사 평강을 주셔야 우리는 행복할 수 있습니다.

성경은 불안한 중에 호의호식 하는 것보다 편안한 가운데 나물 죽을 먹는 것이 낫다고 하였으며 "악인의 장막에 거함보다 내 하나님 집의 문지기로 있는 것이 좋다"고(시84:10b) 하였습니다. 마음의 평강은 이토록 사람에게 중요한 것입니다.

그래서 하나님이여 하나님이여 가진 것이 없어도, 성공을 못해도, 출세를 못해도, 새해에는 먼저 마음의 평강을 주소서, 그래서 우리들의 마음이 이유없이 기쁘고, 왜 그런지 즐겁고 감사가 범사에 넘치면, 이것이 다른 사람에게 전해지고, 옮아가고, 마침내는 우리 교회 전체 성도가 이 세상에서 천국을 호흡하게 될 것입니다. 그 후에 사업도 성공도 출세도 저절로, 줄줄이 따라오게 될 것입니다.

Ⅲ. 결 론(6:27)

"그들은 이 같이 내 이름으로 이스라엘 자손에게 축복할지니 내가 그들에게 복을 주리라"(6:27) 하나님께서 축복하시겠다고 약속하신 말씀입니다.

첫째로 하나님께서 우리를 지켜주시는 축복을 기원합시다. 로마시대에 어떤 왕은 불신자였고 수하에는 신실한 크리스챤 장수가 한 사람 있었습니다. 전쟁터에서 그 왕은 "그대가 믿는 그 목수는 지금 어디서 무얼하는고"라고 비웃는 질문을 했습니다. 신앙 좋은 이 장수는 그것을 농담으로 받아드리고 "예, 대왕 그 목수는 아마 관을 짜고 계실 겁니다"라고 대답했습니다. 다음순간 난데없는 화살이 하나 날아와 왕은 전사하고 말았습니다. 우주공간에는 항상 죽음의 화살이, 일정한 방향 없이 날아다닙니다. 언제 어디서 날아들지 모릅니다. 다만 하나님께서 우리를 지켜주실 때만이 안전합니다.

두 번째로 새해에는 하나님께서 은혜 베푸시기를 기원합시다. 그래서 삶에 생기가 넘치고 우리들의 영혼이 단비에 흠뻑 젖은 여름나무처럼 싱싱하고, 사슴처럼 활기차며, 기름처럼 윤택하여 많은 사람들이 우리를 가리켜 "보라 하나님께 은혜 받은 자들이 저기 있다." 하도록 은혜 충만한 성도가 되시기를 바랍니다.

마지막으로 하나님께서 그 얼굴을 우리에게 향하시매 우리 마음에 태양처럼 되시기를 기원합니다. 세상 걱정 근심이 모두 물러가고 욕심도 시험도 물러가고 어두움과 공포와 두려움이 다 사라지고 하나님께서 주시는 값진 평강이 새해 새 아침처럼 떠오르시기를 기원합시다.

"내가 그들에게 복을 주리라." 아멘, 할렐루야!

여호와께서 아브람에게 이르시되 너는 너의 본토 친척 아비 집을 떠나 내가 네게 지시할 땅으로 가라
내가 너로 큰 민족을 이루고 네게 복을 주어 네 이름을 창대케 하리니 너는 복의 근원이 될찌라
너를 축복하는 자에게는 내가 복을 내리고 너를 저주하는 자에게는 내가 저주하리니 땅의 모든 족속이 너를 인하여 복을 얻을 것이니라 하신지라 <창 12:1~3>

새 이름

[창세기 17:1~5, 32:26~28]

본 문

[창세기 17:1~5]

1. 아브람이 구십구세 때에 여호와께서 아브람에게 나타나서 그에게 이르시되 나는 전능한 하나님이라 너는 내 앞에서 행하여 완전하라
2. 내가 내 언약을 나와 너 사이에 두어 너를 크게 번성하게 하리라 하시니
3. 아브람이 엎드렸더니 하나님이 또 그에게 말씀하여 이르시되
4. 보라 내 언약이 너와 함께 있으니 너는 여러 민족의 아버지가 될찌라
5. 이제 후로는 너를 아브람이라 하지 아니하고 아브라함이라 하리니 이는 내가 너를 여러 민족의 아버지가 되게 함이니라

[창세기 32:26~28]

26. 그가 이르되 날이 새려하니 나로 가게하라 야곱이 이르되 당신이 내게 축복하지 아니하면 가게하지 아니하겠나이다
27. 그 사람이 그에게 이르되 네 이름이 무엇이냐 그가 이르되 야곱이니이다
28. 그가 이르되 네 이름을 다시는 야곱이라 부를 것이 아니오 이스라엘이라 부를 것이니 이는 네가 하나님과 및 사람들과 겨루어 이겼음이니라

내용 개요

Ⅰ. 서 론 : 내용으로 인도하는 말

A. 성경에 나오는 이름들 (룻1:2, 호1:6,9)
B. 새 이름을 받은 사람들 (계2:17)

Ⅱ. 본 론

A. 새 이름은 새 축복을 의미함 (창17:1~5)
(1) 아브람 — 아브라함 (17:1,2,5)
(2) 새 이름으로 받은 영원한 축복 (17:3~4)

B. 새 이름은 진정한 승리를 의미함 (창32:26~28)
(1) 외적(外的) 승리자 — 야곱
(2) 새 이름 이스라엘 — 진정한 승리는 무엇인가

C. 새 이름은 신령한 사명을 의미함
(1) 사울(무덤)처럼 산 사울
(2) 새 이름으로 수행한 신령한 사명

새 이름

창세기17:1~5, 32:26~28

2002년 4월 27일 새빛교회 설교

Ⅰ. 서 론: 내용으로 인도하는 말

A. 성경에 나오는 이름들

성경에는 많은 인명(人名)과 지명(地名)들이 나옵니다.

이름들은 일부 무의미한 것도 있고 또 이름과는 아무 상관도 없는 삶을 살아간 사람도 있지만 또한 이름이 포함한 의미대로 살아간 사람들도 많이 있습니다. 주님의 존명(尊名)은 말할 필요도 없고 이 땅에 오시기 전부터 많은 별칭들이 있었으며 모두 뜻 깊은 의미가 있었습니다.

성경에는 또 의미가 좋지 않은 이름도 있습니다. 룻기서에 나오는 엘리멜렉과 나오미 사이의 아들들인 말론과 기룐은 허약하고 병들었다는 의미를 가진 이름으로 좋은 의미가 아닙니다. 또 호세아의 딸 로루하마도 긍휼히 여김을 받지 못한다는 뜻이고 막내아들 로암미는 내 백성이 아니라는 뜻으로 역시 좋은 이름이 아닙니다.

그러나 성경에는 좋은 이름들이 더 많습니다. 그리고 특별히 그 사람의 운명을 바꾸고 새로운 운명을 결정짓는 이름들도 있고 또 미래를 예언하는 예언적 이름도 있습니다. 실로암의 뜻은

"보냄을 받았다"는 뜻인데 오랜 후에 주님께서 나면서부터 소경인 사람 하나를 이곳으로 보내어 씻고 눈이 밝아 보게 된 사실이 있습니다. 주님께서 이곳으로 소경을 보내기 전까지는 많은 사람들이 실로암을 실로암이라고 부르면서도 왜 그렇게 부르는지 이유를 전혀 알지 못했습니다. 그러나 주님께서 소경을 그곳에 보내어 고치심으로 실로암 이름의 뜻이 이루어진 것입니다. 하나님의 경륜을 나타내는 예언적 이름이라 하겠습니다.

B. 새 이름을 받은 사람들(계2:17)

성경에는 이름을 바꾸고 새 이름을 받은 사람들이 있습니다. 아브라함의 원래 이름은 아브람이었습니다. 그런데 하나님께서 아브라함이라는 새 이름을 주셨습니다. 야곱도 브니엘 얍복나루에서 이스라엘이란 새 이름을 받았으며 베드로는 원래 이름이 시몬이었는데 주님께서 베드로라는 새 이름을 주셨으며 바울도 본명은 사울이었으나 바울이라는 새 이름을 사용하였습니다.

사도 요한은 계시록에서 소아시아에 있는 일곱 교회 중 세 번째 교회인 버가모 교회에 편지하기를 "귀 있는 자는 성령이 교회들에게 하신 말씀을 들을지어다 이기는 그에게는 내가 감추었던 만나를 주고 또 흰돌을 줄 터인데 그 돌 위에 새 이름을 기록한 것이 있나니 받는 자 밖에는 그 이름을 알 사람이 없느니라"(계2:17)고 말씀하셨습니다.

버가모는 소아시아 중에서도 이교와 우상숭배의 중심지로서 황제 예배가 성행하였고 사탄의 권좌가 있는 곳이라고 표현되었습니다(계2:13). 그래서 이미 충성된 증인 안디바가 순교하였고 그러나 끝까지 믿음을 지키는 자에게는 "흰돌"(White Stone)에

"새 이름"(New Name, NIV)을 새겨준다는 것입니다.

흰것과 새것은 하나님 나라에서 많이 사용되는 표현으로 흰옷은 하나님 나라에서 입는 옷이며 하나님 나라의 것들은 모두 새것입니다. 세상에 있는 것들은 새것이라 하나 금방 변하고 수명이 짧아 곧 헌 것으로 변하지만 하나님 나라에서는 헌것이 없고 지겹거나 낡은 것이 없습니다.

믿음으로 승리한 사람들은 언제나 영광스럽고 영원히 사랑스러운 새 이름으로 불려질 것입니다.

Ⅱ. 본 론

A. 새 이름은 새 축복을 의미합니다 (창17:1~5)

(1) 아브람 – 아브라함

아브람은 원래 갈대아 우르 지방에 살았습니다. 그곳은 우상을 많이 섬기는 우상과 미신의 고장이었습니다. 아브람의 아버지 데라는 전설에 의하면 우상을 만들어 파는 우상장수였다고 합니다.

그러나 아브람은 이런 우상과 미신의 소굴에서도 홀로 유일신 사상을 가지고 오직 한 분 여호와 하나님을 신봉하는 독보적인 사람이었습니다. 그리고 그의 이름은 "높은 아버지"라는 의미가 있었으며 그는 실로 위대하고 고고한 아버지의 인품을 갖춘 사람이었습니다.

아브람이 99세가 되었을 때에 그는 여호와 하나님을 만났습니다(창17:1A). 여호와 하나님은 자신을 "전능하신 하나님"(Mighty God)이라고 소개하시면서 아브람과 약속을 세우시고 그를 크게 번성케 하시겠다고 하셨습니다. 그리고 "너는 내 앞에서 행하여 완전하라"고 하셨습니다(창17:1B).

아브람은 하나님의 말씀을 수용하고 순종하겠다는 의사표시로 그 앞에 엎드렸습니다. 또 엎드리는 것은 경배의 의미가 있습니다. 하나님은 번성케 하시겠다는 약속의 의미를 좀 더 구체화 하시면서 아브람은 여러 민족의 아버지가 되고 그의 자손들 중에는 왕들이 나오게 될 것이라고 말씀하셨습니다(창17:3~4).

그리고 이름을 아브람이라 하지 말고 아브라함이라고 하라고 새 이름을 주셨습니다. 아브람의 뜻이 "높은 아버지"인데 비하여 아브라함의 뜻은 "무리의 아버지" 즉 "많은 사람들의 아버지"라는 뜻입니다.

그 후로 아브라함은 큰 축복을 받았습니다. 여호와 하나님은 그에게 특별히 많은 축복을 하셨을 뿐만 아니라 그에게 축복하는 사람에게도 복을 주시겠다고 하셔서 그를 복의 근원이 되게 하셨습니다(창12:3). 우리는 이것을 이중축복(二重祝福)이라 합니다. 오늘 새빛교회도 새 이름으로 새 출발하여 이중축복을 받으시고 또 복의 근원이 되시기를 축원합니다.

(2) 새 이름으로 받은 영원한 축복

하나님께서 내리신 아브라함의 축복은 차츰 차츰 현실화하기 시작했습니다. 우여곡절도 많았지만 생활과 경제도 자리를 잡아가고 역사적으로 족장시대였던 당시, 아브라함도 유력한 족장으로 자리를 잡아갔습니다.

또 오랫동안 잉태하지 못했던 아내 사라가 아주 나이가 많아서 아이를 가졌습니다. 그리고 이삭이 태어나고 또 손자 야곱 때에 이르러 갑자기 열두 형제가 태어났습니다. 나중에 이들을 통해서 이스라엘의 열두 지파의 기초가 되어 하나님께서 택하신 민족으로 형성되는 축복을 받았습니다.

또 이스마엘과 에서의 후손들도 세력이 장성하여지고 하나님께서 버리지 아니하시고 축복해주셔서 한 민족으로 발전하기 시작해서 아브라함의 후손들이 하늘의 무수한 별과 같고 바다의 모래와 같을 것이라는 말씀이 이루어져 가고 있었습니다.

그러나 이 모든 것 중에서도 가장 크고 영원한 축복은 아브라함의 후손 가운데 우리 주님이신 예수 그리스도께서 나신 것입니다. 아브라함은 주님을 통해서 이스라엘 한 민족의 아버지에서 세계 모든 열방의 아버지가 되셨습니다.

그리스도의 복음은 한 민족의 벽을 넘어섰고 이방세계와 열방에 전파되었으며 구라파, 미국 그리고 우리나라를 비롯하여 아시아 모든 나라로 전파되었습니다. 이와 같이 세계 도처에 산재해 있는 크리스챤들은 하나도 빠짐없이 아브라함을 믿음의 조상이요 신앙의 아버지로 존경하는 것을 주저하지 않습니다. 참으로 그는 나라와 민족을 초월한 많은 무리의 아버지 아브라함이 된 것입니다.

심지어 세계 문화와 정치에 막강한 영향력을 끼치고 있는 그리스도교와 무슬림, 그리고 유대교의 삼대 종교 경전에 아브라함은 모두 믿음의 조상으로 기록되었습니다. 하나님께서 아브라함에게 내리신 축복은 양질 면에서도 역사의 시간적으로도 영원한 축복이라 할 것입니다.

B. 새 이름은 진정한 승리를 의미합니다

(1) 외적(外的) 승리자 – 야곱

두 번째로 언급될 사람은 아브라함의 손자요 이삭의 아들인 야곱입니다. 그는 브니엘 얍복나루에서 이스라엘이란 새 이름을 받았습니다.

야곱(Jacob - James)은 이삭과 아내 리브가(Rebecca) 사이에서 태어난 쌍둥이 형제 중 두 번째 동생입니다. 어머니 리브가는 뱃속에서 쌍둥이 형제가 서로 싸운다고 말한 적이 있습니다. 이들 쌍둥이는 서로 치열한 경쟁자였습니다.

야곱은 태어날 때 형 에서의 뒷꿈치를 잡고 따라 나왔으므로 이름을 야곱이라 했는데 야곱의 뜻이 "뒷꿈치 잡은 자"라는 의미라고 합니다. 치열한 경쟁을 숙명적으로 타고난 형제로 보이기에 충분한 출생이라 하겠습니다.

야곱은 자라면서 순간의 차이로 자기는 동생 대우를 받고 에서는 형 대접을 받는 것에 불만이 많았을 것입니다. 그래서 그는 에서가 사냥에서 돌아와 죽을 만큼 배곯았을 때에 팥죽 한 그릇을 주고 형의 명분을 빼앗은 무리한 게임을 벌렸습니다.

그리고 아버지 이삭이 늙었을 때에 이삭의 눈이 어두운 것을 이용하고 어머니를 꾀어서 아버지의 축복을 받아 내는데 성공합니다. 그러나 이 일로 인하여 형 에서의 분노가 심각한 수준에 달했습니다. 그는 사냥을 본업으로 하는 들판의 야인이었습니다. 쌍둥이 형제 사이에 무슨 일이 일어날지 아무도 장담할 수 없게 되었습니다.

야곱은 어머니의 주선으로 형을 피하여 외삼촌 집으로 도망쳤습니다. 그리고 외삼촌 집에 붙어살면서 그의 능란한 수단으로 외삼촌의 두 딸과 많은 재산을 빼내는데 성공합니다.

야곱의 생애는 치열한 경쟁대열에서 형을 이기고, 어머니를 이기고, 아버지도 이기고 또 외삼촌과 그가 만난 모든 사람들을 이겼다고 할 수 있습니다. 심지어 자기 딸을 괴롭힌 이방 부족하나를 속여서 완전히 괴멸시키는 일도 있었습니다(창34:24~29).

그는 20년이라는 젊은 시절을 험난한 객지에서 속고 속이는 투쟁의 세월로 보내고 이제 고향으로 돌아가야 하는 길에 올랐습니다. 야곱은 브니엘 얍복강 나루에서 회상하기를 이 강을 건널 때는 지팡이 하나만 가지고 갔더니 이제는 하나님의 축복으로 재물과 보화와 짐승을 두 떼로 나누고 네 아내와 열두 아들을 얻어 돌아가게 되었다고 하였습니다(창32:10).

(2) 새 이름 이스라엘 – 진정한 승리는 무엇인가?

야곱은 지금 외적으로 물질적으로는 성공한 사람처럼 보입니다. 그러나 많은 같은 경우의 사람들이 그렇듯이 야곱은 내적으로 매우 심각한 문제를 안고 있습니다. 원수나 다름없는 형제, 아직도 해결을 보지 못한 아버지와의 오해, 멀어져간 어머니, 껄끄러운 외삼촌 등 물질과 명예 때문에 얽힌 인간관계는 풀릴 기미가 전혀 보이지 않습니다. 무리한 물질적 성공은 그만큼 정신적 압박이 되어 되돌아오는 수가 있습니다.

그때 야곱은 에서의 소식을 접했습니다. 에서가 400명의 군사를 이끌고 이곳으로 몰려오고 있다는 매우 위험스러운 보고였습니다. 에서는 지난 20년간 원한을 품고 살아 왔을 수도 있고 지금은 그 원한이 절정에 이르렀을 수도 있습니다.

만약에 그렇다면 야곱의 가족들은 도륙당하고 재물은 빼앗기고, 부숴지고 그의 소떼와 양떼는 순식간에 남의 재물이 되는 아주 위험한 기로에 서 있는 것입니다.

생각의 장르를 현실로 옮겨보겠습니다. 이 세상에는 이런 일들이 얼마든지 있을 수 있습니다. 특히 우리 사회에서 정경유착으로 재물을 모았던 재벌들이 베임을 받은 거목들처럼 쓰러졌습니다. 지난 10년 이내에 얼마나 많은 부자들이 또 유명 인사들이 재판을 받고 또 역사의 어두움 속으로 사라졌습니까? 겉보기는 화려한 물질적 성공만으로는 즐길 수 있는 안전한 성공이 못 될 수 있습니다.

야곱도 절대절명, 풍전등화와 같은 순간에 얍복강 나루에서 하나님의 사자에게 매달려 축복해 주시기를 간청하고 있었습니다. 그는 모든 사람들과 인연이 두절된 상태에서 이제 붙잡을 분은 하나님 밖에 없었습니다. 그는 허벅다리 환도뼈가 부러지도록 얻어맞았지만 하나님의 사자를 보내줄 생각이 없었습니다(창32:25~26).

하나님의 사자는 "네 이름을 다시는 야곱이라 부를 것이 아니오 이스라엘이라 부를 것"이라고 하셨습니다. 이스라엘은 하나님과 겨루어 이겼다는 엄청난 이름으로 그후 그의 자손들이 형성한 민족의 이름이 되었습니다.

여기에서 우리는 몇 가지 놀라운 사실을 발견하게 됩니다. 지금까지 만나는 모든 사람과 겨루고 싸워서 이긴 야곱에게, 그러나 이 모든 것들이 한순간에 무너질 수도 있고 한줌의 먼지처럼 날아갈 수도 있는 시점에서 그의 환도뼈가 부러지는 고통을 감수하면서 얻은 최후의 응답은 무엇인가?

그것은 지금부터 다시는 야곱이라 부르지마라(창32:28A). 즉 야곱이 사라지는 것, 야곱을 과거에 묻어버리는 것, 야곱이 죽는 것이었습니다. 세상은 싸워서 이기는 것만이 승리하는 것일지 모릅니다. 그러나 교회는 자신을 쳐서 낮추고 모든 사람과 더불어 화평함과 선을 이루어 의의열매를 맺는 것이 진정한 승리입니다.

사도바울도 우리의 싸움은 혈과 육이 아니라고 말하고(엡6:12) 진정한 영적 승리를 위해서 자기가 날마다 죽는다고 강변하였습니다. 속담에 큰 성을 쳐서 빼앗는 자보다 자신을 이기는 사람이 더 훌륭한 사람이라는 말이 있습니다.

야곱은 마지막 시험대에 오른 얍복 나루에서 지금까지 수단과 방법을 가리지 않고 싸워만 온 야곱을 버립니다. 자신을 쳐서 낮추고 복종시켜 진심으로 형 에서를 사랑하고 화해하는 길을 택했습니다. 이것만이 에서도 야곱도 모두 이길 수 있는 윈윈(Win win) 작전입니다.

새 이름 이스라엘은 미래지향적 이름입니다. 사실 이 이름은 야곱 자신에게 보다 그의 후손들이 세운 민족의 이름으로 영원히 불려지고 있습니다. 진정한 승리는 최후의 승리이며 마지막에 있어야 합니다.

사람들은 전 반생을 잘 살다가 후 반생을 못산 사람을 실패함으로 규정하고, 처음에는 고생했지만 점점 나아지고 나중에 잘된 사람을 성공한 사람이라고 합니다. 그래서 민족자결주의를 주창한 미국의 윌슨 대통령은 미래에 패배할 현재의 승리보다 자기는 미래에 승리할 현재의 패배를 택할 것이라고 했습니다.

새 이름을 받은 성도들의 진정한 승리는 화해와 사랑으로 얻는 열매이며 처음보다 나중이 좋아지고 마침내 최후의 승리를 얻는 것이며 가장 귀한 승리는 이 세상의 승리가 아니라 영원한 내세에서의 승리라는 것입니다.

C. 새 이름은 신령한 사명을 의미합니다

위대한 사도바울의 본명은 "사울"(Saul)이었습니다. 바울의 생애는 크게 둘로 나눌 수 있는데 그가 주님을 만나기 이전(Before Christ) 생애와 그가 주님을 만난 이후(After Christ)의 생애로 나누어집니다.

사울과 바울은 여러 가지 의미가 있지만 사울은 히브리어 스올과 연관이 있어서 무덤의 의미가 있고 바울(Paul)은 "일꾼"이라는 뜻이 있습니다. 대체적으로 바울이 주님을 알지 못하고 교회를 박해할 때에는 사울이라는 이름을 사용했고 후에 다메섹 도상에서 주님을 만나고 변화를 받아 주님의 일을 본격적으로 할 때에는 새 이름으로 바울이라는 이름을 사용했습니다.

그래서 사울은 사울(무덤) 했고 바울은 바울(일꾼) 했다는 말이 생겼습니다.

(1) 사울(무덤)처럼 산 사울

사울은 희랍문명이 고도로 발달한 도시 다소에서 로마 시민권을 가진 바리새파 유대인 가정에서 태어났습니다. 그는 정상적인 고등교육을 받았고 특별히 당시 최고 수준의 율법사인 가말리엘에게서 율법 교육을 전수 받았습니다.

사울은 스데반이 순교할 때에 폭도들의 옷을 지키는 증인으로 등장했으며 스데반이 돌에 맞아 죽는 것이 당연하다고 생각한 반기독교적 극렬 유대교 신봉자였습니다.

마침내 그는 본격적인 교회 박해에 앞장섰으며 성도들을 색출하고 구금할 수 있는 권한과 공문을 위임받고 수하의 장졸들도 대동한 채 멀리 다메섹까지 성도들을 추격하는 장정에 올랐습니다.

사울은 그가 배우고 익힌 유대교의 율법과 사상으로는 당연히 그렇게 해야 하며 그가 하고 있는 일은 옳고 정당한 것이라 믿었습니다. 뿐만 아니라 사울은 이러한 그의 행동이 하나님께 대한 충성이며 그가 마땅히 수행해야 할 사명이라고 생각하였습니다.

누가는 사울이 주님의 제자들에 대하여 "위협과 살기가 등등"하였다고 기술하였습니다(행9"1). 그의 가문과 배경, 그리고 젊음과 지식, 그리고 열심을 쏟아 하나님의 교회를 핍박하는 도구로 사용하고 있었습니다.

만약 주님께서 그를 가로막지 않으셨다면 그는 걷잡을 수 없는 질주를 계속했을 것이며 진리에 대한 그의 도전과 파괴력은 엄청났을 것입니다. 과연 사울은 사울(무덤)했을 것입니다.

(2) 새 이름으로 수행한 신령한 사명

그러나 주님은 사울을 그냥 두지 않았습니다. 그가 거의 다메섹에 도착해갈 무렵 주님의 찬란한 빛이 하늘로서 그를 둘러 비추었고(행9:3) 그는 맥없이 땅에 엎드려졌습니다. 완고했던 그의 바리새 혈통이나 자랑스러운 교육배경도 아무런 소용이 없었고 등등했던 혈기나 패기도 그를 주님 앞에서 일으켜 세우는데 힘을 보태지 못했습니다.

주님은 그에게 "사울아 사울아 네가 어찌하여 나를 핍박하느냐(Saul, Saul, Why do you Persecute me?)"(행9:4B)고 물으셨습니다. 다분히 힐책하시는 말투였습니다. 사울은 "주여 뉘시오니이까?"라고 물었습니다. 이것이 주님을 만난 사울의 말, 전부였습니다. 그는 변명 한마디, 반항 한번 못했습니다. 그의 모든 것이 주님의 신적 능력에 압도당하고 말았습니다.

가라사대 "나는 네가 핍박하는 예수라" 마침내 우리 주님의 그 크신 이름이 선포되었습니다. 사울이 지금 모든 것을 걸고 싸우려 했던 그 이름 예수를 지금 코앞에서 만난 것입니다. 그러나 사울은 아무것도 할 수 없었습니다. 오히려 눈이 멀고 다른 사람의 부축을 받아야 했고 사흘동안 먹지도 마시지도 못했습니다. 그는 죽음 직전까지 내려가는 강한 충격을 받은 것이 분명하였습니다.

오랜 후일 그는 빌립보교회에 보낸 편지에서; "이러므로 하나님이 그를 지극히 높여 모든 이름 위에 뛰어난 이름을 주사 하늘에 있는 자들과 땅에 있는 자들과 땅 아래 있는 자들로 모든 무릎을 예수의 이름에 꿇게 하시고 모든 입으로 예수 그리스도를 주라 시인하여 하나님 아버지께 영광을 돌리게" 하셨다고 회상하였습니다(빌2:9~11).

주님을 만난 사울은 지금까지 걸어왔던 길을 완전히 버리고 변하여 새 사람으로 거듭났습니다. 절대 박해자에서 절대 순종자로, 절대 율법주의에서 새로운 은혜의 사람으로, 바리새의 제자에서 그리스도의 사도로 확실히 변하였습니다. 그는 철저히 그리스도의 사람이 되었습니다.

그는 후일 로마에 보낸 편지에서 "우리 중에 누구든지 자기를 위하여 사는 자가 없고 자기를 위하여 죽는 자도 없도다 우리가 살아도 주를 위하여 살고 죽어도 주를 위하여 죽나니 그러므로 사나 죽으나 우리가 주의 것이로라"고 진술하였습니다(롬14:7~8).

사울의 생애에서 그가 주님을 만난 후 원래 사울의 모습은 사라졌고 더 이상 존재하지 않은 것 같았습니다. 그리고 무슨 이유에서인지 바울이란 이름을 사용하였습니다. 그 당시 사람들처럼 사울이라는 유대식 이름이 있고 또 바울이라는 로마식 이름을 원래부터 사용했는지 아니면 로마제국의 총독 서기오 바울의 관심과 후대에 감사해서 그의 이름을 자기 이름으로 했는지는 알 수 없으나(행13:7~12) 사울은 바울이라는 새 이름을 사용하게 되었습니다(행13:9).

이제 바울은 온전히 그리스도 예수의 사람이 되었고 주님은 그를 미리 예비하신 질그릇처럼 사용하셨으며(행9:15) 바울의 뛰어난 지식과 경험은 마치 양날선 검처럼 주님의 새로운 사명을 수행하는 도구가 되었습니다.

그리고 바울은 주 예수께 받은 사명을 수행함에 있어서 그의 목숨이라도 아끼지 아니하는 사람으로 새로운 제2의 삶을 살았습니다(행21:24).

견디기 힘드는 박해와 시련, 온갖 고통과 수모를 참으며, 매맞음과 감옥에 갇힘과 죽음의 위협에도 굴하지 않고 바울은 오직 그 길, 한 길을 갔고, 후회도 뒤돌아봄도 물러섬도 없이 그의 새로운 사명을 수행하였습니다.

그는 인내심 많고 충성스러운 그리스도의 일꾼(바울) 되어 일생을 주님께서 그에게 맡기신 신령한 사명을 완수하고 마침내 그에게 마지막이 가까워 옴을 느끼면서 사랑하는 제자 디모데에게 편지를 썼습니다.

“너는 모든 일에 근신하여 고난을 받으며 전도인의 일을 하며 네 직무를 다하라 관제와 같이 벌써 내가 부음이 되고 나의 떠날 기약이 가까웠도다. 내가 선한 싸움을 싸우고 나의 달려갈 길을 마치고 믿음을 지켰으니 이제 후로는 나를 위하여 의의 면류관이 예비되었으므로 주 곧 의로우신 재판장이 그날에 내게 주실 것이니 내게만 아니라 주의 나타나심을 사모하는 모든 자에게니라"(딤후4:5~8).

새 봄의 신앙

[아가서 2:10~14]

본 문

10. Ⓐ 나의 사랑하는 자가 내게 말하여 이르기를 Ⓑ 나의 사랑, 나의 어여쁜 자야 일어나서 함께 가자
11. Ⓐ 겨울도 지나고 Ⓑ 비도 그쳤고
12. Ⓐ 지면에는 꽃이 피고 새의 노래할 때가 이르렀는데
    Ⓑ 반구의 소리가 우리 땅에 들리는구나
13. Ⓐ 무화과나무에는 푸른 열매가 익었고
    Ⓑ 포도나무는 꽃이 피어 향기를 토하는구나
    Ⓒ 나의 사랑 나의 어여쁜 자야
    Ⓓ 일어나서 함께 가자
14. Ⓐ 바위 틈 낭떠러지 은밀한 곳에 있는 나의 비둘기야
    Ⓑ 나로 네 얼굴을 보게 하라
    Ⓒ 네 소리를 듣게 하라
    Ⓓ 네 소리는 부드럽고 네 얼굴은 아름답구나

내용 개요

Ⅰ. 서 론

A. 아가서의 이해
B. 봄의 상징적 의미

Ⅱ. 본 론

A. 봄은 위대한 시작의 계절입니다
(1) 사랑이 시작되는 계절 (2:13C)
(2) 만물이 일어나는 계절 (2:13C)

B. 봄은 위대한 변화의 계절입니다
(1) 새롭게 변하는 계절
(2) 위대한 질적 변화의 계절

Ⅲ. 결 론

C. 봄은 위대한 준비의 계절입니다
(1) 잠간만에 지나가는 계절
(2) 한 해를 준비하는 계절

새 봄의 신앙

아가서 2:10~14

Ⅰ. 서 론

A. 아가서의 이해

아가서로 설교를 하게 되었습니다. 처음 아가서를 읽어보면 한편의 연서 같습니다. 현대 소설처럼 매우 적나라하게 애정을 표현하는 듯합니다. 그러나 엄격한 유대교학자들도 이 책을 하나의 연서로 취급하고 성경에서 빼어버리자는 주장을 한 번도 한 적이 없습니다. 그 이유는 이 책이 한 권의 인간적 연서이거나 삼류 연애소설이 아니라 그 행간에 인간에 대한 하나님의 사랑의 의미가 숨어 있는 연경이기 때문입니다.

구약성경에서 인간에 대한 하나님의 사랑을 나타내는 책으로 호세아서와 아가서가 있는데 호세아서에서는 하나님의 절대적 사랑인 아가페에 대해서 상징적 묘사를 했습니다. 호세아는 사랑해서도 안되고 사랑할 수도 없는 탕녀 고멜을 끝가지 사랑하는 무조건적 사랑(Un-Conditional love)을 내용으로 하나님께서 인간을 어떻게 사랑하시는지를 매우 효과적으로 설명하였습니다.

호세아서가 非合理的 부부의 사랑이라면 아가서는 아주 열정적인 연인들의 사랑으로 하나님의 사랑을 묘사한 책이라 하겠습니다. 그러므로 아가서에는 아름답고 강렬한 사랑의 술어들이 줄지어 나오고 있습니다.

향기름, 구술꿰미, 몰약향낭, 고벨화송이, 샤론의 수선화, 골짜기의 백합화, 봉한 샘, 덮은 우물, 물댄 동산 등 화려한 애정표현으로 연결되어 있습니다.

그러나 이렇게 아름다운 표현들도 하나의 진정한 성경적 고리로 연결시키지 못하면 무의미한 연서처럼 보일 것입니다. 아무리 구슬이 많아도 한 줄로 꿰어야 목걸이가 되는 것처럼 우리는 이러한 표현들을 하나님께서 우리를 얼마나 열정적으로 사랑하시는가 하는 신적 사랑의 줄로 꿰어야 아가서의 진정한 의미를 이해할 수 있을 것입니다.

B. 봄의 상징적 의미

본문 가운데 봄이란 말은 나오지 않습니다. 그러나 내용은 충분히 봄의 기운을 느끼게 해줍니다. "겨울도 지나고"(2:11), 그러면 봄이 왔다는 뜻이지요. "비도 그쳤고" 화창한 봄날이 온 것입니다. "지면에는 꽃이 피고 새의 노래할 때"라고 했습니다. 틀림없는 봄입니다. 봄은 몇 가지 상징적 의미가 있습니다.

첫째로 개인적 신앙의 의미로 본다면 비가 그치고 겨울이 지났다는 것은 회개하고 눈물 흘리는 신앙의 시기가 지나갔음을 의미하며, 꽃이 피고 새가 노래하는 때가 이르렀다는 것은 마음의 평화와 기쁨이 충만한 찬양과 경배와 감사의 시기가 되었다는 뜻입니다. 매섭게 추운 겨울은 쓰라린 아픔의 회개로, 비는 눈물로, 꽃은 마음의 평화로, 노래는 찬양과 감사로 볼 수 있을 것입니다. "반구의 소리"는 평화를 상징하는 비둘기의 소리입니다.

둘째로 이 말씀의 역사적 상징적 의미로 본다면 냉정한 율법적 구약시대가 지나가고, 은혜스러운 구원의 신약시대가 도래했음을 상징할 수 있습니다. 속박에서 자유를 압박에서 벗어나 교회는 찬양과 기쁨이 충만한 성령시대를 맞이한 것입니다. 훈훈한 봄바람, 새들의 합창 등은 교회가 은혜시대를 맞이했음을 유효적절하게 묘사하고 있습니다.

마지막으로 13절에서 "무화과 푸른 열매와 포도나무 꽃향기"라는 표현에서, 이 나무들은 이스라엘의 대표적 유실수로 그 국가를 상징하는 나무들입니다.

국가적으로 봄의 의미는 한 나라가 해방기를 맞고 독립, 자유, 번영의 길로 들어선 것을 뜻할 것입니다. 역사적으로 이스라엘은 여러 번 애굽, 수리아, 바벨론 등의 지배를 받았고 또 세계로 흩어진 디아스폴라 민족이었습니다.

우리나라도 역사적으로 중국, 일본 등 열강들로부터 오랜 시달림을 받았지만 마침내 해방이 되어 나라와 자유를 되찾게 되었습니다. 그 때, 그 기쁨, 그 함성, 감옥에 투옥되었던 애국자들이 모두 석방되고 일본법에 사형을 선고받았던 사람들도 무조건 석방이 되었습니다. 오랜 흑암의 겨울이 지나고 새 봄이 온 것입니다.

이스라엘 國花가 무화과이기 때문에 아가서 저자는 무화과나무의 푸른 열매를 노래했고 우리나라 소설 가운데도 "무궁화꽃이 피었습니다"라는 소설이 있습니다. 나라의 국화가 피었다는 것은 그 나라에 경사가 생겼다는 뜻일 것입니다.

우리나라도 이제 문명국가요 경제대국으로 성장했습니다. 우리가 보유하고 있는 세계 제일이 수십가지가 넘습니다. 고속도로, 고층 빌딩 모두가 세계적입니다. 2002년 새 봄의 기쁨이 이제 성큼 우리 앞에 다가온 것입니다.

Ⅱ. 본 론

A. 봄은 위대한 시작의 계절입니다

(1) **사랑이 시작되는 계절** (아2:13C)

아가서 저자는 2장 13절 하반부에서 "나의 사랑 나의 어여쁜 자야 일어나 함께 가자"고 하였습니다. 이 구절은 원래 신랑의 노래입니다. 아가서에서 신랑은 솔로몬 왕이며 신부는 술람미 여인으로, 신약시대에서 솔로몬은 그리스도를 , 술람미는 교회를 예표하고 있습니다.

주님은 교회를 사랑하시되 하늘 영광을 비우시고 이 땅에 오셨으며, 자기 몸을 십자가에 바쳐 돌아가심으로 그가 얼마나 교회를 사랑하셨는지를 확증하셨습니다. 봄은 이러한 주님의 사랑을 새롭게 우리에게 다시 깨우쳐주는 귀한 계절입니다.

주님은 우리를 "나의 어여쁜 자"라고 표현하셨습니다. 신랑의 눈에 신부는 당연히 아름다워야 할 것입니다. 봄에는 아름답지 않은 것이 없습니다. 모든 것이 깨끗하고 상큼하기를 마치 단장한 신부와 같습니다.

봄 동산에 돋아난 새싹, 꽃망울, 영롱한 아침이슬, 모든 것이 깨끗하고 아름답습니다. 얼음과 눈이 녹아 맑고 맑은 물이 되어 흐르고 공기도 바람도 깨끗하고 신선합니다. 봄바람 사이로 떼지어 굴러오는 꽃향기를 누가 사랑하지 않을 수 있겠습니까? 그러므로 봄은 사랑을 가르쳐주는 계절이며, 사랑을 배울 수 있는 계절이요, 서로 서로의 사랑이 시작되는 계절입니다.

(2) 만물이 일어나는 계절 (아2:13D)

"나의 사랑 나의 어여쁜 자야 일어나 함께 가자"라는 말씀에서 봄의 동작은 일어나는 것임을 알 수 있습니다. 봄의 위대한 시작은 우선 일어나는 것으로 시작됩니다.

사람이 일어난다는 것은 누웠거나 앉은 자리에서 일어나는 것을 의미합니다. 일어나는 데는 분명히 목적이 있을 것입니다. ① 걷기 위해서, ② 뛰기 위해서, ③ 앞으로 나아가기 위해서, ④ 일하기 위해서 등 여러 가지 목적을 위해서 취하는 첫 번째 동작입니다. 사람이 무엇을 하려면 우선 일어나야 하며 봄은 사람도 만물도 일어나고 생동하는 계절입니다.

주님과 제자들 일행이 한 번은 나인성으로 들어가고 계셨습니다. 그 때에 젊은 청년 하나가 죽어 시신을 메고 나오는 상여 하나와 마주쳤습니다. 나인성으로 들어가는 생명의 흐름과 나인성을 나오는 죽음의 흐름이 마주친 것입니다 (눅7:11~16).

주님은 상여를 멈추게 하시고 다가가셔서 아람방언으로 "달리다굼" 하셨습니다. "청년아 일어나라"라는 뜻입니다. 죽어 관속에 누운 청년을 일으켜 세우는 엄청난 경악의 순간이었습니다. 주님은 우리가 일어나기를 원하십니다. 그리고 주님과 함께 가자고 하십니다. 이것이 봄의 신앙입니다.

성경에는 일어나는 기사가 많습니다. 베데스다 못가에 있는 행랑에는 38년 된 병자 하나가 누워 있었습니다. 주님은 이 사람을 찾아가셔서 "네가 낫고자 하느냐"고 물으셨습니다(요5:6). 그 환자는 "주여 물이 동할 때에 나보다 다른 사람이 먼저 들어갑니다"라고 불평하였습니다(요5:7). 간헐천에서 물이 솟구칠 때 제일 먼저 들어가는 병자는 낫는다는 전설을 믿고 있었습니다.

그러나 조금 아픈 청년들이 먼저 들어가고 연약하고 병이 중한 노약자들은 언제나 뒤로 밀렸습니다. "자비의 집"이라는 베데스다의 뜻이 무색했고 그곳에는 힘의 서열이 있었을 뿐이었습니다.

주님은 그 환자에게 "일어나 네 자리를 들고 걸어가라"고 하셨습니다(요5:8). 그 병자는 즉시 일어났고 38년 된 병을 고쳤습니다. 주님의 말씀을 믿음으로 받아드리고 그냥 일어나면 됩니다. 이유도 핑계도 필요치 않습니다. 무조건 일어나야 됩니다.

성전 미문에 앉아서 구걸하던 앉은뱅이가 베드로와 요한을 만났습니다. 베드로는 은과 금은 내게 없으나 나사렛 예수의 이름으로 일어나라고 했을 때 그는 일어나 걷기도 하고 뛰기도 하며 성전 안으로 들어가기도 했습니다. 지금까지 수십 년 동안 성전 문 앞에만 있던 사람이었습니다(행3:1~9).

하나님은 요나에게 일어나 니느웨로 가라고 말씀하셨습니다. 그러나 그는 하나님의 뜻을 거역하고 다시스로 도망을 쳤습니다. 그러나 하나님은 그에게 풍랑을 주시고, 제비에 뽑혀 바다 풍랑 속에 던짐을 당하게 하셔서 기어코 다시스로 보내시어 그에게 맡겨진 임무를 수행하게 하셨습니다(욘1:2~4, 7, 3:4).

봄은 일어나는 계절입니다. 봄의 동작은 일어나는 것입니다. 겨울잠을 자던 삼라만상이 기지개를 펴고 깨어나는 계절입니다. 농부들은 일어나 일터로 가고 씨를 뿌리고 농사를 짓기 시작하는 봄은 위대한 시작의 계절입니다.

사람들은 나무를 심기 시작하고, 나무들은 싹과 꽃을 피우기 시작하며, 백설과 얼음이 녹기 시작하여 따뜻한 봄바람이 불기 시작합니다. 이 모든 시작들은 우리에게 위대한 영적 파종기가 왔음을 예고하며 신앙적 대각성을 예고해주는 계절입니다. 봄에 시작이 없는 사람은 연말에 거둘 것이 없고 봄에 일어섬이 없는 사람은 겨울 찬바람에 떨어야 할 것입니다.

B. 봄은 위대한 변화의 계절입니다.

(1) 새롭게 변하는 계절

봄은 확실히 변화의 계절입니다. 딱딱한 씨가 점점 변하여 새싹이 나오고 새싹은 자라나기 시작합니다. 봄의 변화는 성장과 진보를 의미합니다. 삼라만상이 자기 모습을 바꾸고 다른 모습으로 새롭게 태어나는 대변화를 일으킵니다. 앙상하고 메마른 가지들이 새잎과 물오른 가지로 변하고 조용하고 침묵만 지키던 골짜기가 온갖 생명체들로 활기를 띱니다.

이러한 좋은 계절을 주신 하나님께, 성도 여러분! 한 번 가슴을 열고 감사와 찬양을 돌리지 않겠습니까? 할렐루야! 봄의 신앙은 봄비에 씻기운 새싹처럼 맑고 깨끗한 신앙입니다.

그러기 위해서 우리는 ① 마음을 깨끗하게 가져야 합니다, ② 또 입에서 나오는 말도 깨끗해야 하고, ③ 행동도 깨끗해야 할 것입니다. 깨끗한 것이 새봄의 신앙의 특징입니다.

성경에는 깨끗하지 못한 것에 대해서 개탄하고 있습니다. 깨끗한 것의 반대는 더러운 것입니다. 깨끗하지 못하고 더러우면 부패하고 썩습니다. 썩으면 냄새가 나고 병이 생기고 결국은 죽게 됩니다. 그러므로 죽지 않고 살아남으려면 깨끗해야 합니다. 사랑하는 성도 여러분, 새 봄을 맞아 깨끗합시다. 몸도 마음도 영혼도 깨끗합시다. 존경하는 성도 여러분 깨끗하게 변합시다.

사람이 깨끗하게 되는 방법은 씻는 것입니다. 물로 씻어야 하고 잿물로, 비누로, 샴푸로 씻어야 합니다. 봄은 겨울 때를 다 씻어버리는 계절입니다. 우리도 쾌쾌 묵은 전토의 때를, 바쁘게 살면서 자의반 타의반으로 생긴 허물의 때를 씻어버리는 봄의 신앙을 가집시다. 세마포를 빠는 자가 복이 있다고 했습니다. 겉사람은 물로 비누로 씻어야 하지만 속사람은 진리의 말씀으로, 성령으로, 그리스도의 보혈로 씻을 수 있습니다. 이번 봄에는 겉과 속이 모두 깨끗하게 됩시다.

(2) 위대한 질적 변화의 계절

봄은 외부로, 겉보기로만 변하는 계절이 아니라 속사람과 내부도 변하는 계절입니다. 아침에 들려오는 뻐꾸기 소리, 한낮에 노래하는 종달새, 초저녁 소쩍새나 한 밤의 부엉이 소리들이 모두 봄의 소리이며 우리의 가슴을 뭉클하게 하지 않는 것이 없습니다.

본문에서 신랑은 신부에게 일어나서 "함께 가자"(2:10B, 13D)고 했습니다. 그리고 "네 얼굴을 보게 하라, 네 소리를 듣게 하라"(2:14BC)고 했습니다.

예수님은 우리와 함께 하시기를 원하십니다. 그리고 항상 함께 하십니다. 우리의 대화를 들으시고 우리와 식탁에 함께 앉으시는 보이지 아니하시는 식구이십니다.

예수님을 만나고, 예수님과 함께한 사람들은 모두 변화를 체험하는 공통점이 있습니다. 겉사람도 속사람도 변하고 일생일대의 대변화를 일으켰습니다. 양적으로나 질적으로나 모두 변했습니다.

봄에는 번데기가 긴 겨울잠에서 깨어나 나비가 되고 푸른 하늘을 날아오르는 계절입니다. 이와 같이 우리의 신앙생활에도 대도약과 질적인 변화가 있어야 할 것입니다.

시몬베드로는 평범한 어부였습니다. 갈릴리 바다에서 형제와 친구들이 고기를 잡아 생계를 이어가는 어부였습니다. 그러나 그는 우연한 기회에 예수님을 만났고 그의 제자가 되었습니다. 그 다음 그의 생애는 엄청난 변화가 오기 시작했고 그는 마침내 일개 어부에서 대사도로 위대한 변화를 받았습니다.

사도바울도 마찬가지입니다. 그는 원래 성격이 적극적이고 학식이 풍부한 사람이었습니다. 그러나 그의 성격과 학식은 모두 교회를 핍박하고 성도들을 포박하는 불의의 병기로 사용되었습니다. 마침내 그는 다메섹까지 좇아가서 성도들을 색출하는 임무와 권한을 부여받고 살기가 등등해서 다메섹으로 가고 있었습니다(행9:1~2).

그러나 그는 다메섹으로 가는 도상에서 주님을 만났습니다. 주님은 "사울아 사울아 왜 나를 핍박하느냐?"고 물었습니다. 그는 쓰러진 상태에서 "주여 뉘시오니이까"라고 되물었습니다. 아직까지 누구신지 알지 못한 상태였습니다. "나는 네가 핍박하는 예수라" 그는 마침내 주님을 만난 것입니다(행9:4~5).

주님을 만난 그는 아무런 말도 더 이상 할 수 없었습니다. 그의 학식으로도 다른 토론을 할 수 없었고, 그의 자랑스러운 가문도 내 세울 수 없었으며, 그가 위임받은 임무와 권한도, 힘을 잃은 그의 무릎을 일으켜 세우지 못했습니다. 그는 완전히 변했고 지금까지 그가 살아온 것과 180도 반대의 대변화를 일으켰습니다. 그래서 그는 박해자에서 예수 그리스도의 증거자로 사도로 위대한 질적 변화를 받았습니다.

예수님은 니고데모에게 거듭나야 한다는 중생의 교리를 설파하셨습니다(요3:2~8). 사람은 봄이 겨울을 벗어버리는 것처럼 구습을 좇던 낡은 옷을 벗어버리고 육체의 소욕대로 살아가던 옛 사람을 떨쳐버려 성령의 새 사람으로 새롭게 태어나야 합니다. 이것이 새 봄의 신앙입니다.

어떤 목사님이 형무소 전도에 열심했습니다. 그러나 어떤 큰 효과도 얻지 못했습니다. 그러던 어느 날 한 청년이 목사님을 찾아 왔습니다. 그는 총회신학교 입학 합격증을 내어 놓으면서 "목사님! 저는 목사님께서 형무소 전도를 하실 때에 그 형무소에 수감되었던 죄수였습니다. 그러나 목사님 말씀을 듣고 새로운 각오를 세우고 변화를 받아 출감한 후 신학교에 입학했습니다." 하면서 눈물을 흘렸습니다.

새해, 새 봄에 우리 모두의 신앙생활에 위대한 변화를 기대해 봅시다. 할렐루야!

Ⅲ. 결 론

C. 봄은 위대한 준비의 계절입니다

(1) 잠간만에 지나가는 계절

봄은 하루 중에 아침이며, 일년 중에 청년기에 속합니다. 아침은 신선하고 상쾌하지만 곧 한낮이 오는 것처럼, 봄의 특징은 봄이라는 것을 의식하자마자 이미 지나가고 있다는 것입니다. 일생에 있어서 청년기도 마찬가지입니다. 청년기의 의미를 미처 깨닫기도 전에 봄처럼 청년기가 지나갑니다.

그러므로 봄은 바쁜 계절입니다. 또 봄에는 누구나 바빠야 합니다. 놀기에 적합한 계절이지만 놀면 후회하게 됩니다. 무엇인가 서둘러야하고 일년을 준비해야 합니다. 새해 성공의 중요한 열쇠를 봄이 가지고 있습니다. 봄에 놓진 기회는 절대로 다시 오지 않습니다. 봄은 뒤로 미룰 수가 없습니다. 지나가버린 기회는 이미 기회가 아니기 때문입니다. 그러므로 봄을 아껴야 합니다. 청년기를 아껴야 하는 것과 같습니다.

(2) 한 해를 준비하는 계절

모세는 "우리에게 우리의 날 계수함을 가르치사 지혜의 마음을 얻게 하소서"라고 기도했습니다(시90:12). 지혜로운 사람은 자기의 연수를 계산하면서 살아갑니다.

우리는 봄에 꼭 해야 할 일이 있습니다. 그것은 여름을 대비하고 준비해야 한다는 것입니다. 여름이 되면 푸르고 무성하고 뜨겁게 됩니다. 個人的으로나 教會的으로 신앙이 급하게 성장하고 뜨거운 열정이 생길 때가 있습니다. 그래서 이런 미래를 미리 대비하고 준비해야 합니다. 대비하지 못한 채 무성하고 대책없이 뜨거워지는 것은 위험할 수가 있습니다.

줄기가 튼튼하게 된 후에 잎이 무성해지고 체력이 강해진 다음에 열정이 있어야 하는 것처럼 신앙도 교회도 말씀으로 무장하고 겨자나무가 차근차근 자라나면서 풀을 능가하는 것처럼 매사에 대책과 준비가 있어야 합니다. 사랑하는 성도 여러분 새해에는 우리 교회가 꼭 성장하고 부흥되기를 희망합니다. 그것을 위하여 미리 대책을 세우고 준비하는 현명한 교회가 됩시다.

봄은 여름을 대비하는 계절입니다. 여름이 오면 소나기가 쏟아지고 천둥과 폭풍이 올 것입니다. 그러므로 봄의 신앙은 만약에 다가올 사고와 시험과 환난을 미리 대비하는 신앙입니다. 대비하는 자에게는 폭풍도 천둥도 두려울 것이 없습니다. 오히려 유익할 수도 있습니다. 그러나 대비하지 아니한 자에게는 이 모든 것들이 저주와 파괴로 휩쓸고 지나갈 것입니다.

봄에 부지런히 일하여 좋은 씨를 많이 심은 사람은 가을에 풍성하고 많은 것을 수확할 것입니다. 봄에 밭 갈지 않은 사람이 어떻게 가을에 거둘 수 있겠습니까? 많이 심으면 많이 거두고 좋은 것을 심으면 좋은 것을 거두는 자연의 철칙은 어제나 오늘이나 영구히 동일합니다.

그러므로 봄의 신앙은 뿌리고 거두는 법칙을 우리에게 독려하고 있습니다. 성경은 "눈물을 흘리며 씨를 뿌리는 자는 기쁨으로 그 단을 가지고 돌아오리라"고 하였으며(시126:5), 또 "보라 농부가 땅에서 나는 귀한 열매를 바라고 길이 참아, 이른 비와 늦은 비를 기다리나니", "그러므로 형제들아 주의 강림하시기까지 길이 참으라"고 하였습니다(약5:7).

마지막으로 봄의 신앙은 종말론적이고 미래지향적이라고 할 수 있습니다. 현명한 성도는 봄이라 할지라도 겨울을 준비할 것입니다. 겨울은 춥고 얼어붙고 아무것도 할 수 없는 때입니다. 인생에게는 이런 때가 올 것입니다. 오고야 말 것입니다. 만약에 우리가 현명하다면 이 만고불변의 철칙을 인지하고 반드시 미리 준비해야 할 것입니다. 이것이 봄의 신앙입니다. 봄은 위대한 준비의 계절입니다.

전도서 기자는 "너는 청년의 때 곧 곤고한 날이 이르기 전 나는 아무 낙이 없다고 할 해가 가깝기 전에 너의 창조자를 기억하라"고 하였습니다(전12:1). 지혜로운 사람은 건강할 때에 병났을 때를 대비하고 현명한 사람은 패가망신 당하기 전에 스스로를 삼가며 신실한 사람은 도둑이 들기 전에 미리 대비책을 마련해 두는 사람입니다.

어떤 로마제국의 황제가 전쟁터에서 예수를 잘 믿는 수하 장수에게 농담을 걸었습니다. "그대가 존경한다는 그 목수는 지금쯤 어디서 무얼하는고?" 그 장수도 농담으로 대답을 했습니다. "예 폐하 아마 그 목수는 폐하를 위하여 관을 짜고 계실 겁니다." 그때 화살 하나가 날아와 황제의 급소에 꽂혔고 그 황제는 곧바로 죽고 말았습니다.

지금은 봄이지만, 겨울은 곧 올 것입니다. 현실은 보이지 아니하는 죽음의 화살들이 방향도 목표도 없이 날아다닙니다. 언제 누구에게 꽂힐지 모릅니다. 올 때에는 순서대로 왔습니다. 그러나 갈 때에는 순서도 없습니다. 겨울은 봄에 대비책을 세워야 합니다. 이것이 봄의 신앙입니다.

그러므로 형제들아 주의 강림하시기까지 길이 참으라 보라 농부가 땅에서 나는 귀한 열매를 바라고 길이 참아 이른 비와 늦은 비를 기다리나니
너희도 길이 참고 마음을 굳게 하라 주의 강림이 가까우니라

<약 5:7~8>

씨를 뿌릴 때와 단을 거둘 때

[시편 126편 5~6]

감사절 설교

본 문

5. Ⓐ 눈물을 흘리며 씨를 부리는 자는
   Ⓑ 기쁨으로 거두리로다

6. Ⓐ 울며 씨를 뿌리려 나가는 자는
   Ⓑ 정녕 기쁨으로 그 단을 가지고 돌아오리로다

내용 개요

Ⅰ. 서 론 : 내용으로 접근하는 말

A. 시편의 배경과 형편
B. 시편의 의미와 적용

Ⅱ. 본 론

A. 씨를 뿌릴 때 (시126:5A, 6A)
(1) 인간 - 씨를 뿌리는 유일한 존재 (마6:26)(눅12:24)
(2) 눈물을 흘리며 씨를 뿌리는 사연 (시126:5시)

B. 씨가 자랄 때 (마13:3~23)
(1) 씨의 정직함 - 심은 대로 싹이 남 (마7:16)
(2) 씨는 자라지 못하고 죽는 것도 있다 (마13:3~9)

C. 씨를 거둘 때 (시126:5B, 6B)
(1) 뿌린 자의 기쁨 - 단을 거둠 (126:6B)
(2) 무엇으로 심든지 심은 대로 거둠 (갈6:7)

Ⅲ. 결 론

A. 여기에, 지금(Here and Now) 뿌려야 함
B. 뿌리는 축복 - 기회를 놓치지 말 것

씨를 뿌릴 때와 단을 거둘 때

시편 126:5~6

Ⅰ. 내용으로 접근하는 말 (시126:1~4)

A. 시편의 배경과 형편

시편 126편은 저자 미상입니다. 학개, 스가랴, 에스라 중에 한 사람일 것으로 추측합니다. 이 시의 기록 시기는 후기 유대, 즉 바벨론 포로에서 돌아온 직후에 기록된 것으로 보며, 이스라엘뿐만 아니라 다른 나라들도 이스라엘이 포로에서 석방되어 돌아온 것은 이스라엘 자체가 부강해졌기 때문이거나, 열국의 구조로 된 것이 아니라 하나님의 섭리이심을 고백하였습니다. 저자는 이스라엘이 포로에서 돌아올 때는 이들의 입에는 웃음이 가득하고, 혀에는 찬양이 찼었으며, 마치 꿈을 꾸는 것 같았다고 진술하였습니다(시126:1~2). 마치 우리 민족이 8·15해방을 맞았을 때의 감격을 연상케 합니다. 3절에서 "여호와께서 우리를 위하여 대사를 행하셨으니, 우리는 기쁘도다." 포로석방, 해방은 대사중의 대사이며, 기쁨 중에 기쁨입니다. 그리고 4절은 "여호와여 우리의 포로를 남방시내들 같이 돌리소서" 우기를 맞은 남쪽 사막지대의 시내를 생각하며 남은 자들의 해방을 기원하는 구절입니다. 그리고 곧 바로 이어 봉독한 본문; "눈물을 흘리며 씨를 뿌리는 자는 기쁨으로 거두리로다."(시126:5)라고 시의 내용이 비약하였고 "울며 씨를 뿌리러 나가는 자는 정녕 기쁨으로 그 단을 가지고 돌아오리라"(시126:6)라는 다음구절은 몇 자 틀리기는 하지만 5절 내용의 반복으로 내용을 강조하고, 이 말은 확실하다는 뜻입니다. 6절에서 우리말의 "정녕"이라는 히브리어가 영어로는 "의심없이"(doubtless)로 번역되었는데 씨를 부리는 자는 확실히, 의심없이, 기필코 거두게 될 것이라고 강조하는 내용입니다.

B. 시편의 의미와 적용

히브리인의 시는 예술적이거나 정교한 언어구사가 아니라 오히려 순박한 감정표현이며, 역사적이고 사실적인 자기표현으로 ① 구약의 시편은 이스라엘 全歷史를 통한 全民族의 信仰告白이라 할 수 있습니다. 하나님에 대한 확신이 오기까지 선민으로서의 갈등과 투쟁과 경험의 증언입니다. ② 그러므로 시편은 하나님을 경배하고, 예배드리는데 뺄 수 없는 기본요소였습니다. 시편의 내용은 신앙고백이요 찬송이요 기도이기 때문입니다. ③ 그러므로 신약기자들은 구약의 여러 책들 중에서도 시편을 가장 많이 인용하였고 주님께서는 자신의 사역을 위하여 많은 시편을 인용하셨습니다. ④ 따라서 시편의 내용은 그리스도인의 信仰生活과, 복음이해 뿐만 아니라 정서확립에도 깊은 영향을 주고 있습니다.

Ⅱ. 본 론

A. 씨를 부릴 때 (시126:5a, 6a)

(1) 인간 – 씨를 뿌리는 유일한 존재(마6:26, 눅12:24)

세상의 어떤 동물도 경작하거나 파종하는 동물은 없습니다.

오직 사람만이 ① 씨를 뿌리고, ② 경작하고, ③ 추수합니다. 주님께서 말씀하시기를 "공중의 새를 보라 심지도 않고 거두지도 않고 창고에 모아들이지도 아니하되 너희 천부께서 기르시나니 너희는 이것들보다 귀하지 아니하냐"고 하셨습니다(마6:26). 또 "들의 백합화가 어떻게 자라는가 생각하여 보라 수고도 아니하고 길쌈도 아니하느니라"(마6:28b)고 말씀하셨습니다.

사람을 제외한 세상의 어떤 것도 심거나 거두거나 길쌈하지 않습니다. 오직 사람만이 씨를 뿌리고, 나무를 심고, 단을 거두고, 가축도 기르고, 길쌈을 하여 옷을 만들어 입습니다. 오늘 우리는 이 과정을 묵상하면서, 여기에 나타난 하나님의 은총과 섭리와 그리고 우리의 사명을 찾아야 하겠습니다.

구약성경에서 히브리어 "Zara"는 한국말로 여러 가지로 번역이 되었는데 ① "뿌리다" 혹은 ② "심다"로 주로 번역되었습니다. 종자나 씨를 "땅에 뿌리다"(창47:23), "밭에 뿌리다"(출23:16) 혹은 "밀을 심다"(렘12:13), "제3년에는 심고"(왕하19:29, 사37:30) "자기를 위하여 의를 심고"(호10:12) "뿌리다" 혹은 "심다"라는 말로 번역되었습니다.

신약성경에서 희랍어 "Speiro"도 마찬가지로 ① "씨를 뿌리는 자가" ② "뿌리러 가서"(마13:3, 막4:3) ③ "돌 밭에 뿌리웠다"(마13:20) ④ "가시떨기에 뿌리웠다"(마13:22, 막4:18) 등으로 번역되기도 했으며 역시 ① "심은 겨자씨"(마13:31), ② "가라지를 심은 원수"(마13:39), ③ "썩을 것으로 심고"(고전15:42) 등 "뿌리다" 혹은 "심다"로 번역되었습니다. 사람만이 심고, 뿌리고, 기르고, 거두는 유일한 존재입니다.

(2) 눈물을 흘리며 씨를 뿌리는 사연 (시126:5a)

그런데 本文에는 "눈물을 흘리며 씨를 뿌리는 者"라고 기술했습니다. 이 말이 내포하고 있는 깊은 뜻은 물론 이 말이 농부의 씨 뿌림만 뜻하는 것이 아니기 때문입니다. 여기에서 말하는 씨는 宗教的으로 教育的으로 영적으로 씨를 뿌리는데 더 큰 의미가 내포되어 있습니다. 教會를 위해서 흘리는 성도들의 눈물, 연구를 위해서 학문을 위해서 제자교육을 위해서 애태우는 고충, 그리고 이웃의 영혼을 구원하기 위해서 전도와 선교에 바치는 그리스도인의 눈물은 언젠가, 기필코, 그 열매를 거두게 될 것입니다.

그러나 실제적으로 가난한 농부는 정말로, 눈물을 흘리며 씨를 뿌리는 경우도 있습니다. 우리는 물질과 음식이 너무나 풍부한 미국에 살기 때문에 이 말을 이해할 수 없고, 가난에 대한 뼈아픈 느낌도 없습니다. 양식이 남고, 고기가 썩어 돌아가며, 우유를 강물에 버리는 미국에서 배고픔이 무엇인가를 절감하기는 어려운 일입니다.

그러나 아직도 세계인구의 절반 이상이 가난하고 굶주립니다. 옛날 농촌에서 씨를 뿌릴 때는 양식이 이미 떨어져 갈 때입니다. 마지막 남은 곡식을 먹느냐, 뿌리느냐 결정해야 합니다. 그리고 주림을 배고픔을 참고 눈물을 삼키며 씨를 뿌립니다. 굶주릴 때 흐르는 눈물은 흘려본 사람만 이해할 수 있습니다.

"울며 씨를 뿌리려 나가는 자", 씨를 뿌리는 者는 배고픔 이외에 한 가지 더 걱정이 있습니다. 그것은 이 씨가 정말 싹이 날 것인가, 수확을 줄 것인가, 가뭄과 홍수는 없을 것인가 하는 미래에 대한 온갖 걱정입니다. 씨가 죽는다는 것은 농부에게 곧 자기자신의 죽음과 같습니다. 씨의 결실은 자신과 가족의 생계와 연결되어 있습니다. 그래서 씨를 뿌리는 자는 걱정과 근심으로 씨를 뿌립니다. 딱딱하게 마른 씨가 얼고 매마른 땅 속으로 뿌려지는 것을 볼 때에 농부의 마음은 다시 날까 심히 걱정이 됩니다 (찬송 260장).

B. 씨가 자랄 때 (마13:3~23)

(1) 씨의 정직함 – 심은 대로 싹남(마7:16)

주님께서는 말씀하시기를 "가시나무에서 포도를 딸 수 없고 엉겅퀴에서 무화과를 딸 수 없다"고 하셨습니다. 우리나라 속담에도 "콩 심은데 콩 나고, 팥 심은데 팥 난다"는 말이 있습니다. 콩씨는 아무리 팥이 좋아하는 비료를 주어도 결국은 콩이 납니다. 씨는 정직하여 거짓없이 심은 대로 납니다.

잠언서 기자는 "사람이 무엇을 심든지 심은 대로 거둔다"고 하였습니다. "무엇을 심든지"라는 말 속에는 식물의 보편적인 진리를 떠나서 형이상학적 진리 일반도 마찬가지라는 뜻입니다. 다시 말해서 사람이 일상생활에서도 자비를 심으면 자비가 나오고 관용을 베풀면 관용으로 대접 받으며, 인정없이 행동하면 인정없는 대접을 받으며 각박하게 살면 각박한 대접을 받아야 하는 생활에서의 일반적인 진리를 가리켜 사람이 심은 대로 거둔다고 말합니다.

(2) 씨는 다 자라지 못하고 죽는 것도 있습니다(마13:3~9)

씨 뿌리는 비유는 주님께서 직접하신 말씀 중에 가장 명확하게 나타나 있습니다(마13:, 막4:, 눅8:). 씨가 길가에 떨어지든지, 돌밭에 떨어지든지, 가시떨기에 떨어지면 이 씨는 자라지 못하고 죽는다고 지적하였습니다. 씨의 성장력과 팽창력은 막강하지만 이것은 여건이 부합할 때만 가능한 것이고 그렇지 못할 때는 쉽게 죽을 수 있습니다. 그러므로 씨를 뿌리는 사람은 우선 ① 씨가 잘 자랄 수 있는 여건부터 만들어야 합니다. 땅을 갈고, 풀을 뽑고, 거름을 주어 옥토로 만드는 작업이 우선되어야 합니다. 그 다음 ② 씨가 나면 그것을 잘 돌보고 가꾸어야 합니다. 풀을 뽑아 주고 김매고 북돋우는 계속적인 노력을 해야 씨가 잘 자랍니다. 그리고 마지막으로 ③ 씨가 나고 자라는 것은 사람의 노력으로만 되는 것은 아닙니다. 사람이 아무리 애쓰고 노력해도 그것은 하나님께서 주시는 따뜻한 햇빛과 비를 맞아야 합니다. 알맞은 기후와 적당한 기온이 아니면 사람의 모든 수고도 수포로 돌아갑니다.

농촌에 가을이 왔습니다. 들에는 오곡백과가 익어가고 있습니다. 누구나 올해는 풍년일 것이라 생각했습니다. 그러나 갑자기 소나기가 쏟아지며 홍수가 나고 농토는 떠내려가고 곡식이 쓰러져 반죽정이가 생겨 흉년이 될 수도 있습니다. 농사의 성패가 하늘에 달렸습니다. 씨는 하늘로 머리를 들고 하나님의 손길로 자랍니다. 하나님께서 축복해 주시지 않으시면 사람의 여하한 노력으로도 그해는 흉작을 면할 길이 없습니다.

제자들이 씨 뿌리는 비유의 뜻을 명확하게 이해하지 못하자 주님은 말씀하시기를 "그런즉 씨 뿌리는 비유를 들으라 천국 말씀을 듣고 깨닫지 못할 때는 악한 자가 마음에 뿌리운 것을 빼앗나니 길가에 뿌리운 자요, 돌밭에 뿌리웠다는 것은 뿌리가 없어 환난이나 핍박에 넘어지는 자요, 가시떨기에 뿌리웠다는 것은 세상 염려와 재리와 유혹에 말씀이 막혀 결실치 못하는 자"라고 하셨습니다. 주님은 결코 농사 이야기만을 하신 것이 아닙니다. 그 진의는 복음전파와 구령사업에 주요핵심이 있습니다.

C. 씨를 거둘 때 (시126:5b, 6b)

(1) 기쁨으로 그 단을 가지고 돌아옴(시126:6b)

시편기자는 "정녕 기쁨으로 그 단을 가지고 돌아오리로다."라고 기술하였습니다. 농부는 자기가 기르는 곡식에 대하여 민감한 반응을 보입니다. 싹이 나고 잎이 피고 꽃이 피고 열매가 맺히는 것을 유심히 보며 즐거워합니다. 변화가 있을 때마다 부부가, 가족이 함께 이야기를 나누며 기뻐합니다. 못생긴 호박도 내가 심은 것에서 열리면 아주 예뻐보입니다. 신 포도도 내가 심은 나무에서 열리면 달기만 합니다. 씨를 뿌릴 때는 근심과 눈물로 뿌렸지만 단을 거둘 때는 기쁨으로 거둡니다. 감사함으로 거둡니다. 즐거움과 감사와 웃음이 넘칩니다. 일이 많아도 피곤을 모릅니다. 일년을 고생한 보람을 여기서 마음껏 느낍니다.

사람들은 좋은 그림을 감상합니다. 그림마다 특수한 내용과 의미가 있을 것입니다. 평화를 나타내기도 하고, 전쟁을 상징하기도 하고, 슬픈 그림도 있고 기쁨을 나타내는 그림도 있을 것입니다. 그 중에서 가장 기쁘고, 즐겁고, 평화스러운 그림이 있다면 아마 어머니가 아들을 안고 있는 그림이나 농부가 곡식단을 안고 있는 그림일 것입니다. 뿌린 씨를 거두는 보람, 추수의 기쁨은 경험을 통해서만 상상이 가능합니다.

결실한 것을 거두어 드릴 때는 하나님의 은총과 사랑을 마음속 깊이 절감할 수 있는 좋은 기회이기도 합니다. 바울은 "나의 하나님이 그리스도 예수 안에서 영광 가운데 그 풍성한대로 너희 모든 쓸 것을 채우시리라"(빌4:19)고 했습니다. 추수 때는 하나님 은혜의 풍성함과, 내게 필요한 모든 것을 채우시는 아버지 하나님을 감사하는 계절입니다. 주님은 60배, 100배로 결실한다고 말씀하셨습니다. 그러므로 추수 때의 기쁨은 보통 때보다 역시 60배, 100배가 될 것입니다.

(2) 무엇으로 심든지 심은 대로 거둠(갈6:7b)

지금부터 우리는 심고 거둠에 대한 바울의 철학에 귀를 기울여 보겠습니다. 바울은 말합니다. "스스로 속이지 말라 하나님은 만홀히 여김을 받지 아니하시나니 사람이 무엇으로 심든지 그대로 거두리라. 自己 육체를 위하여 심는 자는 육체로부터 썩어진 것을 거두고 성령을 위하여 심는 자는 성령으로부터 영생을 거두리라 우리가 선을 행하되 낙심하지 말지니 피곤하지 아니하면 때가 이르매 거두리라."(갈6:7~9) 우리는 여기서 두 가지 사실을 발견합니다. 첫째는 ① 바울의 심고 거두는 문제는 농사나 곡식이나 추수 문제는 전혀 관심이 없고 오로지 신앙생활과 복음 선교 문제만 생각하고 있다는 것이며 다음은 ② 바울의 문장이 아주 강경한 내용이라는 것입니다. 의역하면 "잘못 생각하지 마십시오, 하나님은 조롱을 받으실 분이 아닙니다."(New Tomson, Reference Bible)라는 뜻입니다. 그리고 육체를 위하여 심는 자들과 성령을 위하여 심는 자들을 비교하고 그 결과를 언급하였습니다.

성경은 무엇이든지 심은 대로 거둔다고 했습니다. 많이 뿌려야 많이 거둡니다. 좋은 것을 뿌려야 좋은 것을 거둡니다. 신령한 것을 뿌려야 신령한 것을 거둡니다. 야고보는 "화평으로 심어 의의 열매를 거둔다"고 하였습니다(약3:18). 그러나 ① 적게 심는 자는 적게 거두고(고후9:6) ② 악을 뿌리는 자는 재앙을 거두고(잠22:8), ③ 악을 밭 갈고 독을 뿌리는 자는 그대로 거둘 것이며(욥4:8), ④ 광풍을 심는 자는 태풍을 거둘 것입니다.

미국의 어떤 의사 한 사람은 돈 없는 가난한 농촌 어린아이가 치료도 못 받고 죽게 되었는데, 자원해서 무료로 치료하여 살려 주었습니다.

그리고 그 의사는 다 잊어버렸고, 세월이 흘러 은퇴한 다음 노년에 시골로 가서 수영하다 힘이 모자라 빠져 죽게 되었습니다. 그때 어떤 건장한 시골청년이 뛰어 들어와 의사를 구해 주었는데 알고보니 그 청년은 바로 자기가 치료해준 그 청년이었습니다. 선을 심으면 선을, 생명을 심으면 생명을 거둡니다.

미국에 유학을 다녀간 어떤 남자는 귀국해 보니 자기 아내가 너무 초라했습니다. 가난했던 농촌여인이고 교육도 받지 못해서 자기와는 차이가 많고 상대가 되지 않았습니다. 그래서 이 남자는 부인을 보내고 학식 있고 돈 있는 새 부인을 얻어 재혼했습니다. 얼마 후 이 남자는 중병에 걸려 눕게 되었는데 공부 많이 하고 돈 많은 새 부인은 병든 남편과 갓난아기를 두고 도망쳐버렸습니다. ① 육으로 심는 자는 썩어질 것을 거두고, ② 정욕으로 심는 자는 부패를 거두며, ③ 악은 악을, ④ 불의는 불의를, ⑤ 미움은 증오를, ⑥ 허영은 가난을, ⑦ 탐욕은 실패를, ⑧ 거짓은 울분을 거둘 것입니다.

젊어서 학문을 심는 자는 학문의 결실을 얻을 것입니다. 밤을 새워 좋은 책을 읽는 사람은 학교에서 좋은 성적을 얻습니다. 개

미처럼 부지런한 사람은 겨울에 따뜻함을 누립니다. 정직하고 근면한 사람은 존경과 풍요를 거둘 것입니다. 그러나 젊어서 방탕한 사람은 가난과 병으로 인생의 실패작을 거둘 것이며, 좀 더 자고 좀 더 자리에 눕고, 좀 더 편안하기를 바라는 학생은 낙제를 합니다. 배짱이처럼 게으른 사람은 눈보라가 몰아칠 때에 따뜻함과 식량이 떨어질 것입니다.

심은 대로 거둔다는 진리는 가정생활에서도 마찬가지입니다. 가정을 잘 경영하고 믿음으로 이끌어가는 사람은 행복한 가정을 가집니다. 부모님께 정성을 기울이는 사람이 자식에게 효도를 받을 수 있습니다. 자녀들은 부모를 보고 그대로 본받아 행동하기 때문입니다.

敎會生活에서 헌신하고 봉사하는 이는 영혼의 안정과 영생을 거두게 될 것입니다. 사람은 누구나를 막론하고 뿌리고 거두는 일을 해야만 합니다. 나를 위하여, 이웃에게, 국가에, 세계에 우리는 무엇을 뿌렸는가? 성경은 그대로 거둘 것이라고 말씀하셨습니다.

Ⅲ. 결 론

A. 여기에 (Here), 지금 (Now) 씨를 뿌립시다

해마다 봄이 되면 농부들은 씨를 뿌립니다. 그리고 그들은 해마다 가을이 되면 곡식을 거둡니다. 영생의 씨를 뿌리는 봄은 지금입니다. 그러므로 복음의 씨, 생명의 씨, 의의 씨, 진리의 씨는 날 수 있을까? 걱정되지만 믿음으로, 소망을 가지고 여기에(Here), 그리고 지금(and Now) 뿌리셔야 합니다.

B. 뿌리는 축복 – 기회를 놓치지 마십시오.

시간이 우리를 기다리지 않습니다. 봄은 참으로 빨리 지나갑니다. 파종기를 놓치지 마십시오. 다른 사람들은 열심히 뿌려서 풍성히 거둘 때에 빈손인 사람은 불행합니다. 크게 불행합니다. 뿌리지 않아도 거둘 수 있다는 망상을 버리십시오. 뿌리는 것 자체가 이미 축복입니다. 가라지를 두려워 마십시오. 가라지도 난다고 주님께서 이미 말씀하셨습니다. 그러나 하나님은 풍성한 가을을 주실 것입니다. 꼭 주실 것입니다. "정녕 기쁨으로 그 단을 가지고 돌아오리라" 축복의 말씀을 믿으시기 바랍니다. 아멘

예수께서 비유로 여러가지를 저희에게 말씀하여 가라사대 씨를 뿌리는 자가 뿌리러 나가서
뿌릴새 더러는 길 가에 떨어지매 새들이 와서 먹어버렸고
더러는 흙이 얇은 돌밭에 떨어지매 흙이 깊지 아니하므로 곧 싹이 나오나
해가 돋은 후에 타져서 뿌리가 없으므로 말랐고
더러는 가시떨기 위에 떨어지매 가시가 자라서 기운을 막았고
더러는 좋은 땅에 떨어지매 혹 백 배, 혹 육십 배, 혹 삼십 배의 결실을 하였느니라

<마13:3~8>

샤론의 수선화

〈A rose of Sharon〉

[아가서 2장 1~3절]

본 문

① 나는 샤론(Sharon)의 수선화(Rose)요 골짜기의 백합화(Lily)로구나

② 여자들 중에 내 사랑은 가시나무(Thorns) 가운데 백합화 같구나

③ 남자들 가운데 나의 사랑하는 자는 수풀 가운데 사과나무 같구나 내가 그 그늘에 앉아서 심히 기뻐하였고 그 실과는 내 입에 달았구나

내용 개요

Ⅰ. 들어가는 말

A. 아가(雅歌)를 노래한 솔로몬왕
B. 연서(戀書)가 아닌 연경(戀經)으로서의 아가서

Ⅱ. 본 론

A. 신부의 사랑 고백 (2:1)
(1) 샤론의 수선화(rose of sharon) (2:1A)
(2) 골짜기의 백합화(lily of valley) (2:1B)

B. 신랑의 신부 칭찬 (2:2)
(1) 가시나무 가운데 백합화 (2:2)
(2) 가시밭 백합화의 향기 (고후2:15)

C. 신부의 신랑 자랑 (2:3)
(1) 수풀 가운데 사과나무 (2:3A)
(2) 그 그늘에 앉아서 심히 기뻐하였고 (2:3B)
(3) 그 실과는 내 입에 달았구나 (2:3C)

Ⅲ. 나가는 말

샤론의 수선화

〈 A Rose of Sharon 〉

아가서 2장1~3절

Ⅰ. 서 론

A. 아가를 노래한 솔로몬왕

오래간만에 아가서로 설교하게 되었습니다.

아가서를 기록한 사람은 솔로몬왕(King Solomon)이라고 사료됩니다. 아가서 첫 머리에 "솔로몬의 아가라"고 선포되었기 때문입니다(아1:1). 솔로몬은 유대역사상 가장 위대한 다윗대왕의 아들이요 극치의 부귀와 최고의 지혜를 상징하는 왕입니다.

"아가"라는 말은 "노래 중의 노래"(Song of Songs)라는 뜻으로 "가장 아름다운 노래"라는 의미가 포함되어 있으며 원래 히브리어 표현법상 내용을 강조할 때에는 이런 표현을 썼습니다. 예를 들어, 가장 거룩한 것을 표현 할 때는 "거룩 중의 거룩"(Holy of Holies) 가장 위대한 왕을 "왕중 왕"(King of Kings), "하늘들의 하늘"(Heaven of Heavens)(왕상8:27) 등입니다.

솔로몬왕은 구약성서 39권 중에서 3권의 책을 썼습니다. ① 잠언, ② 전도, ③ 아가서입니다. 잠언서가 윤리적이라면 전도서는 다분히 철학적이라 할 수 있고, 아가서는 확실히 예술적인 책입니다.

아가서는 현대문학의 입장에서 보아도 손색없고 적나라한 연서라고 할 것입니다. 저자 솔로몬이 표현하는 아가서의 주인공은 마치 정신을 모두 빼앗긴 한 남자가 무조건 한 여자를 사랑하는 것처럼 기술하고 있습니다.

"나의 누이 나의 신부야 네가 내 마음을 빼앗았구나 네 눈으로 한 번 보는 것과 네 목의 구슬 한 꿰미로 내 마음을 빼앗았구나 – 나의 누이, 나의 신부는 잠근 동산이요, 덮은 우물이요, 봉한 샘이로구나 – 너는 동산 샘이요, 생수의 우물이요 레바논에서 흐르는 시내로구나"(4:9~15) 솔로몬은 이 세상에서 좋은 것, 귀한 것은 무엇이나 이 여자를 묘사하는데 사용하였습니다.

솔로몬이 아가서에서 나열한 사랑의 용어들은 어떤 애정문학에서도 찾아볼 수 없는 방대하고 다양하며 환상적인 용어들로 줄줄이 엮여 있습니다. 몰약향랑, 포도원의 고벨화송이, 샤론의 수선화, 골짜기의 백합화, 수풀 가운데 사과나무, 길르앗의 무리 염소, 석류한쪽, 쌍태 노루새끼, 향기로운 풀언덕, 황옥물린 황금노리개, 구슬꿰미 등 다채로운 표현들이 줄이어 나옵니다.

B. 연서 아닌 연경으로서의 아가서

그래서 독자들은 아가서를 하나의 연서로 착각하고 세속문학처럼 읽어버리는 우를 범할 수 있습니다. 그러나 아가서는 흔한 세속적 사랑 이야기만은 아닙니다. 이 책은 유태교와 기독교의 경전인 거룩한 성경에 포함되어 있는 책입니다. 성경학자들은 한 번도 이 책을 정경(Canon)에서 제외한 적이 없습니다. 그 이유는 이 책이 세속적 애정 용어이지만 그것을 사용하여 하나님의 거룩하신 사랑을 대변하고 있기 때문입니다.

아가서의 진면목은 이 책의 내면을 흐르고 있는 진지하고도 심각한 "그의 백성에 대한 하나님의 사랑"을 표현하는데 있습니다. 이 책은 하나님께서 그의 백성을 얼마나 사랑하시며 또 어떻게 사랑하시는가에 대한 놀라운 접근을 시도하고 있습니다.

만약 고대 유대학자들이나 성경학자들이 이 책의 행간을 흐르고 있는 하나님의 사랑을 읽어 내지 못했다면 그들은 아가서를 성경에서 빼어버리는 과오를 범했을 것입니다. 그러나 그들은 이 책이 인간적 연서가 아니라 하나님의 연경이라는 것을 알았기 때문에 오늘 우리가 아가서를 성경으로서 읽을 수가 있게 된 것입니다.

그러므로 아가서를 바로 이해하기 위해서는 인간적 감정으로 읽는 것이 아니라 성령의 감동으로 읽어야 합니다. 인간의 감정을 자극하는 세상의 노래들은 쉽게 사라지지만 아가서가 주는 교훈은 오래 지속되므로 아가서는 영원한 노래입니다. 겉보기에는 아가서가 세상의 노래, 육적 노래로 보일지 모르나 아가서는 분명히 영의 노래(Spiritual Song)입니다.

사도 바울은 에베소교회로 보내는 편지에서 남편과 아내의 관계를 이야기하다가(엡5:22~23) 결론적으로 "내가 그리스도와 교회에 대하여 말하노라"(엡5:31)라고 하였습니다. 남편이 아내를 사랑함과 같이 주님은 교회를 사랑하십니다.

호세아서도 호세아가 사랑할 수 없는 아내를 무조건적으로 사랑하는 것이나(Un-Conditional Love), 마침내 고멜을 구원하고야 마는 것이나(Salvational Love), 그리고 변하지 아니하고(Un-Changable Love) 영원히 사랑하겠다는(Eternal Love) 약속은 하나님께서 그의 백성을 얼마나 사랑하시는가를 표현하고 있습니다.

우리는 아가서에서 솔로몬왕이 시골에서 일하는 목녀(牧女)

술남미를 진지하고 애타게 사랑하는 모습에서 그리스도께서 얼마나 교회를 진정으로 사랑하시는가 하는 모습을 찾을 수 있으며 또 술남미의 순수하고 열렬한 모습에서 교회가 주님을 어떻게 사랑해야 하는가를 알 수 있을 것입니다.

Ⅱ. 본 론

A. 신부의 사랑 고백 (2:1~2)

(1) **샤론의 수선화** (a Rose of Sharon) (2:1A)

어떤 해석가들은 "샤론의 수선화"를 그리스도로 묘사합니다(찬송가 89장). 동형론적 해석(Typological Interpretation) 상으로 하자는 없습니다. 마찬가지로 "샤론의 수선화"를 성도(신부 혹은 교회)로 해석할 수도 있습니다. 연구해보면 아가서 2장 1절은 "신부의 노래"로 보는 것이 가장 제격이기 때문입니다.

샤론(Sharon)은 옛날 요나가 하나님을 피해서 다시스로 도망가려고 배를 탔던 욥바항에서 엘리아가 바알선지자와 아세라선지자들을 상대로 대결했던 갈멜산까지 남북 2백리, 폭이 오십리의 거대한 평지를 일컫는 이름입니다.

우리말로 "수선화"라고 번역된 히브리어 하바체레트는 영국개역(KJV)에서 "장미"(Rose)로 번역되었고(아2:1, 사35:1), 새번역 영어에서는 이 말을 아네모네(Crocus)로 번역하였으며(사35:1) 우리말로는 수선화라고 번역했다가(아2:1), 백합으로 번역했다가 하였습니다(사35:1).

학자들은 고대 팔레스타인 들판에 장미가 없었을 것이라는데 의견을 모았습니다. 그리고 식물을 연구하는 사람들은 그 당시 팔레스타인 들판에 피었을 꽃은 아마 아네모네(Crocus)였을 것이라고 추측합니다.

신부(술남미)는 궁중에서 자란 고관대작의 딸이 아닙니다. 들판에서 농사를 짓고 양을 먹이는 시골에서 자란 자연의 딸이었습니다. 시기와 질투를 모르며 권력과 사치를 모르는 순진하고 겸손한 여인이었습니다.

그래서 그는 "나는 샤론의 수선화"라고 자신을 묘사합니다. 샤론 들판의 후덥지근한 바람이 불어 지나가는 나그네가 피곤하고 지쳤을 때에 가을에 심겨져 겨울을 땅속에서 보내다가 이른 봄에 자라나 아무런 꾸밈없이 피어있는 들꽃이 그를 반겨준다고 상상해 보십시오.

사람들은 누구나 힘들 때가 있습니다. 멀고 지루한 샤론의 들판처럼 시련의 장소를 지나가야 할 때가 있습니다. 몸은 지쳤고 지고가야 할 짐이 무겁고, 갈 길은 아직 멀어 끝이 보이질 않을 때가 있습니다.

성도들(신부)은 그들에게 위로를 주고 용기와 기쁨을 주는 한 줄기의 꽃향기를 선사하는 "샤론의 수선화"이기를 바랍니다. 우리나라의 꽃인 무궁화가 "샤론의 수선화"(Rose of Sharon, NIV)입니다. 무궁화의 나라 성도 여러분, 우리는 그리스도의 신부로서 술남미처럼 샤론의 수선화로 피어납시다.

(2) 골짜기의 백합화(Lily of Valley)(2:1B)

신부(술남미, 교회)의 두 번째 고백은 "골짜기의 백합화"입니다. 성경에 나오는 골짜기는 양면성이 있지만 부정적인 면이 더 많습니다.

예를 들면 ① 갈지도 심지도 못하는 골짜기(신21:4), ② 눈물 골짜기(시84:6), ③ 사망의 음침한 골짜기(시23:4), ④ 골짜기와 황무한 사막(겔36:4) 등입니다.

아가서에서 신부가 말하는 골짜기는 고민과 좌절의 골짜기를 말하고 있습니다. 성도들은 신앙생활을 하는 도중에 큰 실망을 당할 때도 있고, 고민에 빠질 때도 있으며 좌절의 쓴 맛을 볼 때도 있습니다.

그러나 그리스도의 신부로서의 성도들은 이러한 좌절 가운데에서라도 한 송이의 백합처럼 곧고 바른 자세로 일어서야 합니다. 마치 인적이 드물고 적막한 골짜기에서 아무도 보아 주는 이 없지마는 백합은 새하얀 꽃잎을 더럽히지 아니하고 바람에 흔들리면서도 굽지 아니하고 곧은 자세로 서 있습니다.

성도들도 백합처럼 고민 가운데서 실망치 아니하며 좌절에 굽히지 말아야 할 것입니다. 신부로서의 아름다운 절개를 지켜야 할 것입니다. 우리는 골짜기의 백합화이기 때문입니다.

환경이 척박한 골짜기에서, 보는 이도, 알아주는 이도 없지만 백합화는 홀로 깨끗하고 아름답게 피고 집니다. 왜냐하면 그것이 백합화이기 때문입니다. 왜 우리는 순결해야 합니까? 왜 우리는 깨끗해야 합니까? 그것은 우리가 그리스도의 성도이기 때문입니다. 신부이기 때문입니다.

왜 백합화는 줄기가 곧고 자태가 우아합니까? 그것이 백합화의 본성입니다. 이 꽃의 본래의 모습입니다. 백합화는 어떤 골짜기에 피어 있을지라도 그 골짜기를 닮지 아니하고 하나님께서 그에게 주신 모습으로 자라납니다.

우리 성도들도 그렇게 자라야 합니다. 주님 보시기에 귀하고 아름다운 성도가 되어야 할 것입니다. 세상이 우리를 속이고 실망시킬지라도 우리는 주님께서 원하시는, 하나님께서 우리에게 주신 원래의 성도 모습을 지켜야 합니다.

혹시 이 골짜기를 지나가는 어떤 나그네가 힘들고 피곤하게 좌절의 골짜기, 눈물의 골짜기(시84:6)를 지나가다가 이 백합화를 보았을 때, 그 사람은 분명히 놀랄 것입니다. 반가울 것입니다. 위로를 받을 것입니다. 용기와 희망을 가질 것입니다.

그래서 우리는 골짜기의 백합입니다. 그 사람이 성도이든지, 불신자이든지 실망의 길을 걷다가 우리를 만났을 때 그 사람이 어떤 느낌을 받을까요? 무엇을 얻어 갈 수 있을까요? 과연 크리스챤의 감동을 받아 갈 수 있을까요? 반드시 그렇게 되어야 할 것입니다.

B. 신랑의 칭찬 (2:2)

(1) 가시나무 가운데 백합화 (2:2)

2절은 1절의 댓구로 "신랑의 노래"입니다.

신랑은 "여자들 중에 내 사랑은 가시나무 가운데 백합화(a Lily Among Thorns) 같구나"라고 낭시 하였습니다.

신부가 자기를 "골짜기의 백합화"라고 한 것을 한층 더 높여서 "가시밭의 백합화"라고 표현한 것입니다. "골짜기"가 고민과 좌절이라면 가시밭은 확실히 환난과 시련의 의미가 있습니다.

주님은 교회가 당하고 있는 어려움이나 또 앞으로 닥쳐올 온갖 환난들을 다 아시고 계십니다. 하나님은 모세에게 "내가 애굽에 있는 내 백성의 고통을 정녕히 보고, 그들의 부르짖음을 듣고 그 우고(Suffering)를 안다"고 하셨으며(출3:7) 주님은 서머나교회에게 "내가 네 환난과 궁핍을 안다"고 하셨습니다(계2:9).

또 주님은 가시나무 가운데 떨어진 씨가 얼마나 힘들고 어렵다는 것을 설파하셨습니다. 가시나무는 그 씨가 자라지 못하도록 기운을 막고(마13:7) 열매를 맺지 못하게 하는데, 이것은 곧 "세상 염려와 재리의 유혹"이라고 하셨습니다(마13:22).

또 사도 바울은 그가 얼마나 가시밭길을 걸어 왔으며 그러나 이것을 어떻게 전화위복시켜 백합처럼 곧게 살아왔는가를 증언하였습니다;

> "오직 모든 일에 하나님의 일군으로 자처하여 많이 견디는 것과 환난과 궁핍과 곤란과 매맞음과 갇힘과 요란한 것과 수고로움과 자지 못함과 먹지 못함과"(고후6:4~5)

> "무명한 자 같으나 유명한 자요, 죽은 자 같으나 보라 우리가 살고, 징계를 받은 자 같으나 죽임을 당하지 아니하고, 근심하는 자 같으나 많은 사람을 부요하게 하고, 아무것도 없는 자 같으나 모든 것을 가진 자로다"(고후6:9~10)

에스겔은 "찌르는 가시와 아프게 하는 가시"(겔28:24)에 대하여 언급했습니다. 기독교 역사에서 정녕 가시에 찔리면서 한 송이의 백합처럼 서 계신 모습을 연출하신 분이 계십니다.

그것은 빌라도 법정에서 가시관을 쓰고 서신 주님의 모습입니다(마27:29, 막15:17, 요19:2~5).

복음서 기자들은 "가시면류관"(Crown of Thorns)이라고 표현했습니다. 대개 면류관이 상징하는 의미는 좋은 것들뿐입니다.

① 권위(왕하11:12, 시21:3), ② 승리(고전9:25, 딤후2:5, 4:8), ③ 존경과 명예(시132:18, 잠16:31), ④ 기쁨과 환영(아3:11), ⑤ 훌륭한 공적을 의미합니다.

그러나 주님께서 쓰신 가시면류관은 아주 특별한 경우입니다. 과연 면류관이라는 표현이 맞는지, 가시와 면류관이 어울리는 단어인지 궁금합니다.

이것은 지금까지 열거한 모든 면류관과는 아주 다른 의미를 가진 수모와 조롱, 멸시와 천대, 아픔과 고통과 쓰라림을 주는 면류관인 것입니다.

복음서 기자들은 "가시로 면류관을"(crown of thorns), "엮어"(twisted together), "그의 머리에 씌우고"(put it on his head)라고 했는데, 이 말은 가시나무 여러 개를 뒤틀어 만들고 그것을 타의에 의해서 억압적으로 머리에 씌웠다는 뜻입니다.

우리는 이런 기사를 읽으면서 크리스챤으로서 목구멍에 슬픈 탄식이 새어 나옵니다. 그들은 어떻게 이토록 잔인한 일을 자행할 수 있었을까? 왜 우리 주님은 이런 고통을 당하셨을까? 온 몸이 저려오는 전율을 느낍니다.

그러나 역사의 수레바퀴는 돌아 오랜 세월이 흘렀습니다. 수많은 왕과 권력자들이 호화로운 면류관들을 만들었고 또 썼습니다. 그러나 그 어떤 면류관도 주 예수께서 쓰신 가시면류관처럼 존경과 흠모를 받지 못했습니다.

인류 역사에서 빈부귀천, 남녀노소를 총 망라해서 얼마나 많은 사람들이, 이름모를 로마 군인이 만든 가시관 쓰신 주님의 모습 앞에서, 고개숙여 머리를 떨구고 또 무릎을 꿇었을까? 얼마나 슬퍼하고 애통하며 그들의 가슴을 찢었을까?

세계 최고의 숙련공들이 온갖 보화를 엮어 만든 엄청난 값의 면류관이라 할지라도 우리 주님의 가시면류관 앞에서는 그 빛을 잃고야 말 것입니다.

왜냐하면 그들은 그것을 벗어놓고 가시관 쓰신 주님 앞에 겸손히 엎드리지 않으면 영원한 축복을 잃어버리고, 하나님의 사랑을 받지 못한 채 죽어야 하는 불쌍한 사람이 되기 때문입니다.

(2) 가시밭 백합화의 향기

샤론의 수선화(Rose of Sharon)나 가시밭의 백합화(lily among thorns)에서 영감을 받아서 시(詩)나 노래를 쓴 사람들은 많이 있습니다.

> 사람을 보며 세상을 볼 땐 만족함이 없었네
> 나의 하나님 그 분을 뵐 땐 나는 만족하였네
> 동남풍아 불어라 서북풍아 불어라
> "가시밭에 백합화" 예수향기 날리니 할렐루야 아멘
> 가시밭에 백합화 예수향기 날리니 할렐루야 아멘
>
> 가시밭에 한 송이 흰백합화 고요히 머리숙여 홀로 피었네
> 인적이 끊어진 깊은 산속에 고요히 머리숙여 홀로 피었네
> 어여쁘라 순결한 흰백합화야 그윽한 네 향기 영원하리라

가시밭 가운데 핀 한 송이의 백합이 바람에 부대끼며 가시나무에 시달리며 가시 사이로 발산해 보내는 은은한 꽃향기는 상상이나 추측만으로도 확실히 시적이고 감격적입니다.

사도 바울은 고린도 교회에 보낸 두 번째 편지에서 "그리스도의 냄새"(fragrance of Christ) 혹은 "그리스도의 향기"(aroma of

Christ)라는 표현을 사용하였습니다.

그리스도인들은 언제, 어디서나, 생각과 말과 행동에서 그리스도의 향기, 크리스챤의 냄새가 나야 한다는 것입니다. 교회에서만, 예배드릴 때만이 아니고 모든 생활에서 어디를 가든지 항상 크리스챤이어야 합니다.

뿐만 아니라 우리가 있는 곳이, 우리가 가는 곳이 가시밭일 경우, 고통과 환난과 핍박의 길인 경우, 우리는 어떻게 해야 하나요? 그렇습니다. 기독교 신앙의 역리가 여기 있고 성도들의 인내와 강인함이 여기 있습니다. 이때야말로 성도들의 신앙이 그 진가를 발휘할 때입니다. 이때가 그리스도의 향기를 나타낼 기회입니다. 왜냐하면 우리는 "가시밭의 백합화"이기 때문입니다.

C. 신부의 신랑 자랑 (2:3)

(1) 수풀 가운데 사과나무 (2:3A)

3절은 신부의 노래로 2절에 대한 댓구입니다.

신부는 신랑을 "수풀 가운데 사과나무"라고 했습니다.

수풀은 좋은 나무, 과실나무들이 많이 있는 곳이 아니며 쓸모없는 잡목들이 우거진 곳입니다. 사람이 수풀에 빠지면 길을 잃고 헤매이게 됩니다. 방향을 찾지 못하고 같은 길을 돌아다니다가 기진맥진하여 위험에 처할 수도 있습니다.

또 성경에 나오는 수풀은 사자나(렘9:7, 암3:4, 미5:8), 곰(왕하2:24), 돼지(시80:13) 등 들짐승(호2:12)들이 사는 곳입니다. 수풀에 빠져 길을 잃고 헤매이다 지쳤는데 이런 짐승들을 만나면 아주 위험하게 됩니다.

성도들이 신앙생활을 하는 도중에 수풀에 빠진다는 것은 회의와 의심에 빠져서 그 해답을 찾지 못하고 잡념과 망상에 시달리며 지쳐가는 모습이라 할 것입니다. 교회봉사나 믿음의 생활을 하다보면 이상하게 일이 꼬일 때가 있습니다. 또 한 번 꼬이기 시작하면 좀처럼 쉽게 풀리지도 않습니다.

이럴 때 회의가 생기고 신앙자체에 의심까지 생겨서 고통스러운 잡념과 망상에 빠집니다. 수풀을 무시하면 큰일납니다. 마찬가지로 하찮은 망상이나 회의도 절대로 무시하면 안됩니다. 속히 방향을 잡고 길을 찾아 나와야 합니다.

그런데 수풀에서 길을 잃은 사람이 사과나무를 만나면 방향과 길을 찾아 나올 수가 있습니다. 이것은 아주 평범하면서도 현실적이며 놀라운 진리입니다.

우선 본문에서 언급한 것처럼 사과나무 그늘에서 지친 심신을 쉴 수 있습니다. 그리고 사과를 따먹고 허기진 배를 채울 수 있으며 혼미해진 정신을 가다듬으면 사과나무 근처에는 사람들의 발자국이 보입니다. 왜냐하면 사과나무가 있는 곳에는 사과를 따먹기 위하여 많은 사람들이 찾아오기 때문에 길이 나 있고 길을 따라 나오면 수풀을 벗어 날 수 있습니다.

신부(술남미)는 신랑(솔로몬)을 수풀 가운데 사과나무라 했습니다. 교회의 신랑은 예수 그리스도시며 "수풀 가운데 사과나무"는 구약에 나타난 또 다른 주님의 별명입니다.

(2) 내가 그 그늘에 앉아서 심히 기뻐하였고 (2:3B)

풀이나 잡목들은 그늘이 좋지 않습니다. 아열대 폭염에 시달린 길 잃은 나그네가 사과나무 그늘을 만난 것은 확실히 기뻐할 일입니다. 하나님은 요나를 위하여 박넝쿨 하나를 준비하시고 그의 머리에 그늘이 지게 하셔서 요나의 괴로움을 면케하셨는데 요나는 그 박넝쿨로 인하여 심히 기뻐했습니다(욘4:6).

하나님은 폭염에 지친 자들에게 그늘을 주십니다. 또 하나님께서 친히 그늘이 되어 주십니다. 우리가 주의 날개 그늘 아래 피하면(시36:7) 하나님은 우리를 그 날개 그늘아래 감추어 주십니다(시17:8).

여호와는 너를 지키시는 자라 여호와께서 네 우편에서 네 그늘이 되시나니 낮의 해가 너를 상치 아니하며 밤의 달도 너를 상치 아니하리로다 여호와께서 너를 지켜보는 모든 환난을 면케하시며 또 네 영혼을 지키시리로다(시121:5~7).

주님은 우리의 참 목자이십니다(요10:11). 그래서 주님의 품에는 항상 안전하고 편안함이 있고 기쁨과 쉼이 있습니다. 주님은 "수고하고 무거운 짐진자들아 다 내게로 오라 내가 너희를 쉬게 하리라 나는 마음이 온유하고 겸손하니 나의 멍에를 메고 내게 배우라 그러면 너희 마음이 쉼을 얻으리니 이는 내 멍에는 쉽고 내 짐은 가벼움이라"(마11:28~30)고 하셨습니다.

주님은 우리에게 평안을 주십니다. 주님께서 우리에게 주시는 평안은 세상이 주는 것과 같지 않습니다. 주님께서 주시는 평안은 확실하고, 변함이 없고, 진정 내 영혼의 쉼을 주는 그런 평안입니다(요14:27).

그러므로 지친 나그네가 사과나무 그늘에서 쉬고 기뻐하는 것처럼 우리는 주님의 그늘에서 쉬고 기쁨을 누립니다. 이스라엘 백성들은 저들을 구원해 주신 하나님을 항상 기뻐했습니다(출18:9, 시9:14, 시35:9).

주님께서도 우리를 구원하시고(롬1:16 10:1, 살전5:9, 딤후2:10) 은혜를 주시고(행15:11, 갈1:6) 기쁨을 주시되 충만한 기쁨을 주십니다(요15:11, 요일1:4). 주님께서 주시는 기쁨은 아무도 빼앗을 수 없습니다(요16:22).

그래서 사도 바울은 "형제들아 주 안에서 기뻐하라(빌3:1), 항상 기뻐하라, 다시 말하노니 기뻐하라(빌4:4), 크게 기뻐하라(빌4:10), 모든 기쁨으로 기뻐하라"(살전3:9)고 그리스도인의 기쁨을 강조했습니다.

"내가 그 그늘에 앉아 심히 기뻐하였고"

(3) 그 실과는 내 입에 달았구나 (2:3C)

세 번째 신부의 신랑 자랑은 수풀 가운데서 만난 사과나무의 과실이 그의 입에서 달았다는 것입니다. 과연 수풀을 헤매다 목마른 길 잃은 자에게 사과열매는 너무나 맛있고 시원했을 것입니다.

시편은 "사슴이 시냇물을 찾기에 갈급함 같이 내 영혼이 주를 찾기에 갈급" 하다고 하였습니다(시42:1). 하나님은 생수의 근원이십니다(렘2:13). 생수가 예루살렘에서 솟아나 여름 겨울 없이 흐를 것이라 하셨습니다(슥14:8).

예수님은 사마리아 우물물은 먹어도 다시 목마르게 되겠지만 "내가 주는 물을 먹는 자는 영원히 목마르지 아니하리니 나의 주는 물은 그 속에서 영생하도록 솟아나는 샘물이 되리라"고 하셨습니다(요4:13~14). 그리고 "누구든지 목마르거든 내게로 와서 마시라 나를 믿는 자는 성경에 이름과 같이 그 배에서 생수의 강이 흘러나리라"고 하셨습니다(요7:37~38).

시편 기자는 "주의 말씀의 맛이 내게 어찌그리 단지요 내 입에

꿀보다 더 하나이다"라고 하였습니다(시119:103). 여호와의 말씀은 명철의 말씀(잠1:2), 지식의 말씀(잠19:27, 23:12), 순결한 말씀(시12:6), 순전한 말씀(잠30:5)입니다.

사과나무 과실은 우리 입에 달지만 하나님의 말씀은 우리의 영혼을 소성케 하며(시119:25) 내 발의 등이요 내 길의 빛이요(시119:105), 풀은 마르고 꽃은 시드나 우리 하나님의 말씀은 영영히 서리라 하셨습니다(사40:8).

하나님의 말씀은 우리 영혼의 양식입니다. 그러므로 말씀이 없으면 영혼이 기갈에 듭니다. "양식이 없어 주림이 아니며 물이 없어 갈함이 아니요 여호와의 말씀을 듣지 못한 기갈"이라고 아모스는 갈파했습니다(암8:11).

우리 주님은 태초부터 계셨던(요1:1) 생명의 말씀이십니다(요일1:1, 빌2:16, 행5:20). 그가 이 땅에 오셔서 하나님의 말씀(눅5:1, 11:28), 천국 말씀(마13:19)을 전하셨고 이 말씀은 구원의 말씀(행13:26), 은혜의 말씀(행14:3), 진리의 말씀(고후6:7)이셨습니다.

주님의 말씀은 갈급한 영혼의 목을 해갈시켜주는 생수가 됩니다. 주님은 이와 같은 생수가 샘처럼 강처럼 흘러 넘칩니다.

목마른 자들아 다 이리오라 이곳에 좋은 샘 흐르도다
힘쓰고 애씀이 없을지라도 이 샘에 오면 다 마시겠네
신기한 샘물을 마신자마다 목 다시 갈하지 아니하고
속에서 솟아나 생수가 되어 영원히 솟아 늘 풍성하리

Ⅲ. 나가는 말

수풀 가운데 빠져서 길을 잃고 헤매는 사람이 사과나무를 만나면 빠져 나올 수가 있습니다. 언급한 바와 같이 사과나무 그늘에서 쉬고 사과를 따먹고 허기와 갈증을 해결한 다음에 정신을 차리면 방향도 찾게 되고 길도 발견할 수 있습니다. 왜냐하면 산에 온 사람이나 동네 아이들이 사과나무를 항상 찾아오기 때문에 여기저기 발자국도 남아 있고 길도 나있기 때문입니다.

마찬가지로 회의와 망상과 잡념에 빠졌거나 불안과 우울에 빠진 사람들은 주 예수 그리스도에게 찾아와야 합니다. 주님은 그들에게 보호와 피난의 그늘이 되시고 주님의 말씀은 생수와 영양이 되십니다.

그리고 마침내 이것들을 헤치고 나올 활로를 찾을 수 있게 됩니다. 왜냐하면 주님은 "길이요, 진리요, 생명"이시기 때문입니다.

성도는 역경 가운데서 핀 수선화와 시험과 환난 가운데 핀 백합화입니다. 그리고 주님은 수풀 가운데 사과나무가 되십니다.

할렐루야!

제2부

열조들의 신앙

1. 요셉의 역사관
2. 광야의 떨기나무 임마누엘
3. 나아만의 인격과 신앙
4. 요시야 왕의 신앙과 개혁
5. 엘리야의 신앙
6. 불가마 속에 오신 주님

요셉의 역사관

(역사를 보는 두 종류의 눈)

[창세기 50장 15~21절]

본 문

15. 요셉의 형제들이 그들의 아버지가 죽었음을 보고 말하되 요셉이 혹시 우리를 미워하여 우리가 그에게 행한 모든 악을 다 갚지나 아니할까 하고
16. 요셉에게 말을 전하여 이르되 당신의 아버지가 돌아가시기 전에 명령하여 이르시기를
17. 너희는 이같이 요셉에게 이르라 네 형들이 네게 악을 행하였을지라도 이제 바라건대 그들의 허물과 죄를 용서하라 하셨나니 당신 아버지의 하나님의 종들인 우리 죄를 이제 용서하소서 하매 요셉이 그들이 그에게 하는 말을 들을 때에 울었더라
18. 그의 형들이 또 친히 와서 요셉의 앞에 엎드려 이르되 우리는 당신의 종들이니이다
19. 요셉이 그들에게 이르되 두려워하지 마소서 내가 하나님을 대신하리이까
20. 당신들은 나를 해하려 하였으나 하나님은 그것을 선으로 바꾸사 오늘과 같이 많은 백성의 생명을 구원하게 하시려 하셨나니
21. 당신들은 두려워하지마소서 내가 당신들과 당신들의 자녀를 기르리이다 하고 그들을 간곡한 말로 위로하였더라

내용 개요

Ⅰ. 요셉의 생애와 인격(人格)

A. 꿈을 꾸던 소년시절(창37:5~11)
B. 바로의 꿈을 해몽하는 요셉(창41:25~36)
C. 요셉과 예수 그리스도(창27:25~28)

Ⅱ. 세상적 안목으로 보는 역사관(50:15~17)

A. 인간들의 투쟁적인 역사(50:15a)
B. 보복이 악순환하는 역사(50:15b~17ab)
C. 비극과 슬픔이 있는 역사(50:17c)

Ⅲ. 신앙적 안목으로 보는 역사관(50:18~20)

A. 역사의 주관자는 하나님이심(50:18~19)
B. 하나님의 역사는 구원하는 역사이심(50:20)
C. 역사의 심판자도 하나님이심(50:19b)

Ⅳ. 신앙으로 역사를 보는 자의 태도(50:21)

A. 자기에게 악행한 자들을 용서함(50:21a)
B. 자기에게 악행한 자들과 자녀들을 보호함(50:21b)
C. 요셉이 오히려 그들을 위로함(50:21c)

요셉의 역사관

〈역사를 보는 두 종류의 눈〉

창세기 50:15~21

Ⅰ. 요셉의 생애와 인격(人格)

A. 꿈을 꾸던 소년시절(창37:5~11)

구약 인물 중에 꿈의 대가로 요셉과 다니엘을 꼽을 수 있습니다. 다니엘은 자기 자신이 꿈을 꾸는 것보다 다른 사람의 꿈을 알아 맞치고 그것을 해몽하는 것으로 유명했습니다. 느부갓네살 왕의 꿈은 당시 바벨론, 페르시아, 로마 등의 흥망성쇠와 그리스도의 탄생 및 교회의 팽창을 포함한 역사 전체를 총체적으로 조명한 장구하고 방대한 꿈이었습니다.

다니엘의 도움 없이는 누구도 이 꿈을 해석할 수는 없었을 것입니다. 뿐만 아니라, 느부갓네살은 이 꿈을 꾸고는 자기의 꿈 자체를 잊어 버렸습니다. 그러나 다이엘은 남의 잊어버린 꿈까지 알아 맞치고, 뿐만 아니라 해몽까지 하는 그야말로 꿈의 대가였습니다.

그러나 물론 요셉도 다른 사람의 꿈을 해몽하기도 했지만 그는 자신이 많은 꿈을 꾸었습니다. 소년시절에 해와 달이 자기 별에 절하는 꿈 이야기를 하다가 아버지 야곱이 언짢아 하기도 했고 형들의 곡식단이 자기 곡식단에게 절하는 꿈 이야기를 하다가 형들이 싫어하기도 했습니다. 그리고 형들은 그를 “꿈꾸는 자"라는 별명을 붙여 주었습니다. 아무튼 요셉의 어린 시절은 꿈을 많이 꾸는 소년기였습니다. 그리고 이 꿈 때문에 형제가 큰 갈등을 빚었습니다.

B. 바로의 꿈을 해몽하는 요셉 (창41:25~36)

요셉은 결국 형제들이 노예로 팔아서 애굽까지 오게 되었고 모함을 받아 감옥에 들어가게 되었으며, 감옥에서 관원의 꿈을 해석하여 준 덕분에 다시 바로왕의 꿈을 해석하도록 불려가게 되었습니다.

바로는 꿈을 두 번 꾸었는데 살찌고 아름다운 암소 일곱 마리가 강에서 올라 왔는데 그 뒤에 흉하고 여윈 암소 일곱 마리가 또 올라와서 먼저 올라온 소들을 먹어 버리는 꿈을 꾸었습니다. 또 한번은 아주 무성하고 충실한 곡식 이삭 일곱이 나오고 다음에는 쇠약하고 마른 이삭 일곱이 나오더니 먼저 것을 먹어 버리는 꿈을 꾸었습니다.

바로는 이 꿈을 심히 기이하게 여기고 여러 사람들에게 해몽을 부탁했으나 아무도 감히 해몽치 못하던 차에 요셉의 소식을 듣고 그를 감옥에서 불러 내었습니다. 요셉은 살찐 일곱 소와 충실한 일곱 이삭은 7년간 풍년이 들 것이며, 마른 소 일곱 마리와 쇠약한 일곱 이삭은 7년간 흉년이 들 것이요, 꿈을 두 번씩 꾼 것은 하나님의 작정이 분명하다는 것을 세세히 설명하였습니다.

바로는 요셉의 현명함과 준수함에 놀라고 흉년에 대비하라는 그의 정책을 좋게 여겨 그를 당장 애굽을 치리하는 총리로 삼고, 자기의 인장과 반지를 주었으며 세마포를 입히고 금사슬을 목에 걸어 주고 애굽을 치리하게 하였습니다.

C. 요셉과 예수 그리스도(창27:25~28)

요셉의 생애는 구약 인물 중에 가장 예수 그리스도의 생애와 유사점이 많았습니다. 역사를 구속사적 입장에서 보고 구약의 인물이나 사건을 예수 그리스도의 구속사업과 연계해서 이해하려는 학문을 유형학(Typology)이라고 합니다.

여기서 요셉과 예수 그리스도를 유형학적으로 비교한다면 다음과 같습니다. ① 요셉은 아버지의 사랑받는 아들이었고 예수 그리스도는 하나님의 사랑받는 독생자였습니다. ② 요셉은 형제들의 미움을 샀고 예수 그리스도는 고향사람과 동족들이 싫어했습니다. ③ 요셉은 사랑해야 할 형제들이 은을 받고 팔았으며 주님도 사랑하는 제자가 은을 받고 팔았습니다. ④ 요셉은 평소에 충성스럽게 일했으며 주님도 하나님의 구속사업을 힘써 완수하였습니다. ⑤ 요셉은 여자의 모함을 받아 감옥에 갇혔고 주님은 권력층의 모함으로 죽어 무덤까지 내려갔습니다. ⑥ 요셉은 감옥에서 출옥하여 애굽의 총리가 되었고 주님은 부활 승천하여 하나님 우편에 앉으셨습니다. ⑦ 요셉은 흉년에서 애굽을 구원하였고 주님은 죄에 빠진 세상을 구원하셨습니다. ⑧ 두 분 모두 하나님께 큰 영광을 돌렸습니다.

이상 여러 가지를 종합해 볼 때, 요셉은 마치 구약에 있는 예수님의 사진을 보는 것처럼 많은 공통점을 가지고 있습니다. 이제 우리는 본문으로 돌아가서 요셉의 일생을 통해서 볼 수 있는 두 종류의 역사관(歷史觀)을 생각하고자 합니다.

Ⅱ. 세상적 안목으로 보는 역사관(50:5~17)

A. 인간들의 투쟁적인 역사(50:15a)

인간들의 역사는 개인적으로는 투쟁의 역사요, 국가적으로는 전쟁의 역사라 할 수 있습니다. 사람은 태어나면서부터 투쟁이 시작됩니다. 난리와 전쟁은 지구 곳곳에서 쉬지 않고 연속적으로 일어납니다. 세계사의 어떤 단면을 짤라봐도 투쟁이 없고 전쟁이 없는 시대는 없었습니다.

요셉은 어릴 때 꾼 꿈들이 모두 이루어졌습니다. 형들의 곡식단이 요셉의 곡식단에 고개숙여 절한 것처럼 그들은 줄이어 내려와서 애굽의 총리가 된 그 앞에 고개를 숙였습니다. 요셉은 마치 한편의 영화를 보는 것처럼 자기의 꿈이 실현되는 것을 보았습니다.

그리고 이제 그토록 사랑하던 아버지 야곱이 죽었고 장례도 끝났습니다. 15절에서 "요셉의 형제들이 그 아버지가 죽었음을 보고 말하되 요셉이 혹시 우리를 미워하여 우리가 그에게 행한 모든 악을 다 갚지나 아니할까 하고"…….

요셉이 그의 과거를 되돌아 보건데, 그의 눈에는 확실히 두 종류의 역사가 보였습니다. 그 첫째 것은 형들이 구박하고 미워하고 자기를 장사꾼에게 팔아 넘겨 갖은 수모와 학대와 고생을 당하게 한 처참한 역사였습니다.

그리고 또 한쪽은 그런 와중에서도 자기를 지켜주시고 지혜를 주시고, 화가 변하여 축복으로 바꾸어 주시던, 그리고 오늘의 영화가 있게 하신 하나님의 은혜의 역사였습니다. 참 신앙인은 인간적, 세상적 역사를 보는 눈을 감고, 신앙의 눈을 떠서 하나님의 은총의 섭리를 감사합니다.

B. 보복이 악순환하는 역사 (50:15b~17ab)

그러나 역사를 인간적인 입장에서 보는 사람은 후자를 무시하고 전자에 집념합니다. 우선 요셉의 아버지 야곱도 자기가 죽은 후에 요셉이 그들의 형들에게 몰인정했던 과거를 들추어 내고 눈물을 흘리며 발버둥치는 동생을 대상들에게 팔아넘기던 그들을 처벌하지 않을까 걱정을 했던 것 같습니다.

그래서 유언으로 "네 형들이 네게 악을 행하였을지라도 이제 바라건데 그 허물과 죄를 용서하라."고 하였습니다. 야곱은 요셉이 세상적 안목으로 지난 과거를 보고 그의 자식들이 보복으로 악순환 하는 것을 염려했습니다.

더욱이 요셉의 형들은 크게 공포를 느꼈습니다. 요셉이 지금까지 그들을 후대한 것도 그것은 아버지 야곱이 살아 있었기 때문이라고 생각했는데 이제 야곱이 죽고 장사도 끝냈습니다. 그러므로 지금은 요셉이 충분히 자기들을 구박하고 학대할 수 있다고 생각했습니다. 요셉은 이 나라의 막강한 권력을 가진 총리로서 일인지하 만인지상으로 바로왕도 말하기를 "내 백성이 다 네 명을 복종하리니 나는 너보다 높음이 보좌 뿐이라"고 하였습니다(창41:40). 요셉의 형들도 요셉의 복수가 두렵고 처지가 난감했습니다. 그리고 세상적인 역사에서 흔히 볼 수 있는 보복의 악순환이 두려워서 요셉에게 나아와 엎드려 절하고 울면서 사죄하며 용서를 빌었습니다.

C. 비극과 슬픔이 있는 역사 (50:17c)

17절 마지막 부분에서 성경은 "요셉이 그 말을 들을 때에 울었더라."고 기술하였습니다. 인간들의 역사에는 항상 비극과 슬픔이 있습니다. 비극은 가까운 사람들 사이에서 더 많이 생깁니다. 형제, 이웃, 친구, 같은 민족이 고통을 줍니다.

요셉은 자기 앞에서 용서를 비는 형들의 몰인정했던 지난 일들이 한편의 영화를 보는 것처럼 떠올랐습니다. 자기를 팔아넘기던 그들, 그토록 미워하던 그들, 이제 아버지도 돌아가시고, 제지할 사람도 없고 얼마든지 행한대로 갚아 줄 수 있고 준 것만큼 되돌려 줄 수 있는, 그 이상으로 보복할 수 있는 기회가 온 것입니다.

이러한 생각이 세상적 역사 이해이고 인간적 역사 이해이고 악순환적 역사 이해입니다. 악은 악을 유전시키고, 죄는 죄를 유전시키고 살육과 싸움과 전쟁을 반복시키는 역사관입니다. 요셉은 이는 이로 갚고, 빼앗긴 것만큼 빼앗고 당한 것만큼 되돌려 줄 수 있었습니다. 그러나 이러한 잘못된 역사의 윤회는 확실히 비극의 연속이며, 고통만 더해 갈 뿐입니다. 우리는 이제 이러한 슬픔의 역사의 문을 닫아야겠습니다. 여기서 들려오는 아우성에는 귀를 막고, 눈을 감아야 할 것입니다.

그리고 새로운 신앙적 안목으로 보는 역사의 장을 열어야 하겠습니다. "요셉이 그 말을 들을 때에 울었더라." 요셉은 의인이었다고 성경은 말하고 있습니다. 요셉의 눈물은 세상적인 비극의 악순환을 종식시키고 새로운 역사관을 여는 눈물일 것입니다.

Ⅲ. 신앙적 안목으로 보는 역사관 (50:18~20)

A. 역사의 주관자는 하나님이심 (50:18~19)

두 번째의 역사관은 그리스도교 신앙적 안목으로 보는 새로운 역사관(歷史觀)으로 세계의 모든 역사를 하나님의 주관적 섭리의 역사로 이해하려는 역사관입니다. 독일 사람들은 역사에서 일어난 사건들을 순서대로 나열시키는 연대기를 "히스토리에"(Historie)라고 하고 그 이면에 흐르는 사상적 해석학적 역사를 "게슈익테"(Geschuichte)라고 합니다. 우리는 당장 우리 눈앞에서 벌어지는 약육강식, 적자생존이 이루어지고 있는 현실에만 급급하지 말고 그 이면에 흐르고 있는 깊은 섭리의 이유(Why)를 찾아야 하겠습니다.

요셉은 여호와 하나님을 의지하는 깊은 신앙의 사람이고 선한 사람이기 때문에 자기의 역경과 고난과 배신의 파란만장을 넘어서 그 배후에 흐르는 깊은 섭리의 역사와 또 역사의 고삐를 쥐신 역사의 주관자, 하나님을 볼 수 있었습니다.

하나님은 지금, 나에게 무엇을 원하시며, 어떤 크고 원대한 일을 계획하고 계심을 믿었습니다. 무엇을 위하여 나는 애굽으로 팔려 왔는가? 나의 고난과 역경의 목적이 무엇이었는가? 내가 당하고 있는 시험은 무엇을 위해서인가? 여기에는 눈 앞에 당장 보이는 것보다 더 크고, 더 위대하고, 더 엄청난 하나님의 뜻이 있다는 것을 믿었습니다. 그리고 그 하나님의 뜻이 자신을 통해서 이루어져 가고 있음을 확신했습니다.

"그 형들이 또 친히 와서 요셉의 앞에 엎드려 가로되 우리는 당신의 종이니이다." 그들의 인간적 모든 방법도 도도히 흐르는 역사 앞에서는 어쩔 수 없었습니다. 가해자는 오히려 종이 되어야 합니다. 왜냐하면 역사의 주인은 사람이 아니라 하나님이시기 때문입니다.

Los Angeles에서 폭동이 일어난지 몇 년이 흘렀습니다. 그 당시 교포들의 처참상은 말로 다 할 수 없었습니다. 그러나 얼마가 흐른 지금 무너진 단층은 이층, 삼층으로, 중고물건을 도난 맞은 창고는 새 물건으로, 낡은 건물은 새로 단장한 건물로 바뀌었습니다. 그러나 그 당시 난폭하던 가해자들은 지금도 그 때의 어려운 처지를 벗어나지 못하고 거리를 방황하고 있습니다.

B. 하나님의 역사는 구원하는 역사이심(50:20)

요셉은 말하기를 "두려워 마소서 내가 하나님을 대신하리이까. 당신들은 나를 해하려 하였으나 하나님은 그것을 선으로 바꾸사 오늘과 같이 만민의 생명을 구원하게 하려 하셨나이다."(50:19~20). 여기서 요셉의 관대함에 우리는 찬사를 보냅니다. 그리고 그의 깊은 역사 의식에 동감을 표합니다.

"두려워 마소서" 이 말의 뜻은 나는 인간적인 역사, 세상적인 역사를 보지 않는다는 뜻입니다. 원수 갚고, 복수하고 저주하는 것의 주고 받아야 할 계산을 종식시키고 두려움의 역사는 이제 단절되어야 합니다. 푸대접은 푸대접으로, 욕은 욕으로, 비판은 비판으로, 중상은 중상으로, 모략은 모략으로 갚아야 한다는 과거의 눈을 감아야 합니다. 이것이 불행한 역사를 종식시키는 그리스도인의 새로운 역사관일 것입니다.

요셉의 너그러운 관용과 용서는 그가 하나님의 구원 역사를 온전히 이해했기 때문입니다. 하나님은 항상 악을 선으로, 불행을 행복으로 바꾸십니다.

요셉의 역경과 고난을 통해서 "오늘과 같이 만민의 생명을 구원" 하셨습니다. 7년이라는 연속되는 살인적 흉년에, 야곱의 식구들은 물론 애굽까지 구원하는 것이 하나님의 목적이셨습니다. 하나님은 피해자도 구원하시지만 가해자도 구원하심으로 사랑의 하나님, 구원의 하나님이 되셨습니다.

C. 역사의 심판자도 하나님이심 (50:19b)

"내가 하나님을 대신하리이까?"(For am I in the place of God?)라는 말에는 다음과 같은 뜻이 포함되어 있습니다. 즉 역사를 위해서 고난과 역경을 당하는 것은 나의 임무입니다. 그러나 그것을 심판하는 일은 내 권한이 아닙니다.

그것은 두 가지 이유에서입니다. ① 첫째는 우리도 악인이 되지 말자는 뜻이고, ② 둘째는 역사해결은 인간이 하나님 만큼 명쾌히 할 수 없기 때문입니다. 인간이 만드는, 인간이 주연하는 역사의 수레바퀴는 추잡함과 더러움과 무질서만을 반복할 뿐이므로 하나님의 섭리와 목적과 역사해결에 아무런 도움도 줄 수 없기 때문입니다.

그러므로 요한계시록에서 장로들이 "만군의 여호와여, 우리의 피를 신원하여 주지 아니하시기를 어느 때까지 하시리이까?" 하였을 뿐이고 이들에 대한 하나님의 대답은 "원수 갚는 것이 내게 있으니 너는 가만히 있으라"고 하셨습니다.

사람이 역사를 심판하겠다는 생각은 월권입니다. 더 큰 상처만 생깁니다. 자신도 악인이 됩니다. 역사의 심판은 하나님께 맡겨야 됩니다.

Ⅳ. 신앙으로 역사를 보는 자의 태도(50:21)

A. 자기에게 악행한 자들을 용서함(50:21a)

요셉이 그 형들에게 "두려워 마소서"란 말을 두 번 하였습니다. 19절에서 한 번, 21절에서 하였습니다. 형들은 많이 두려워한 것 같습니다. 요셉이 이런 말을 한 것은 이미 그들을 용서했기 때문입니다. 우리는 여기서 참 승리자의 결연한 모습을 보게 됩니다. 승리자의 가장 아름다운 모습은 패자를 괴롭히지 않고 용서하는 모습일 것입니다.

어떤 아프리카 사람이 처음으로 시계를 샀는데 시계가 고장나서 바늘이 돌지 않았습니다. 그 사람은 바늘이 고장난 줄 알고 그것을 뽑아서 시계점으로 가져와서 이 바늘이 돌지 않으니 고쳐달라고 했습니다. 그러나 기술자는 고장난 것은 이 바늘이 아니라 바늘 뒤에 있는 기계가 고장난 것이니 시계 전체를 가지고 오라고 했습니다. 우리는 눈에 보이는 것만 쫓지 말고 그 뒤에 있는 하나님의 깊은 뜻을 헤아려야 하겠습니다.

우리 주님은 무거운 십자가를 앞에 놓고 "아버지께서 내게 주신 잔"이라고 하셨습니다. 주님은 십자가를 빌라도가 주는 형틀이나 유대인들이 주는 형벌의 도구로 생각지 않고 "아버지께서 주시는 잔"이라고 하신 것입니다. 주님은 모든 역사가 하나님의 섭리의 역사요 구원의 역사임을 이미 파악하고 계셨기 때문입니다. 이런 신앙적인 역사 안목을 가진 사람은 요셉처럼, 주님처럼 남을 진정으로 용서할 수 있습니다.

B. 자기에게 악행한 자들과 자녀들을 보호함 (50:21b)

"내가 당신들과 당신들의 자녀를 기르리이다." 용서보다 한 걸음 더 나아가서 그들을 양육하겠다고 보장한 것입니다. 우리나라의 손양원 목사님은 아들을 죽인 사람을 용서했을 뿐만 아니라 그를 양자로 삼았습니다. 양육을 보장하는 것은 용서를 더욱 확실히 하는 것이며 요셉의 형제들은 이제야 비로소 두려움이 물러가고 안심을 했을 것입니다.

그리스도인의 용서는 마음으로, 입으로만 하는 것이 아니라, 실제적으로, 행동적으로, 실천으로 옮겨져야 합니다. 요셉은 일백 십세까지 살면서 야곱의 아들들의 대가족을 부양하고 죽을 때까지 그들을 돌보았습니다.

C. 요셉이 오히려 그들을 위로함 (50:21c)

본문 맨 마지막 부분입니다. "그들을 간곡한 말로 위로하였더라." 위로 받고 공궤 받아야 할 사람이 오히려 위로하고 또 공궤하였습니다. 요셉은 보디발의 집에서 모함을 당하고, 감옥에 들어갈 때에도 울었다는 기록이 없습니다. 그러나 그들의 형들을 만날 때에는 요셉이 울었다는 기록이 나옵니다. 본문 17절에서도 "요셉이 그 말을 들을 때에 울었더라"고 기술되어 있습니다.

정작 울어야 할 사람은 요셉이 아니라 요셉의 형들이었을 것입니다. 설교자는 창세기 50장 17절을 "강자의 눈물"이라고 별칭하고 싶습니다. 하나님의 섭리의 역사를 이룩한 거인의 눈에서 흐르는 눈물이기 때문입니다.

눈물에는 거짓이 없습니다. 요셉의 눈물은 형들의 죄를 용서

하는 눈물이며, 투쟁과 보복이 악순환하는 역사를 용서하는 눈물이며 인간적인 역사관(歷史觀)을 버리고 하나님의 섭리를 이해한 신앙적 역사관으로 내게 악행한 모든 사람을 용서하는 사랑의 눈물입니다. 그리고 위로 받아야 할 자가 오히려 위로해야 하는, 오늘의 사회를 책임지는 믿음의 대가들이 흘리는 눈물입니다. 요셉이 "그들을 간곡한 말로 위로하였더라." 이 말씀을 기억하시기 바랍니다.

광야의 떨기나무 임마누엘

- Bush Emmanuel in the Desert -

[사도행전 7:20~34]

본 문

7. ㉚ Ⓐ 사십 년이 차매
Ⓑ 천사가 시내산 광야 가시나무 떨기 불꽃 가운데서 그에게 보이거늘
㉛ Ⓐ 모세가 이 광경을 보고 기이히여겨
Ⓑ 알아보려고 가까이 가니 주의 소리 있어
㉜ Ⓐ 나는 네 조상의 하나님 즉 아브라함과 이삭과 야곱의 하나님이로라 하신대
Ⓑ 모세가 무서워 감히 알아보지 못하더라
㉝ Ⓐ 주께서 가라사대 네 신발을 벗으라
Ⓑ 너 섰는 곳은 거룩한 땅이니라
㉞ Ⓐ 내 백성이 애굽에서 괴로움 받음을 내가 정녕히 보고
Ⓑ 그 탄식하는 소리를 듣고
Ⓒ 저희를 구원하려고 내려 왔노니
Ⓓ 시방 내가 너를 애굽으로 보내리라 하시니라.

내용 개요

Ⅰ. 서 론 (Introduction)

A. 애굽 학술에 통달한 모세의 실패 (7:20~28)
B. 미디안 광야의 나그네 모세 (7:29)

Ⅱ. 본 론

A. "광야 가시나무 떨기 불꽃 가운데서" (7:30)
 (1) 가시나무 떨기(Bush) – 천한 것 (7:30A)
 (2) 하나님의 불이 임함 – 임마누엘 (7:30B)

B. "이 광경을 보고 기이히 여겨" (7:31)
 (1) 불이 붙었으나 타지 아니함 – 능력의 역사 (출3:2)
 (2) 모세가 알아보려고 가까이 감 – 사람들의 관심 (행7:31)

C. 모세와 함께 하시는 하나님 (7:32~34)
 (1) 아브라함과 이삭과 야곱의 하나님 (7:32)
 (2) 거룩하신 하나님 (7:33)
 (3) 백성의 탄식을 들으시는 하나님 (7:34A)
 (4) 찾아오셔서 구원하시는 하나님 (7:34B)
 (5) 사명과 할 일을 주시는 하나님 (7:34C)

Ⅲ. 결 론

광야의 떨기나무 임마누엘

사도행전 7:20~34

Ⅰ. 서 론 (Introduction)

A. 애굽 학술에 통달한 모세의 실패 (7:20~28)

사도행전 7장은 스데반이 대제사장과 공회 앞에서 행한 그의 고별설교로서, 스데반은 이 설교를 끝내고 곧 바로 순교합니다. 스데반은 아브라함에서 시작해서 이삭, 야곱, 요셉, 모세, 아론, 다윗, 솔로몬 등에 대하여 역사적으로 열거하였는데 그 중에 모세에 대하여 가장 많이 이야기 하고 있습니다(7:20~39).

성경역사에서 모세는 위대한 사람 중에 하나로 손꼽힙니다. 그는 ① 이스라엘 민족의 종교, 정치, 사회의 중심부가 되었던 "Torah" 즉 오경을 기록한 사람이고, ② 모든 율법의 모범이라 할 수 있는 십계명을 받은 사람이며, ③ 정치적으로는 노예민족을 해방시킨 지도자요, ④ 군사적으로는 전쟁의 영웅이며, ⑤ 종교적으로는 유대교 제사법전을 집대성한 사람이요, ⑥ 학문적으로는 모든 학술에 통달한 ⑦ 하나님의 종이었습니다.

모세는 120년을 장수했는데 그의 일생은 3분할 수 있습니다. 초기는 ① 애굽에서의 40년, ② 중기는 미디안에서의 40년, ③ 그리고 후기로 출애굽을 위한 40년입니다.

모세는 애굽인들이 이스라엘 민족을 말살하기 위해서 아들을 낳으면 전부 죽일 때에 이스라엘 가정의 아들로 태어났습니다.

3개월을 숨겨서 키우던 그의 부모는 이제 더 이상 숨겨 키우기가 불가능한 줄 알고 아들의 운명을 하나님께 맡기고 갈대상자에 넣어 나일강에 떠내려 보냈습니다. 그러나 나일강에서 목욕하던 바로왕의 딸이 이 아이를 발견하고 건져 올려 이름을 모세, 즉 물에서 건졌다는 뜻의 이름을 지어주고 자기의 아들을 삼아 양육했습니다.

모세는 40년을 왕궁에서 공주의 아들로 살며 "애굽의 학술을 다 배웠"습니다(7:22). 그러나 결국은 자기가 이스라엘인이라는 것을 알게 되었고, 동족을 돕기 위해서 애굽인을 죽이는 살인을 하고 말았습니다(7:24). 그리고 살인사건이 복잡하게 되고 결국은 왕궁을 버리고 탈출하는 초기의 40년 생애를 마감합니다. 모세의 애굽 40년 생애는 "살인자"라는 결과를 가져왔고 결국은 실패한 생애였습니다.

B. 미디안 광양의 나그네 모세(7:29)

살인자가 되어 미디안 광야를 방황하던 모세는 그곳에서 족장격인 르우엘(Rueul)을 만나고 르우엘의 이름이 "하나님의 친구"라는 것을 보면 이미 그들은 하나님을 섬기고 있었던 것 같습니다. 그리고 르우엘의 아들, 미디안 제사장 이드로(Jethro)의 집에서 그의 양치는 목자로 농촌생활을 익혔습니다. 이제 모세는 왕자가 아닌 촌부로서, 왕궁이 아닌 광야에서, 권좌를 떠나 자연속에서 살아가게 되었습니다.

모세는 이제 이드로의 딸과 결혼하여 슬하에 아들들도 낳았고 나이도 80이 되었습니다. 젊은 패기, 끓어오르던 혈기도 점점 사그러지고 순수한 자연인으로 지난날에 대한 회고와 무상을 느끼게 되었고 자기 자신을 신뢰하던 용기에 대해서도 회의를 느낄 나이가 되었습니다. 그는 어떤 모험이나 도전보다는 조용하고 안정을 원했고, 가정을 지키고 자녀를 돌보는 평범한 범부이기를 바랐을 것입니다.

그러나 하나님은 인간이 할 수 없다고 포기한 것을 성취하십니다. 사람이 안된다고 말할 때에 하나님은 된다고 말씀하셨습니다. 사람은 불가능하다고 판단한 것을 하나님은 가능하심을 보여주십니다.

모세도 당시 가장 문명이 발달했던 애굽의 왕도를 떠나 광야에서 40년을 보낸 촌부가 되어 젊고 패기찬 시절이 끝나고 기력이 쇠진한 80 고령이 되었을 때에 그에게 찾아오셨습니다. 하나님은 그를 광야 가시나무 떨기 불꽃 가운데서 불러주셨습니다.

Ⅱ. 본 론 (Main Subject)

A. "광야 가시나무떨기 불꽃 가운데서" (7:30)

(1) 광야의 가시나무떨기 (7:30b)

"가시나무떨기"(Bush)라는 말은 신구약 전반에 걸쳐 여러번 나오는 말입니다. 우리말로는 ① "떨기나무"(출3:2, 렘48:6, 욥30:7), ② "가시떨기"(마13:7), ③ 가시나무떨기(눅20:37) 등 비슷한 말들로 표현되었습니다.

예레미야 선지는 "무릇 사람을 믿으며 혈육으로 그 권력을 삼고 마음이 여호와에게서 떠난 그 사람은 저주를 받을 것이라. 그는 사막의 떨기나무 같아서 좋은 일이 오는 것을 보지 못하고 광야 건조한 곳, 건건한 땅, 사람이 거하지 않는 땅에 거하리라."고 하였습니다.

여기서 "가시나무떨기"는 저주받고, 버림받고, 무가치한 쓸모없는 나무를 말하고 있습니다. 예레미야는 모압을 저주할 때도 "가시나무떨기"를 비유했습니다. "모압이 멸망을 당하여 그 영아들의 부르짖음이 들리는도다. 그들이 울고 울며 루힛 언덕으로 올라감이여, 호로나임 내려가는데서 참패를 부르짖는 고통이 들리도다. 도망하여 네 생명을 구원하여 광야의 떨기나무같이 될찌어다."(렘48:4~6).

전쟁에 참패하여 두렵고 떨리며 내일 운명을 알 수 없는 참상을 광야의 떨기나무에 비유했습니다. 사막에서 물도 없고 죽지 못해 겨우 생명을 유지하는 모습을 상상케 합니다.

가시나무떨기와 대조적으로 다른 나무들은 좋은 뜻으로 비유되었습니다. 열매를 맺는 무화과나 감람, 그리고 포도나무들은 축복과 번영을 상징하는 나무들입니다. 예레미야는 떨기나무와 비교하면서, "여호와를 의지하며, 여호와를 의뢰하는 그 사람은 복을 받을 것이라. 그는 물가에 심긴 나무가 그 뿌리를 강변에 뻗치고 더위가 올지라도 두려워 아니하며 그 잎이 청청하며 가무는 해에도 걱정이 없고 결실이 그치지 아니함 같으리라."(렘17:7~8)고 하였습니다.

그러나 가시나무떨기는 좋은 열매를 맺지 못하는 나무를 뜻합니다. 결이 좋고 향기가 나는 백향목처럼 재목으로 쓰임 받지도 못하고 모양이나 그늘이 좋아서 관상수도 아닙니다. 무가치하며, 불에 태울 수밖에 없는 아무 쓸모없는, 보기 흉한 나무뿐입니다.

사람을 떨기나무에 비유한다면 이 사람은 아무 쓸모없고 버림받고 힘없고 무가치한 사람이라 하겠습니다. 말라기 선지는 "보라 극렬한 풀무불같은 날이 이르리니 교만한 자와 악을 행하는 자는 다 초개같을 것이라. 그 이르는 날이 그들을 살라 그 뿌리와 가지를 남기지 아니할 것"이라고 말했습니다(말4:1). 우리는 모두 무가치한 사람들입니다.

(2) 하나님의 불이 임한 가시나무떨기 (7:30c)

본문 30절, "사십년이 차매" 지루한 모세의 미디안 나그네 생활이 40년이 되었습니다. 영어성경에는 "forty years were expired"(KJV) 40년 시한만료, 계약기일이 끝나는 날 등 강한 표현입니다. 하나님께서 정하신 기간이 끝났습니다.

우리는 이날을 기다려야 합니다. 사도행전 초두에서 "예루살렘을 떠나지 말고 내게 들은 바 아버지의 약속하신 것을 기다리라"(행1:4)고 하시고 또 가라사대 "때와 기한은 아버지께서 자기 권한에 두셨으니 너희의 알바 아니요"(행1:7)라고 말씀하셨습니다. 모세의 미디안 수련기간은 무려 40년으로 책정되어 있었습니다. 멀고도 긴 나그네의 여정이었습니다. 밤이슬을 맞으며 이드로의 양떼를 지킨지 "사십년이 차매."

"시내산 광야 가시나무떨기"에 하나의 불꽃이 일기 시작했습니다. 광야의 쓸모없는 가시떨기, 이름없는 잡초더미, 버림받은 나무에 하나님의 임재를 알리는 불꽃이 붙었습니다. 하나님은 시내반도의 대산악지대의 호렙산 어디에 서식하는 이름없는 가시나무떨기를, 역사에서 많은 사람의 입이 일컬을 바 이름있는 유명한 나무로 만드셨습니다.

이스라엘 민족은 떠돌이 유목민으로 숫자도 적고 보잘것 없는 나라지만 하나님이 그들을 택하심으로 선민이 되었습니다. 오늘의 모든 그리스도인들도 세상적으로 가시나무떨기처럼 보일지 모르나 바로 그들에게 하나님의 불은 붙을 것입니다. 하나님의 손은 가시나무떨기를 백향목처럼 쓰십니다. 모세의 마른 지팡이가 애굽을 때려 부수고, 홍해를 가르지 않았습니까? 약한 자로 강한 자를 부끄럽게 하시고, 미련한 자를 지혜로운 자처럼 쓰십니다.

B. "이 광경을 보고 기이히 여겨" (7:31)

(1) **가시나무떨기에 불이 붙었으나 타지 아니함** (출3:2)

하나님의 불은 뜨겁고 맹렬하여 소각력이 아주 강합니다. 엘리야는 물 열두 통을 제물과 제단에 붓고 주위에 파놓은 도랑까지 물이 넘치게 하였습니다(왕상18:33~35). 그러나 "여호와의 불이 내려서 번제물과 나무와 돌과 흙을 태우고 도랑의 물을 핥은지라"(왕상18:38). 하나님의 불은 짐승도, 시체도, 나무도, 심지어 돌과 흙까지도 그리고 물까지 말리우는 강력한 불입니다.

사막의 마른 가시떨기나무쯤은 금방 태워버릴 수 있습니다. 또 가시떨기나무는 잘 타는 나무입니다. 그런데 그 날은 불만 계속 타고 나무는 사라지지 않았습니다. 이런 현상은 보통 현상이 아닙니다. 상식적으로 납득이 갈만한 현상도 아닙니다. 불이 붙으면 나무는 곧 없어져야 합니다. 시편기자는 "저희가 벌과 같이 나를 에워쌌으나 가시덤불의 불같이 소멸되었나니 내가 여호와의 이름으로 저희를 끊으리로다"(시118:12)라고 하였습니다. 특히 가시덤풀에 불이 붙으면 나무는 곧 타버리고, 나무가 타 버리면 불도 곧 꺼집니다. 그런데 가시떨기나무에 불은 계속 타고 있고 나무가 없어지지 않는 것은 초자연적이고 기이한 현상이 되었습니다.

그리스도인들에게 있어서 하나님의 임재, 즉 임마누엘의 신앙은 초자연적이고 기이한 현상일 수 있습니다. 모세시대의 이스라엘 백성들은 말할 수 없는 시련을 겪었습니다. 불같은 시험을 당하고 있었습니다. 노예로 온갖 고통을 다 당하고 뜨거운 태양 아래서 벽돌을 굽고 남자 아이를 낳으면 죽이는 억압을 받았습니다. 그러나 애굽인들이 이스라엘 민족을 억압하면 억압할수록 그들은 단합하고, 소망을 잃지 않고, 강건하고, 수가 늘어나서 마치 불 가운데서도 사그러지지 않는 떨기나무처럼 기이한 현상이 나타났습니다.

또 로마시대에도 로마제국의 기독교 박해사는 상상을 초월하는 끔찍한 역사였습니다. 네로나 데키우스 황제가 그리스도인들을 체포하여 화형에 처하고 사자굴에 집어넣은 사실은 잔혹하기 이루 말로 다 할 수 없었습니다. 그러나 억압 받는 그리스도인들은 망하지 않았습니다. 오히려 억압하는 로마제국은 멸망했지만 그리스도교는 불꽃 중에서도 사그러지지 않는 가시떨기나무처럼 기이한 현상으로 오히려 팽창했습니다.

(2) 모세가 그것을 기이히 여겨 알아보려고 가까이 감 (7:31)

사도 베드로는 "너희 믿음의 시련이 불로 연단하여도 없어질 금보다 더 귀하여 예수 그리스도의 나타나실 때에 칭찬과 영광과 존귀를 얻게 하려함"이라고 역설하였습니다(벧전1:17). 그리스도인들에게는 "불같은 시험"이라는 말이 있습니다. ① 이스라엘 민족은 하나님만 의지했으나 해방시켜 주시기 위하여 여러 가지 시험을 당했습니다. ② 우리에게는 세상에 소망을 두지 않고 하늘나라를 유업으로 주시기 위하여 훈련을 시키십니다. ③ 또 그리스도인들은 여러 가지 연단을 통해서 더욱 순수하고 깨끗한 믿음을 가지고 인내를 기르게 됩니다. 욥은 불같은 시험을 받은 후에 정금같이 나오리라고 하였습니다. ④ 베드로의 말처럼 시련은 주께서 나타나실 때 칭찬과 영광과 존귀를 얻게 하려는 목적이 있습니다. 그러므로 성도들이 핍박과 박해를 당하고 시련을 당하지만 결코 그것들이 성도들을 멸절시키지는 못합니다. 성도로서의 가시떨기 나무는 타서 없어지지 않습니다.

모세는 불은 타는데 나무는 없어지지 않으니까 그것을 이상하게 생각하여 알아보려고 가까이 갔습니다. 너무도 기이한 사실이 모세로 하여금 가까이 가도록 하였습니다.

이와 마찬가지로 그리스도인들이 ① 어려운 환란 중에서도 살아남는 모습은 불신자들로 하여금 기이하게 보이고 또 그들로 다가오게, 접근하게 하며 복음선교가 되게 합니다. 또 ② 연단과 훈련을 통해서 쇠퇴하기는 커녕 더욱 순수하고 새롭게 거듭나는 그들의 견인도 역사에서 교훈적입니다. ③ 믿음의 선배들의 시련과 환란과 승리가 후배들의 신앙을 키워줍니다. 주기철, 손양원 목사님들의 경이로운 믿음이 한국교회의 초석이 되지 않습니까?

가시나무떨기가 불 가운데서도 사그러지지 않는 것은 그곳에 하나님이 함께 하심을 뜻합니다. 성도들이 불같은 시험에서 오히려 승리하는 것은 하나님께서 그들에게 임마누엘 하셨기 때문입니다.

느부갓네살 왕은 60규빗의 큰 금신상을 만들고 모든 방백과 수령과 도백과 재판관, 재무관, 모사와 법률사와 관원들을 참집하여 금신상 낙성예식을 열었습니다. 그리고 나팔과 수금과 삼현금과 양금과 생황과 모든 악기로 연주할 때에 엎드려 절하도록 하고, 누구든지 불복하는 자는 극렬히 타는 풀무에 던져 넣겠다고 선포하였습니다(단3:6).

그러나 사드락과 메삭과 아벳느고는 왕의 명령에 불복하고 우상에게 절하지 아니하였습니다. 느부갓네살왕은 분이 가득하여 낯빛이 변하고, 풀무를 평일보다 7배나 뜨겁게 하여, 군대중 용사로 사드락과 메삭과 아벳느고를 결박하고 불 가운데 던졌습니다. 왕의 명령은 지엄하고, 풀무가 심히 뜨거워 이들을 밀어 넣은 사람을 태워 죽였다고 하였습니다(단3:22).

그러나 하나님의 종들은 불속에서도 타지도 않았고 죽지도 않았습니다. 불속에는 기이한 광경이 벌어졌습니다. ① 그렇게 뜨거운 불 속에서 사람도 옷도 그들의 머리털도 타지 아니하는 것과, ② 셋을 던져 넣었는데 그 속에는 넷이 있는 것입니다. 바로 하나님께서 그의 사자를 보내셔서 그들과 함께 하게 하신 것입니다. 어떤 불같은 환난이라도 하나님이 함께 하시면, 그리스도께서 함께 하시면, 임마누엘 하시면, 우리는 가시나무떨기라 할지라도 사그러지지 않습니다. 죽지 않습니다. 망하지 않습니다. 오히려 승리합니다.

"느부갓네살이 극렬히 타는 풀무 아구 가까이 가서"(단3:26), "모세가 이 광경을 보고 기이히 여겨 알아보려고 가까이 가니"(행7:31) 그리스도인들은 환난과 시험 중에서도 하나님께서 함께 하시는 임마누엘의 믿음으로 오히려 승리하는 기회를 삼아 참으로 기이한 광경을 연출해야 합니다. 그래서 느부갓네살도, 모세도, 이 광경을 보려고 가까이 오게 해야 합니다.

느부갓네살은 큰 감동을 받았습니다. 그는 조서를 내려 "각 백성과 각 나라와 각 방언하는 자가 무릇 사드락과 메삭과 아벳느고의 하나님께 설만히 말하거든 그 몸을 쪼개고 그 집으로 거름터를 삼을지니 이는 이같이 사람을 구원할 다른 신이 없음이니라."(단3:29)라고 하였습니다. 하나님에 대한 강렬한 신앙 고백이었습니다.

우리가 비록 가시나무떨기 같을지라도, 하나님께서 임마누엘하시면 우리는 불 가운데 던져질지라도 사그러지지 않을 것이며, 쓰러지나 망하지 아니하고, 넘어지지만 죽지 않을 것이요, 마침내 승리하게 될 것입니다.

환난은 성도를 존귀하게 합니다. 불같은 시험은 성도를 순금처럼 만들 것입니다. 요셉은 팔려가고, 감옥에 갇혔기 때문에 총리대신이 되었고 애굽과 이스라엘을 모두 구원할 수 있었던 것처럼 성도는 환난을 당하나 낙심치 아니하면 영광과 존귀를 받게 될 것입니다. 그러므로 환난은 세상과 끊고 하늘나라를 바라보라는 하나님의 권고로 이해되어야 할 것입니다. 하나님께서 자기를 쓰시려는 초청의 신호로 받아드려야 할 것입니다.

C. 모세와 함께 하시는 하나님(7:32~34)

스데반의 설교에는 모세와 하나님의 대화를 간략하게 요약하였습니다(7:32~34). 그러나 출애굽기에서 모세 자신의 기록은 구약인물 중에 가장 많은 대화를 나누었습니다(출3:4~4:17).

원래 임마누엘(Emmanuel)의 뜻은 "하나님이 우리와 함께 하심"(God with us)이란 뜻입니다. 호렙산 떨기나무 불꽃 가운데서 "모세와 함께 하신 하나님"(God with Moses)은 본문 말씀 중에서(행 7:32~34) 다섯 가지를 발취할 수 있습니다. ① 열조 아브라함과 이삭과 야곱의 하나님(7:32), ② 거룩하신 하나님(7:33), ③ 괴로움 당함을 보시고 탄식을 들으시는 하나님(7:34a), ④ 찾아오셔서 구원해 주시는 하나님(Salvational God)(7:34b), ⑤ 사명과 할 일을 주시는 하나님(7:34c)이십니다.

(1) 아브라함과 이삭과 야곱의 하나님 (7:32)

하나님은 모세를 불러 세우시고 "나는 네 조상의 하나님"(I am the God of thy Fathers), 즉 "아브라함과 이삭과 야곱의 하나님"이시라고 하셨습니다. 이 말씀에는 그의 역사성과 영원성을 나타내고 있습니다.

지금 우리와 함께 하시는 하나님은 역사의 중간에 발생한 누구에 의해서 만들어진 분이 아니시고 이미 내가 있기 전, 열조들과 관계를 맺어온 오랜 역사적, 전통적, 하나님이십니다. 우리의 선조들이 기독교를 전래받고 조선시대의 박해와 일제시대, 공산주의 등의 어려운 조건 속에서도 핍박과 환난과 시험을 참고 견디며 신앙을 우리에게까지 물려준 하나님이십니다.

(2) 거룩하신 하나님(His holiness) (7:33)

"주께서 가라사대 네 발에 신을 벗으라. 너 섯는 곳은 거룩한 땅이니라."(7:33). 하나님의 성품은 원천적으로 거룩하십니다. 그러므로 그와 만나는 땅도 거룩한 땅입니다.

하나님과 관계된 모든 것은 거룩한 것이어야 합니다. 그래서 그리스도인들을 "성도"라 일컫습니다. 하나님은 거룩하시기 때문에 다른 어떤 신과도 구별되어야 합니다.

(3) 우리의 탄식을 들으시는 하나님 (7:34a)

"내 백성이 애굽에서 괴로움 받음을 내가 정녕히 보고, 그 탄식하는 소리를 듣고", 우리 하나님은 ① 보시고, ② 들으시고, ③ 말씀하십니다. 모세에게 "누가 사람의 입을 지었느뇨?", "나 여호와가 아니냐"(출4:11) 말씀하신 하나님께서 성도들의 괴로움을 낱낱이 보십니다. 다 보십니다. 그리고 그분은 들을 수 있는 모든 귀를 지으신 분이시기에, 역시 그분은 들으십니다.

시편기자는 ①"나의 간구하는 소리를 들으셨나이다"(시28:2), ②"부르짖을 때에 들으시고"(시27:7), ③"겸손한 자의 소원을 들으셨으니"(시10:7), ④"여호와께서 내 곡성을 들으셨도다"(시6:8)라고 하였습니다. 하나님은 그 백성의 탄식소리를 모두 들으시며 응답하시고 신원하여 주십니다.

(4) 찾아오셔서 구원하시는 하나님 (7:34b)

출애굽기는 억압받는 민족을 구원해 주시는 해방자 하나님을 인류역사에 선포한 모델 케이스입니다. 하나님은 탄식하고 부르짖는 사람을 찾아가서 구원해 주십니다. 호세아가 고멜을 기어코 찾아오는 내용이나 예수님 말씀 중에 잃은 양 한 마리 비유는 하나님께서 사람을 구원하시고자 하시는 강한 의지를 이야기한 내용들입니다. 사자굴에서 다니엘을 구원하신 하나님은 우리가 사방으로 우겨 쌈을 당하여도, 하나님의 손길은 우리를 구원하시기에 늦지 않으십니다.

(5) 사명과 할 일을 주시는 하나님

"시방 내가 너를 애굽으로 보내리라" 시방이라는 말은 지금(Now)이라는 뜻입니다. 이 말씀은 모세가 예기치 못했던 갑작스러운 주문으로 보입니다. 모세가 양떼를 이끌고 호렙산으로 갈 때에도 그곳에서 하나님을 뵈올 줄은 전혀 몰랐기 때문입니다. 그러므로 이러한 하나님의 요청은 ① 일방적으로, 강압적으로 일을 시키는 것, ② 시간적으로 언제, 어디서, 무엇을 시킬지 사람은 모르며, 물론 하나님께서는 모든 것을, 미리 작정하시고 준비하셨지만, 사람 편에서는 다급하다는 것, ③ 우리는 하나님의 뜻임이 파악되면 조건없이 순종해야 한다는 것, ④ 많은 사람들 중에 내가 사명을 받은 것에 대하여 감사해야 한다는 것 등의 뜻이 포함되어 있습니다.

Ⅲ. 결 론(Conclusion)

가시나무떨기처럼 쓸모없는 우리를, 불같은 시련과 연단과 어려움 중에서도 항상 하나님께서 함께 하여 주심으로, 넘어지지 아니하고 승리하게 하여 주시는 임마누엘의 믿음을 성도 여러분 가집시다. 앞으로 더 큰 어려움이 있을지라도 불타는 가시나무

떨기가 사그러지지 않는 것처럼, 하나님께서 우리와 함께 하심을 남에게 입증하여 보입시다. 우리의 탄식을 들으시고 우리를 구원해 주신 열조의 거룩하신 하나님께서 우리에게 주신 사명을 안고 애굽까지라도 가십시다. 하나님께서 항상 여러분과 함께 하실 것입니다. 아멘.

나아만의 인격과 신앙

- The Person and Faith of Naaman -

[열왕기하 5장 1~14절]

본 문

5. ① 아람왕의 군대 장관 나아만은 그 주인 앞에서 크고 존귀한 자니 이는 여호와께서 전에 저로 아람을 구원하게 하셨음이라 저는 큰 용사이나 문둥병자더라
⑩ 엘리사가 사자를 저에게 보내어 가로되 너는 가서 요단강에 몸을 일곱 번 씻으라 네 살이 여전하여 깨끗하리라
⑪ 나아만이 노하여 물러가며 가로되 내 생각에는 저가 내게로 나아와 서서 그 하나님의 이름을 부르고 당처 위에 손을 흔들어 문둥병을 고칠까 하였도다.
⑫ 다메섹강 아마나와 바르발은 이스라엘 모든 강물보다 낫지 아니하냐 내가 거기서 몸을 씻으면 깨끗하게 되지 아니하랴 하고 몸을 도리켜 분한 모양으로 떠나니
⑬ 그 종들이 나아와서 말하여 가로되 내 아버지여 선지자가 당신을 명하여 큰 일을 행하라 하였더면 행치 아니하였으리이까 하물며 당신에게 이르기를 씻어 깨끗하게 하라 함이리이까
⑭ 나아만이 이에 내려가서 하나님의 사람의 말씀대로 요단강에 일곱 번 몸을 잠그니 그 살이 여전하여 어린아이의 살 같아서 깨끗하게 되었더라

내용 개요

Ⅰ. 서 론 : 나아만 장군의 형편 (5:1)

A. 그는 크고 존귀한 용사였음 (5:1a)
B. 그러나 그는 나병환자였음 (5:1b)

Ⅱ. 본 론

A. 첫째 : 타인의 말을 경청하는 지장(智將) (5:2~6)
(1) 포로로 잡아온 여종의 말을 들음 (5:2~3)
(2) 권고를 듣고 곧바로 실행함 (5:4~6)

B. 둘째 : 자기 감정을 억누를 줄 아는 덕장(德將) (5:7~13)
(1) 왕과 엘리사의 푸대접에 분노함 (5:7~12)
(2) 부하들의 권고를 듣고 분노를 억누름 (5:13)

C. 셋째 : 말씀에 순종하고 인내하는 신장(信將)
(1) 다메섹 강들로 가지 아니함 (5:14a)
(2) 요단강에 내려가 일곱 번 씻음 (5:14b)

Ⅲ. 결 론 : 나아만이 받은 축복 (5:14c, 19)

A. 육체의 불치병을 깨끗이 고침 받음 (5:14c)
B. 영혼의 평안과 축복을 받음 (5:19)

나아만의 인격과 신앙

- The Peron and Faith of Naaman -

열왕기하 5:1~14

Ⅰ. 서 론 : 나아만 장군의 형편 (5:1)

A. 그는 크고 존귀한 용사였습니다 (5:1ab).

주전 850년경 수리아(Syria)의 벤하닷 1세 왕의 수하에는 나아만(Naaman)이라는 명장이 군대장관직을 맡고 있었습니다. 성경에는 "아람왕의 군대장관"(5:1)이라고 나오는데 아람은 나라의 명칭이라기보다 인종적으로 아람인들이 모여 거주하는 지역을 나타내는 표현이며 역사적으로는 다메섹 제국이었고 통상적으로는 수리아(Syria)라고 부르는 나라였습니다.

나아만은 군사적 재능이 뛰어나 국가를 위기에서 건진 전공을 세운적이 있으며 왕은 이러한 그의 공적을 높이 평가하였고 공신으로 대우했습니다(5:1b). 그러나 성경은 이미 이때부터 여호와 하나님께서 그의 운명을 좌우할만큼 깊이 개입하고 계셨음을 시사하고 있습니다(5:1).

그는 ① 큰 강국의 지위 높은 군대장관으로 국권을 움직이는 큰 사람(a great man)이였고, ② 성경은 그를 "존귀한 자"(honourable)라고 기술하였는데 이 말은 당시 왕과 이야기할 때에 얼굴을 들도록 허락받은 국가의 공신이라는 뜻과 관계있는 표현입니다. ③ 그는 또 본문 5장 18절에서 왕이 림몬(Rimmon) 신에게 제사를 지낼 때에 나아만의 손에 의지해서 제사를 지낸다고 언급함으로 그와 왕이 얼마나 친근한가를 나타내고 있습니다.

나아만은 지략과 용맹과 신임과 존경을 겸비한 당대의 장수요 국정과 왕의 경호와 여러 가지 임무를 맡은 사람이었던 것 같습니다.

B. 그러나 그는 불치병 환자였습니다.

성경은 "저는 큰 용사나 문둥병자더라."(He was also a mighty man ... bot he was a leper)라고 안타까운 기술을 했습니다. 그의 형편은 모든 것이 다 좋았는데, 오직 한 가지, 결함이 있었으니 이 결함은 그러나 결정적이고, 치명적이고, 씻을 수 없는 결점이었습니다. 사람들에게는 바로 그 한 가지 때문에 고통스러워 하는 일들을 누구나 가지고 있습니다.

나아만이 이 병 때문에 얼마나 고민하고 고통스러워 했겠는지 우리는 곧 짐작이 갑니다. 그에게 고개를 숙이는 고관대작들이나 높고 낮은 백관들이 뒤에서 손가락질 했을 것이고, 억지로 가까이 다가와서 인사를 했겠지만 손을 잡거나 긴 대화는 꺼렸을 것이고 왕을 부축했다고 하는데 이제 이 일도 끝장날 것은 시간 문제였을 것입니다. 나아만은 치명적, 결정적 결함을 가진 것입니다.

레위기서 13장, 14장 전체에서 이 병에 대한 기록이 나옵니다. 성경학자들 중에 R. G. 칵크란(Cochrane)은 그의 책 "성경의 나병"(Biblical Leprosy)에서 나아만이나 게하시가 사회로부터 격리되지 않은 것을 보면 나아만의 병은 악성(Leper)이 아니고 만성(Ieuke)인 것 같다고 주장하기도 하였습니다.

그러나 유대인들은 이 병을 천형(天刑)으로 생각하였고 그 당시는 절대로 고칠 수 없는 병이었습니다. 레위기 13장 45~46절에서 "문둥환자는 옷을 찢고 머리를 풀며 윗입술을 가리우고 외치기를 부정하다 부정하다 할 것이요 병 있는 날 동안은 늘 부정할 것이라. 그가 부정한 즉 혼자 살되 진밖에 살지니라"고 기술하였습니다.

당대의 명장이 하필이면 이런 병에 걸렸습니다. 우리는 신앙생활에서 영적인 결함을 찾아볼 필요가 있습니다. 모든 것을 갖춘 훌륭한 신앙인에게도 씻을 수 없는 결점이 있을 수 있습니다. 위대한 사도 바울에게도 가시가 있었다고 고백한 것처럼 사람에게는 한 가지 결점이 있을 수 있습니다. 바로 이것을 고쳐야 합니다.

또 이 병은 여러 면에서 우리에게 영적인 죄(罪)와 비슷합니다.

① 이 병은 점차로 천천히 들어 납니다. 모르게 3년, 알게 3년 ... 다음은

② 썩는 냄새가 납니다. 이 병은 육(肉)을, 죄(罪)는 영(靈)을 썩게 합니다.

③ 당시 이 병은 절대 고칠 수 없었습니다. 오직 하나님만 고치셨습니다. 죄는 그리스도의 보혈 이외에는 씻을 길이 없습니다.

④ 병과 죄는 전염하고 남에게 폐를 줍니다. 그리고

⑤ 결국은 버림을 받습니다. 병은 사람에게 버림을 받지만 죄는 하나님께 버림을 받습니다.

그러나 역시 나아만이 이 병을 고침받는 과정은 그리스도인들이 죄에서 벗어나는 과정과 같습니다. 이 구약기사가 주는 최대

의 교훈도 바로 여기에 초점을 맞춰야 합니다. 나아만은 왜? 무엇을? 어떻게 했길래 고침을 받을 수 있었는가? 이것을 우리가 배워서 육이 고침 받고, 영이 구원 받으며 깨끗하게 되어야 할 것입니다.

Ⅱ. 본 론

1. 첫째, 타인(他人)의 말을 경청하는 지장(智將) (5:2~6)

A. 포로로 잡아온 여종의 말을 들음(5:2~3)

나아만 장군의 집에는 여자아이 종 하나가 있었습니다. 이 여자아이에 대하여 본문은 이렇게 말하고 있습니다. ① 작은, ② 계집아이, ③ 사로 잡으매, ④ 수종들더니 등등의 말로 기록되어 있습니다. 포로로 잡아온 나이어린 여자아이, 수종드는 종이었습니다.

이 아이가 사마리아에 있는 선지자를 찾아가면 나아만의 병을 고칠 수 있을 것이라고 말했습니다. 나아만이 이 아이의 말을 듣기란 여러 가지로 어려운 점이 한 두 가지가 아니었습니다. 희대의 명장, 구국공신, 군대장관, 존귀한 용사가 어떻게 이런 아이의 말을 들을 수 있겠습니까? 나아만은 "시끄러! 아무리 내가 병이 들었기로 별게 다 참견이야", "너 죽고 싶어. 안 그래도 신경질 나는데" 이럴 수도 있었을 것입니다.

또 이 일은 쉬운 일도 아니고 간단한 일도 아니었습니다. 왕을 만나서, 국무회의를 거쳐, 타국에 친서를 보내고, 군대를 움직이고, 선물 보따리를 마련하고, 군인으로서 임무를 인계하고 임지를 떠나 타국으로 먼 길을 다녀와야 하는 이런 크고 복잡한 일을 어린 여종의 권고로 할 수 있겠습니까?

그러나 나아만은 침착한 사람이며 지략 있는 명장이었던 것 같습니다. 평소에 지휘관으로서 수하 사람들의 정탐이나 보고에 귀를 기울이는 사람이었을 것입니다. 나아만은 조용히 들었습니다. 이 여종을 책망하거나 나무란 기록이 전혀 없습니다. 신실한 사람은, 인격적인 사람은 그가 비록 군인이라 할지라도 다른 사람의 말에 귀를 기울일 줄 알아야 합니다.

이사야는 "듣는 것이 수양의 기름보다 낫다"고 하였고, 사도바울은 "믿음은 들음에서 난다"고 하였습니다. 경청하는 자의 지식은 쌓이고 잘 듣는 자의 머리는 풍부하게 됩니다. 믿음은 복음을 듣고 말씀을 듣고 권면을 받아들임으로 성장합니다. 교회에서 들을 줄 모르는 사람은 성경에서 "귀머거리 독사"(시58:4)라고 표현합니다. 귀먹은 코브라는 피리소리의 아름다움을 듣지 못하므로 악사를 공격합니다. 남을 해칩니다.

사회생활에 있어서도 잘 듣는 사람이 성공합니다. 말을 많이 하는 사람보다 잘 들어주는 친구를 좋아합니다. 내 생각과 맞지 않아도 인내하며 들으며 이해하려고 노력하는 사람은 인격자입니다.

우리는 상대방의 말의 진의가 무엇인지 확실히 알기 위하여 머리를 써야 합니다. 상대방의 말이 끝나기도 전에 미리 판단하는 것은 아주 좋지 않은 습관입니다. 마치 위가 음식물을 소화시키듯이 우리 마음은 남의 말을 소화시켜야 합니다.

과학자 아인슈타인이나 문호 섹스피어도 상대방의 말에 항상 귀를 기울이는 편이였다고 합니다. "신의 도성", "참회록" 등 걸

작을 쓴 어거스틴도 레미제라블의 저자 빅톨 유고도 상대방의 말을 잘 듣는 사람들이었다고 합니다.

맥도날드 사장은 빅맥봉지를 프라스틱으로 만들지 말고 잘 썩는 종이로 만들라는 어느 어린아이의 충고를 받아들여 크게 성공했다고 합니다. 나아만은 이스라엘에서 사로잡아 온 여종의 말에 귀를 기울임으로 그는 불치의 병을 고치는 길을 바로 찾게 되었습니다.

B. 권고를 듣고 바로 실행함 (5:4~6)

나아만은 곧 바로 왕을 찾아가 만났고, 그 여종의 말을 그대로 전했습니다. 성경은 나아만이 "이스라엘에서 온 계집아이의 말이 이러이러하더이다"(5:4)라고 진술했다고 기록되어 있습니다. 아마 소상하게 보고한 것 같습니다. 진리를 잘 들은 사람은 다음 단계로 그것을 속히 실천에 옮기는 것이 중요합니다. 잘 듣고도 실행하지 않으면 비 없는 구름이요 열매 없는 가을나무라고 성경은 말씀하였습니다.

오늘 우리는 나아만의 적극적인 실천을 배웁시다. 그는 주저하지 않고 즉시 왕을 찾아가 허락을 받고 왕의 친서를 받아내고, 수하에 군졸들을 동원하고 은 10달란트, 금 6천개, 옷 10벌 등 선물을 서둘러 준비하였습니다. 왕도 쾌히 승낙하고 적극적으로 협력하였습니다. 애쓰는 자라야 주위 사람들의 도움도 받을 수가 있습니다. 스스로 노력하지 않으면 남도 도와 주지 못합니다.

나아만은 열악한 당시의 교통수단으로 병든 몸을 이끌고 멀고도 험한 길을 지나 타국의 왕을 만나 무릎꿇어 절하고 자기의 병을 고쳐 주기를 간청했습니다.

병 아니면 나아만은 그렇게 할 사람이 아닙니다. 여기에 회개하는 자의 참모습을 찾을 수 있습니다. 금식하는 잿간에 앉은 니느웨 왕의 모습을 보게 됩니다. 이토록 간절해야 됩니다. 기도도 간절해야 됩니다.

2. 둘째, 자기 감정을 억누를 줄 아는 덕장(德將) (5:7~13)

A. 왕과 엘리사의 푸대접에 분노함 (5:7~12)

나아만 장군에게서 수리아 왕의 친서를 받아 본 이스라엘 왕은 "자기 옷을 찢었다"(5:7)로 기록되어 있습니다. 뉴톰슨 주석성경은 이것을 슬픔, 근심의 표현이라고 해석하였습니다(삼하 13;19, 대하34:27, 렘36:24).

화를 내거나 맹세, 저주할 때에도 옷을 찢는 일이 있었습니다. 아무튼 이스라엘 왕은 흥분해서 옷을 찢었고 나아만의 실망은 이만저만이 아니었습니다. 그래도 혹시 희망을 걸고 불원천리 찾아온 것이 무너지는 것 같았습니다.

"내가 어찌 하나님이 관대 능히 사람을 죽이며 살릴 수 있으랴"(Am I God? To kill and to make alive.)고 절규했습니다. 이 말에는 나아만의 병은 인간의 힘으로는 분명히 고칠 수 없다는 것을 확실히 하고 있습니다. 하나님이 내려오시지 않는 한 누가 감히 이런 병을 고칠 수 있겠습니까?

사람의 죄도 마찬가지입니다. 하나님이 오시지 않는 한 누가 감히 인간의 죄를 사할 수 있겠는가. 성자 예수께서 임마누엘 하심으로 그 분만이 속죄 하실 수 있었습니다. 나아만은 자기의 병이 누구도 고칠 수 없다는 이스라엘 왕의 말에 또 한번 크게 실망했을 것입니다. 실망의 연속이었습니다.

이스라엘 왕은 신하들에게 "너희는 깊이 생각하고 저 왕이 틈을 타서 나로 더불어 시비하려 함인줄 알라."고 하였습니다. 문제는 전혀 다른 방향으로 비약했습니다.

두 나라가 전쟁까지 생각하는 엉뚱한 방향으로 흘러갔습니다. 행여 병이 나을까 하고 찾아온 것이 험악한 분위기로 바뀌고 있습니다. 이러한 이스라엘 왕의 태도에 나아만의 실망은 이만저만이 아니었습니다.

나아만은 이스라엘의 주선으로 실망을 안은 채 사마리아의 어느 촌가로 안내되었습니다. 엘리사가 거처하는 곳은 당대의 명장 나아만이 보기에는 초리한 시골집이었습니다.

그러나 정녕 나아만을 진노케 한 것은 그를 초청한 엘리사의 태도였습니다. 엘리사는 자기가 자청한 일이고 또 연락도 받았을 터인데 그는 얼굴도 보지 않고 종을 시켜서 하는 말이 "가서 요단강에 몸을 일곱 번 씻으라"고만 전했습니다.

가슴 속에 절망을 안고 피곤에 지치도록 찾아 온 사람을 이토록 문전박대할 수 있단 말인가? 강대국의 군대장관이요 국제 판도를 좌우하는 그가 과연 이런 대우를 받아야 한단 말인가? 처음부터 일은 꼬이는 것 같았고 환자의 갈등까지 겹쳐서 나아만은 마음 속에 분노가 불같이 일어났습니다.

나아만은 "내 생각에는 저가 내게로 나아와…", "내게로" 즉 나와 같은 지위가 있는 사람에게로, "나아와" 이 말의 히브리어는 절대 부정형으로 "반드시 나아와서"라는 뜻입니다. 우리말에는 그 뜻을 무시하고 "반드시"를 뺐으나 영어에는 "Surely"라는 말을 넣어 "He will surely come out to me"라고 표시하였습니다. 엘리사는 당연히 나아만에게 나왔어야 했을 것이라는 강한 어휘입니다.

나아만은 진노하여 "분한 모양으로" 귀국길에 올랐습니다. 아마 그는 전쟁을 생각했는지도 모릅니다. 문둥병을 강물로 씻어낸다는 것은 방법론적으로 상식 밖이었고 또 이스라엘의 요단강도 마음에 들지 않아 "다메섹강 아바나와 바르발은 이스라엘 모든 강보다 낫지 아니하냐"(5:12)고 흥분했습니다. 아바나 강은 북쪽에서 다메섹 성까지 내려오는 아주 맑은 물이고 바르발은 헬몬산 남쪽에서 발원하는 깨끗한 강이었습니다.

B. 부하들의 권고를 듣고 감정을 억누름 (5:13)

그러나 나아만의 부하들은 충성스럽고 지혜로웠습니다. 사람에게는 ① 충성스러운 부하, ② 진실한 친구, ③ 현명한 아내가 꼭 필요합니다. 어려울 때 이들의 도움을 받아야 합니다. 그러나 분노했을 때 점점 부추기고, 평안할 때 아부하고 고난 중에 도망하는 친구는 없기만도 못합니다.

나아만의 부하들은 "내 아버지여 선지자가 더 큰 일을 명했어도 할 것인데 그냥 강물에 씻으라는 걸 못할 게 무엇입니까?"라고 간곡히 조언하였습니다. 나아만을 "내 아버지"라고 부른 그들의 지혜로움과 충성은 가상한 것입니다.

나아만은 이스라엘 왕의 경거망동에 불만이 많았고 엘리사의 오만방자한 푸대접에 억울하고 원통하고 분했습니다. 그러나 진정한 대장부는, 당대의 명장은 이것을 억누르고 참을 수 있었습니다.

하나님은 이런 사람을 크게 쓰십니다. 하나님은 이런 사람을 그냥 지나치지 않습니다. 나아만이 만약 여기서 참지 못했다면 그의 계획은 수포로 돌아가고, 당시 중동은 또 한번 무서운 전쟁에 휘말렸을 것이며, 나아만도 영원히 그 무서운 병을 고칠 수 없었을 것입니다. 그러나 나아만은 끓어 오르는 분을 억누르고 자기 감정을 자제했기 때문에 그는 ① 육신의 병을 고치고, ② 참 하나님을 찾고, ③ 영혼의 평안을 얻었습니다.

3. 셋째, 말씀에 순종하고 인내하는 신장(信將)

A. 다메섹 강들로 가지 아니함 (5:14a)

엘리사가 요단강으로 가서 씻으라고 했을 때에 나아만은 다메섹 강들을 생각했습니다. 요단강은 성지에 있고 다메섹 강들은 이방 나라에 있습니다. 요단강은 하나님께서 지정하신 강이고 다메섹 강은 인간적인 발상으로 선택한 강입니다. 나아만의 생각에는 다메섹 강들이 더 깨끗하고 더 아름다운 강입니다. 그러나 하나님은 요단강을 명하셨습니다.

여기서 요단강은, 기독교, 교회, 성경, 진리를 대표하는 강이고 다메섹 강들은 다른 종교, 이단사설, 세상철학을 대표하는 강입니다. 만약 나아만이 고국으로 돌아가 다메섹에 있는 모든 강마다 수백 번 씻었다 할지라도 그는 병을 고칠 수 없었을 것입니다.

하나님은 하나님께서 선택하신 방법을 따르도록 요구하십니다. 인간적 방법을 포기하도록 요구하십니다. 왜냐하면 하나님만이 최선의 방법을, 최고의 방법을 알고 계시기 때문입니다. 나아만은 다메섹 강들을 포기했습니다. 우리의 신앙생활에도 이것이 매우 중요합니다.

B. 요단강으로 내려가 일곱 번 씻음(5:14b)

"나아만이 이에 내려가서" 성경은 요단강으로 "내려" 갔다고 기술하였습니다. 나아만은 사실 지금까지 계속 내려가는 길을 왔습니다. 하나님은 나아만이 교만하고 자만한 사람에서 신실하고(15), 겸손하며 경건한(18) 사람으로 만들기를 원하시고 처음부터 자기를 꺾고 포로로 잡은 여종의 권고를 듣게 하셨고 이스라엘 왕에게서 황당함과 엘리사에게서의 섭섭함을 당하게 하셨습니다. 또 부하들의 권면을 듣게 하였습니다.

나아만을 변화시키는데 동원된 사람들은 모두 천한 신분이었습니다. 그러나 나아만은 이런 내리막길 일변도에도 잘 참고, 감정을 억누르며, 인내하면서 마침내 요단강까지 오게 되었습니다.

나아만은 요단강에서 최후의 Test를 받게 되었습니다. 일곱 번 씻으라는 것입니다. 목욕 횟수로는 지루한 숫자입니다. 중간에 또 짜증날 수도 있는 횟수입니다. 회의, 의심으로 시험당할 수도 있습니다.

그러나 나아만은 끝까지 인내하면서 순종하여 일곱 번을 채웠습니다. 엘리사가 갈멜산에서 종에게 바닷가에 가서 서쪽을 보고 오라고 일곱 번을 시켰습니다. 마지막 일곱 번째에 아주 작은 구름 한 조각이 보인다고 했습니다(왕상18:43). 이것이 3년 6개월의 지독한 가뭄을 종식시키는 구름이었습니다.

여호수아는 여리고성을 일곱 바퀴를 돌았습니다. 여섯 바퀴만

돌면 아무 것도 얻은 것이 없었을 것입니다. 마지막 일곱 바퀴를 돌았을 때에 드디어 여리고성은 무너졌습니다(수6:3~20). 우리가 만약 아직도 얻은 것이 없다면 하나님은 일곱 번을 채우도록 명하십니다.

Ⅲ. 결 론 : 나아만이 받은 축복(5:14c, 19)

A. 육체의 불치병을 깨끗이 고침 받음(14c)

그가 "일곱 번 몸을 잠그니" 드디어 일곱 번 목욕을 했습니다. 일곱 번째 물에서 나올 때에는 떨리고 두려웠을 것입니다. 큰 기대와 실망이 교차되려는 순간이었습니다. 만약 낫지 못했다면 그는 얼마나 실망했을 것입니까? 그러나 하나님은 끝까지 그의 말씀에 순종하는 종을 결코 실망시키지 않습니다. 하나님은 우리에게 실망을 주지 않습니다.

"그의 살이 여전하여 어린아이의 살 같아서 깨끗하게 되었더라"(5:14b) 분명히 나았습니다. 확실하게 나았습니다. 하나님께서 하시는 일을 보십시오. 어린아이의 살과 같이 부드럽고 깨끗하게 나았습니다. 헐고 더럽고 추하던 것이 그 흔적도 없이 나았습니다. 사람이 고치면 흉터가 생깁니다. 그러나 하나님께서 고치시면 어린아이 때로 돌아갑니다. 흉터가 없습니다. 하나님은 그 흔적을 남기지 않습니다. 사람은 소문을 남기지만 하나님은 소문을 남기지 않습니다.

이사야 1장 18절에서 "너희 죄가 주홍같을지라도 눈과 같이 희어질 것이요, 진홍같이 붉을지라도 양털같이 되리라" 사람의 죄는 요단강에 와서 씻어야 합니다. 생명의 말씀이 강처럼 흘러내리는 진리의 말씀이 살아 있는 교회에 와서 씻어야 고침을 받습니다.

인간적 생각으로는 품위 있고 격식 높은 학자나 정치 강연이나 학술회 현대심리학을 찾아가야 하겠지만 다메섹 강들은 나아만의 병을 낫게 할 수 없습니다.

처음 한 두 번으로 온전한 성도가 되는 것이 아니라 자기 주장을 꺾으며, 감정을 누르며, 일곱 번까지 꾸준히 인내심을 가지고 말씀에 접하는 사람은 흠도 없고 점도 없고 흔적도 없는 그리스도인이 되어 이들의 죄를 하나님은 기억조차 하지 않으시겠다고 하셨습니다.

B. 영혼의 평안과 축복을 받음(5:19)

엘리사는 작별인사로 "평안히 가라"고 했습니다. 예수님께서 혈루증 여인을 고치시고 "딸아 네 믿음이 너를 구원하였으니 평안히 가라"고 하셨습니다(막5:34). 이때까지 나아만에게는 얼마나 큰 고통과 불안의 세월이었겠습니까? 얼마나 많은 번민을 했겠습니까? 그가 수리아를 떠나 올때는 얼마나 발걸음이 무거웠겠습니까?

그러나 이제 그 고통과 번민도 불안도 사라지고 기쁘고 즐거운 마음으로 평안히 돌아가게 되었습니다. 가족과 왕과 친구를 반갑게 만날 수 있는 희망을 한 가슴 안고 돌아가게 되었습니다. 축복입니다 큰 축복입니다. 영혼의 평강과 심령의 즐거움은 하나님의 선물입니다.

좋은 집은 사람의 힘으로 살 수 있습니다. 그러나 그 가정의 행복은 하나님이 주십니다. 좋은 옷은 돈으로 살 수 있습니다. 그러나 단잠은 하나님의 축복으로 이룰 수 있습니다. 성공한 사람이 다 행복한 것은 아닙니다. 그러나 행복한 사람은 성공한 사람입니다. 나아만처럼 심령의 평강이 일생동안 여러분에게 있으시기를 기원합니다.

"선지자 엘리사 때에 이스라엘에 많은 문둥이가 있었으되 그 중에 한 사람도 깨끗함을 얻지 못하고 오직 수리아 사람 나아만뿐이니라."(눅4:27)

할렐루야!

요시야 왕의 신앙과 개혁

- The Faith and Reformation of the King Josiah -

[열왕기하 22장 1~6, 23:1~7]

본 문

④ 왕이 대제사장 힐기야와 모든 버금 제사장들과 문을 지킨 자들에게 명하여 바알과 아세라와 하늘의 일월성신을 위하여 만든 모든 기명을 여호와의 전에서 내어다가 예루살렘 바깥 기드론 밭에서 불사르고 그 재를 벧엘로 가져가게 하고,

⑤ 옛적 유다 왕들이 세워서 유다 모든 고을과 예루살렘 사면 산당에서 분향하며 우상을 섬기게 한 제사장들을 폐하며 또 바알과 해와 달과 열두 궁성과 하늘의 모든 별에게 분향하는 자들을 폐하고,

⑥ 또 여호와의 전에서 아세라 상을 내어 예루살렘 바깥 기드론 시내로 가져다가 거기서 불사르고 빻아서 가루로 만들어 그 가루를 평민의 묘지에 뿌리고

⑦ 또 여호와의 전 가운데 미동의 집을 헐었으니 그곳은 여인이 아세라를 위하여 휘장을 짜는 처소이었더라

㉑ 왕이 뭇 백성에게 명하여 가로되 이 언약책에 기록된대로 너희 하나님 여호와를 위하여 유월절을 지키라 하매

㉒ 사사가 이스라엘을 다스리던 시대부터 아스라엘 열왕의 시대에든지 유다 열왕의 시대에든지 이렇게 유월절을 지킨 일이 없었더니

㉓ 요시야왕 십 팔년에 예루살렘에서 여호와 앞에 이 유월절을 지켰더라

내용 개요

Ⅰ. 서 론

A. 요시야의 개혁의 토대 (왕하22:8~11)
B. 요시야의 역사적 배경 (왕하21:20~26, 왕상11:12)

Ⅱ. 본 론

A. 요시야의 성전 보수 개혁 (왕하22:3~7)
(1) 요시야가 퇴락한 성전을 보수함 (왕하22:5)
(2) 교회의 쇄신과 예배운동 (롬12:1)

B. 요시야의 말씀 중심 계획 (왕하22:8~11, 23:1~3)
(1) 하나님의 말씀에 큰 감동을 받음 (22:11)
(2) 하나님의 말씀은 신앙의 원동력이 됨 (히4:12~13)

C. 요시야의 우상 숙청 개혁 (왕하23:4~20)
(1) 우상과 악습을 철저히 박멸함 (왕하23:4~20)
(2) 구습을 좇는 옛사람을 버리는 회개운동 (고후7:10)

D. 요시야의 유월절 회복운동 (왕하23:21~23)
(1) 잊어버린 유월절을 다시 지킴 (왕하23:21~23)
(2) 유월절 어린 양과 예수 그리스도 (고전5:7B)

Ⅲ. 결 론

요시야의 개혁은 우리 신앙개혁의 귀감임
루터의 종교개혁처럼 항상 신앙은 개혁되어야 함

요시야 왕의 신앙과 개혁

– The Faith & Reformation of Josiah –

왕하 22:1~6, 23:1~7

Ⅰ. 내용으로 들어가는 말 (The Entering Word)

A. 요시야의 개혁의 토대 (왕하22:8~11)

19세기 초, 반이성주의(反理性主義) 성서신학(聖書神學)을 대표(代表)하던 신학자(神學者) 드 베테(De Wette)는 이 시간 우리가 생각하려는 요시야 왕의 개혁운동에 대하여 심도 있는 논문을 발표하였습니다. 그의 논문 내용은 "신명기서 연구"(A Study on the Deutronomy)로 1805년, 그가 25세 때에 이미 독일의 예나(Jena) 대학에서 박사학위 논문으로 통과했습니다.

요시야 왕(King Josiah) 때에 대제사장 힐기야(Hilkiah)가 성전에서 율법책(The Book of the Law) 하나를 발견하고 서기관 사반(Shaphan)을 통하여 이것을 요시야 왕에게 전하여 주었는데 사반이 이 책을 요시야 왕 앞에서 읽었으며, 왕은 그것을 들으면서 옷을 찢었으며(왕하22:8~11) 그 율법책을 토대로 전무후무한 엄청난 개혁운동을 시작했습니다.

그러나 구약성경은 그 율법책이 무엇이었는가에 대하여는 기록하지 않았습니다. 마침 드 베테가 신명기서 내용과 요시야 왕의 개혁운동을 연계해서 연구하면서 그때 발견한 律法冊이 신명기서 두루마리였으며, 그 중에서 신명기 12장~21장을 중심으로 요시야 왕이 개혁운동을 했을 것이라고 주장하였습니다.

이러한 드 베테의 논문(論文)은 그 당시 석학들에게 인정을 받았고 오늘날까지도 어떤 반론이 없이 인정받고 있습니다. 드 베테는 베르린 대학에서 12년간 교수로 있었고 바젤대학에서 종신 근무하였으며 슈라이엘마하(Schleiermacher)의 영향을 받아 감정과 경건을 중시하였고 키에르케고오르의 실존주의(實存主義)를 인용한 학자였습니다.

오늘날 우리가 사용하는 구약성경은 ① 사무엘상, ② 사무엘하, ③ 열왕기상, ④ 열왕기하로 구분되어 있지만 원래 히브리어 성경에는 ① 사무엘서와 ② 열왕기서로 되어 있습니다. 그러나 70인역을 내면서 오늘처럼 넷으로 나누어 이 책들이 모두 역사적 王國記이므로 ① 제1왕국기, ② 제2왕국기, ③ 제3왕국기, ④ 제4왕국기로 만들었습니다.

그 중에 제4왕국기, 즉 열왕기하서는 전 25장으로 연구의 편의를 위하여 전후편으로 나누는데 전편은 1장~17장으로 북이스라엘과 남쪽 유다가 분열하여 분열왕국기이며, 209년간(BC 931 ~ BC 722)을 존속해 온 북이스라엘이 BC 722년에 앗수르에 멸망하므로 끝나고, 후편은 18장~25장으로 북이스라엘의 멸망 이후 136년간을 더 존속한(BC 722 ~ BC 586) 남쪽 유다왕국의 기록으로 요시야 왕의 개혁운동이 이때에 있었습니다. 이 성경들을 기록한 사람은 여러 설이 있지만 선지자 예레미야의 기록으로 보는 학설이 가장 유력합니다.

B. 요시야의 역사적 배경 (왕하21:20~25, 왕상11:12)

유다 왕국을 건설한 다윗 왕의 뒤를 그 아들 솔로몬이 계승하여 나라를 튼튼히 하고 아름다운 성전건축을 완성하므로 통일왕국의 영광은 극에 달했습니다.

그러나 말년의 솔로몬은 이방여인들을 취하고(왕상11:1) 여인들을 따라 우상이 들어 왔으며 솔로몬은 하나님과 점점 멀어졌습니다. 명철과 지혜의 제왕 솔로몬의 말년 행동은 실로 역사의 아이러니라 할 것입니다. 이미 이때에 나라의 장래는 흑암의 빛이 역력했습니다.

솔로몬이 죽은 다음 나라는 곧 바로 둘로 갈라졌는데 솔로몬 휘하의 장수 여로보암이 북쪽 열지파를 규합하여 반란을 일으키고 솔로몬의 아들 르호보암은 남쪽 두 지파(유다와 베냐민)만을 규합하여 왕이 되므로 나라는 남북으로 갈라져 분열왕국시대는 막이 올랐습니다.

북왕국 이스라엘은 209년, 19대(代)를 계속하였으나 하나같이 하나님 보시기에 한 사람도 의로운 왕이 없었습니다. 그 중에 아홉은 선왕(先王)을 죽이고 왕위를 빼앗은 반역자였고, 여로보암 때부터 금송아지를 만들고 산당을 지어 분향하는 등 우상숭배가 극에 달하였습니다(왕상12:28). 하나님께서 북왕국 이스라엘에 ① 엘리야, ② 엘리사, ③ 아모스, ④ 호세아 등 여러 선지자들을 보냈으나 돌이키지 아니하고 부정과 부패와 우상숭배로 앗수르에 멸망하였습니다.

그리고 남왕국 유다는 20대(代)를 다윗의 혈통을 이은 한 왕조가 이끌어 갔지만 역시 우상숭배가 극심하였고 특히 “므낫세가 통치하던 55년간은 야웨와 바알을 구별할 수 없을 만큼 극도로 부패하였고, 선지자들도 박해로 입을 다물고 있을 때에 서류함을 정리하다가 율법서 하나를 발견하게 되었는데 그것이 신명기였다”고 De Wette 교수는 주장하였습니다.

그러나 남왕국의 20명 왕들 중에 8명은 하나님 보시기에 의를 행하였고 ① 오바댜, ② 요엘, ③ 이사야, ④ 미가, ⑤ 나훔, ⑥ 스바냐, ⑦ 예레미야, ⑧ 하박국 등 여러 선지자들의 활동과, 히스기야, 요시야 왕의 개혁운동으로 북왕국 이스라엘보다 136년간을 더 존속하게 되었습니다.

Ⅱ. 본 론

A. 요시야의 성전보수 개혁 (왕하22:3~7)

(1) 요시야가 퇴락한 성전을 수리함 (왕하22:5)

요시야가 왕위에 나아갈 때 나이는 겨우 8세였습니다(왕하22;1). 당시 국내 정세는 정치적으로도 매우 어려웠는데 그의 아버지 아몬은 악한 왕으로 자기 왕궁에서 부하의 손에 피살되었습니다(왕하2:23).

그러나 백성들이 반역자들을 모두 물리치고 나이어린 요시야를 왕으로 세워 혈통을 잇게 했습니다. 여기에서도 참으로 심오한 하나님의 역사주관을 일견(一見)할 수 있는데, 장차 오실 예수 그리스도께서 다윗 자손의 왕통으로 오시기위하여 그 맥을 이어가는 것을 알 수 있습니다. 아무튼 요시야는 어린 나이에 아버지가 피살되는 혼란한 와중에서 타의에 등을 떠밀려 왕위에 올랐습니다.

또 당시의 종교적(宗教的) 정세도 조부 므낫세의 전례없는 타락과 부패와 우상숭배로 혼란하기 이를 데 없는 실정이었습니다.

그의 눈에 보이는 것, 그의 손에 닿는 것은 전부 우상이요, 바알과 아세라와 해와 달과 열두 궁성과 하늘의 별들에게 제사하는 산당이었습니다.

그리고 국제 정세는 더욱 험악하여 북쪽에는 북왕국을 멸망시킨 앗수르가 있었고, 동쪽에는 당대의 초강대국 바벨론이 있었으며, 서쪽에는 블레셋, 남쪽에는 애급으로 포위되어 진퇴양난, 풍전등화와 같은 위급한 상황이었습니다.

그러나 비록 나이는 어렸으나 요시야는 하나님께서 미리 예비한 사람이었습니다(왕상13:1~6). 그는 여호와 하나님 보시기에 정직히 행하여 그 조상 다윗의 모든 길로 행하고 좌우로 치우치지 않았다고 성경은 말씀하였습니다(왕하22:2).

이러한 요시야가 당시 서기관 사반(Shaphan)을 하나님의 전에 보내어 대제사장 힐기야(Hilkiah)에게 성전을 수리하도록 명을 내렸습니다. 이때가 요시야 왕 제위 18년, 그가 26세 때의 일이었습니다(왕하22:8).

솔로몬이 지은 예루살렘 성전은 그 규모가 엄청나고 시설이 웅장했습니다. 온갖 보화와 백향목과 대리석으로 오랜 기간을 거쳐 정성스럽게 지었습니다. 그러나 열왕들은 이 훌륭한 성전을 통해서 하나님을 기쁘게 하고 그에게 영광을 돌리는 일보다 사치와 부패와 타락한 생활을 했으며, 우상을 끌어 들여 성전을 더럽혔습니다.

요시야 왕이 "퇴락한 것을 수리하게 하라"(왕하22:5)고 한 것을 보면 성전과 제단이 많이 상하고 부숴지고 혹은 무너졌거나 부패한 곳이 있었던 것 같습니다.

요시야 왕은 우선 이러한 하나님의 성전을 깨끗이 수리하기로 결정했습니다. 그의 계획을 보면 상당히 치밀하여 이미 오래 전부터 깊이 생각하고 준비한 것이 틀림없습니다. ①자금의 출처를 확보하였고(22:4), ②사람들을 적소에 배치했으며, ③목수, 건축자, 미장이, ④재목과 다듬은 돌(22:6) 이야기까지 거론된 것을 보면 그는 준비를 확실하게 했을 것입니다.

어떤 사회나 골수 깊이 썩은 부패를 개혁하는 데는 사전에 치밀한 계획이 있어야 합니다. 요시야는 앞으로 있을 온 나라를 뒤집어 엎을 엄청난 개혁의 시작을 성전보수에서 시작한 것을 우리는 괄목해야 할 것입니다.

(2) 교회의 쇄신과 예배운동 (롬12:1)

요시야가 당시 나라를 건지기 위해서 성전을 수리하고 무너진 제단을 수축한 것은 오늘날 교회(敎會)가 부흥되기 위하여 예배를 쇄신하고 왕성한 예배운동을 전개하는 것의 모범이라 하겠습니다.

교회가 해야 할 일 중에 가장 으뜸은 예배를 신령과 진정으로, 가장 경건하게 드리는 것입니다. 교회의 부흥열쇠는 그 교회가 드리는 예배로 좌우됩니다.

또 개인 신앙의 성패도 그 성도의 예배생활에 좌우됩니다. 교회의 공중예배에 빠지고, 예배드리는 시간에 정성을 드리지 않는 사람의 신앙이 성장하리라는 기대는 할 수 없습니다. 그러나 예배에 열심히 참석하고 예배에 정성을 기울이는 사람은 신앙이 반드시 성장(成長)하게 되어 있습니다. 그러므로 교회의 부흥운동은 왕성한 예배운동으로 시작해야 합니다.

미국은 "예배의 자유"를 찾아온 사람들이 세운 나라입니다. 초기 개척자들은 자기 집보다 교회를 먼저 세운 사람들이었습니다.

그들은 마음껏 예배드리고, 감격의 예배를 드리고, 감사의 예배를 드렸습니다. 그래서 하나님은 미국을 축복해 주셨고 세계 최고의 나라, 세계 최강의 나라, 세계를 지도하는 경찰국가로 세워 주셨습니다.

예배와 축복은 정비례합니다. 우리 교회도 도약과 부흥을 위해서 우리 모두가 와성한 예배 운동을 제일 먼저 시작해야 되겠습니다.

그러나 오늘날 미국교회는 예배의 열기가 많이 식었습니다. 새벽예배는 아예 없었고, 저녁예배도 소멸되어 가고, 가정예배도 수요예배도 점점 줄어 갑니다. 여름철에는 교회도 방학을 하는 곳이 있다니 이게 도대체 무슨 말입니까? TV, 라디오로 잠깐 예배드리고 골프 치러가고, 어떤 사람은 교회로 주일 아침 전화를 걸어 "그 교회 오늘 예배드립니까?" 이렇게 묻는 사람이 있다니 이건 또 어떻게 된 일입니까? 사랑하는 성도 여러분 이러시면 안 됩니다. 미국이 이러면 안되지요. 미국이 쓰러지면 전 세계가, 그리스도교 전체가 기우뚱거립니다. 미국을 살립시다. 그러기 위해서 우리는 미국에 왕성한 예배운동을 일으켜야 합니다. 예배와 신앙은 정비례합니다.

사람이 가장 고상해 보일 때가 언제입니까? 시를 쓸 때? 음악을 할 때? 과학을 연구할 때? 철학할 때입니까? 물론 이런 것도 다른 동물들은 할 수 없는 일입니다. 그러나 인간이 할 수 있는 일 중에 가장 고상하고, 제일 귀하고, 가장 성스러울 때는 예배를 드릴 때라고 합니다. 예배는 인간이 할 수 있는 가장 신령한 의무요, 가장 존귀한 책임입니다.

왜냐하면 하나님께서 인간을 만드신 목적이 하나님께 영광을 돌리기 위해서 만드셨기 때문입니다. 그러므로 인간의 본업은 사업이 아니고, 연구도 아니고, 과학도 아니고 하나님을 경배하는 즉 예배가 본업입니다. 그러므로 예배의 임무를 충실히 이행해야 합니다.

사도바울은 "내가 하나님의 모든 자비하심으로 너희를 권하노니 너희 몸을 하나님이 기뻐하시는 거룩한 산제사로 드리라. 이는 너희의 드릴 영적 예배니라."(롬12:1)고 하였습니다. 예수 그리스도께서 단번의 제사로 피흘리는 제사는 더 이상 필요 없게 되었습니다. 그대신 산몸으로 거룩한 예배를 드립니다.

사도행전에서 초대교회 성도들은 "날마다 마음을 같이 하여 모이기를 힘썼다."(행2:46)고 말씀하였습니다. 왕성한 예배운동만이 교회부흥의 첩경입니다.

B. 요시야의 말씀 중심 개혁 (왕하22:8, 23:1~3)

(1) **하나님의 말씀에 감동을 받음** (22:11)

요시야가 역사에 유래없는 큰 개혁을 할 수 있었던 것은 그가 하나님의 말씀을 찾았기 때문입니다. 그가 비록 ① 정직하고, ② 바른길로 가며, ③ 좌우로 치우치지 않았다 할찌라도(22:2) 만약 그가 하나님의 말씀에 접하지 못했다면 그는 이토록 큰 개혁을 수행할 수 없었을 것입니다.

마침 대제사장 힐기야가 성전을 청소하다 신명기서를 찾았기 때문에 요시야는 그것을 읽고 나라를 뒤집어엎는 큰 개혁을 감당할 수 있었습니다.

서기관 사반(Shaphan)은 요시야왕 앞에 복명하고 이 책을 읽었습니다. 하나님의 말씀은 부지런히 읽어야 합니다. 자주 읽을 수록 좋습니다. 많이 읽을수록 좋습니다. 여럿이 읽어도 좋고 남이 읽는 것을 들어도 좋습니다.

요시야는 말씀을 듣고 아주 많이 놀랐습니다. 생전 처음 듣는 것처럼 놀랐습니다. 당시 하나님 말씀이 얼마나 귀했는가를 알 수 있습니다. 하나님의 말씀은 왜 이스라엘이 그토록 많은 징계를 받아야 했는가 우상숭배와 패역이 무엇인가를 일깨워 주었습니다. 그 민족과 왕실의 범죄가 하나하나 떠올랐습니다. 마침내 요시야는 큰 감동을 받고 "그 옷을 찢으며" 통분해 했습니다(22:11).

다음으로 또 중요한 것은 하나님의 말씀을 듣고 감동으로만 끝나면 큰 효과를 얻지 못합니다. 요시야는 장로들과 제사장, 선지자, 거민들을 모이게 하고 하나님이 말씀을 다 읽고 모든 사람이 듣게 하였습니다.

하나님의 말씀을 가르쳐야 합니다. 묵상하고 연구해야 합니다. 마음 속에 새겨야 합니다. 그리고 마음이 찔림을 받고, 어디가 잘못되었는가, 무엇을 고쳐야겠는가, 죄가 어디에 있는가, 내가 할 일이 무엇인가 찾아내야 합니다. 말씀은 마음의 거울입니다.

요시야는 중대한 결정을 내렸습니다. 쉬운 일이 아닙니다. 그의 결정은 하나님의 말씀에 감동된 사람이 꼭 해야 할 결정들이었습니다. 이것들을 조목조목 따져보면 그는 여호와 하나님 앞에서 약속하기를, ① 마음을 다하고 성품을 다하여 여호와 하나님의 말씀에 "순종"하기로 하였고, ② 또 계명과 법도와 율례를 "지키기로" 하였으며, ③ 언약의 말씀을 이루게 하겠다고 하였습니다. 그리고 또 중요한 것은 ④ 백성들이 다 그 언약의 말씀을 좇기로 하였다는 것입니다(23:3). 하나님의 말씀에 순종하고, 지키고, 이루게 하고 온 국민이 그 말씀을 좇기로 한 것은 위대한 결단입니다.

(2) 하나님의 말씀은 신앙의 원동력이 됨 (히4:12~13)

요시야는 역사에 남을 위대한 개혁을 위하여 하나님의 말씀에 감동되어, 그 말씀을 원동력으로 삼았습니다. 그리스도교 역사에서 하나님의 말씀은 항상 교회와 신앙의 원동력이 되었습니다.

히브리서 기자는 "하나님의 말씀은 살았고 운동력이 있어(Living and Active) 좌우에 날선 어떤 검보다도 예리하여 혼과 영과 및 관절과 골수를 찔러 쪼개기까지 하며 또 마음의 생각과 뜻을 감찰하시나니 지으신 것이 하나라도 그 앞에 나타나지 않음이 없고, 오직 만물이 우리를 상관하시는 자의 눈앞에 벌거벗은 것같이 드러나느니라"고 말씀하셨습니다(히4:12~13).

하나님의 말씀은 살아 있어 사람을 떨게 만들고, 마음을 찔러 "우리가 어찌할꼬" 통회하게 만듭니다. 그래서 죄악의 길을 버리고, 뉘우치고 회개하여 저주 아래에서 나와 구원을 받도록, 생명을 얻도록 역사하시는 말씀입니다.

그래서 하나님의 말씀은 ① 구원의 말씀이요(행13:26), ② 은혜의 말씀이며(행20:32), ③ 약속의 말씀이요(롬9:9), ④ 진리의 말씀입니다(고후6:7, 엡1:13) 그리고, ⑤ 믿음의 말씀이요(딤전4:6), ⑥ 생명의 말씀이십니다(빌2:16).

교회가 진정한 하나님의 교회가 되려면, 하나님의 말씀 중심의 교회가 되어야 합니다. 개인의 경험이나 환상이나 철학(哲學)이나 방법으로 중심을 삼으면 신신학이나 신비주의로 전락하게 됩니다.

그러므로 교회의 새로운 활력과 부흥을 위해서는 반드시 하나님의 말씀을 원동력으로 삼아야 합니다. 교회의 지도자들은 말씀을 항상 연구하고 깨닫고, 또 그 말씀에 순종하고, 지켜서 언약의 말씀을 이루기로 각오해야 합니다. 요시야의 개혁이 위대했던 것도 그가 말씀 중심의 개혁을 했기 때문입니다.

C. 요시야의 우상 숙청 개혁 (왕하23:4~20)

(1) 우상과 악습을 철저히 분쇄함 (왕하23:4~20)

하나님께서 제일 싫어하는 것은 우상입니다. 그러므로 십계명에서도 단호하게 "우상을 만들지 말라"고 말씀하셨습니다.

① 우상은 가증한 것이며(겔7:20), ② 더러운 것이요(행15:20), ③ 우상을 숭배하는 것은 범죄하는 것이요(왕하21:11), ④ 미친 것이며(렘50:38), ⑤ 부끄러움을 당하게 되며(사45:16), ⑥ 하나님의 노를 격발하게 하고(왕상14:9), ⑦ 다 허망하게 될 것이라(사44:9)고 하였습니다.

이사야 선지자는 예루살렘에 우상이 가득하다고 한탄하였고(사2:8) 사도바울은 아덴에서 우상이 온 성에 가득한 것을 보고 분하게 생각했습니다(행17:16). 그리스도교가 왕성하다는 서울이나 한국 전국이 어디를 가나 우상천지라는 사실은 우리 세대의 아이러니라 할 것입니다.

요시야는 하나님의 말씀에 입각해서 우상과 미신을 숙청하기 시작했습니다. 엄청난 숙청, 사상 최대의 숙청 작업이었던 것 같습니다. 바알, 아세라, 하늘의 천체들을 섬기는 우상들과 도구들을 끌어내어 불태우고 전국의 산당과 우상의 휘장을 짜는 처소를 헐고 불사르고 가루로 빻아서 무덤에 뿌리고, 몰록과 태양신을 섬기지 못하도록 금하고 그 제단들을 헐고 가루로 만들고, 우상 아스다롯과 그모스와 밀곰의 산당들을 헐고 석상은 부수고 목상은 찍고 사람의 해골로 채웠다고 했습니다.

또 사마리아 각 성읍에 있는 산당을 헐고 산당의 제사장들을 모두 단 위에서 죽이고 그들의 뼈를 불사르는 등 그 역사의 기록에 사용된 말들 즉, 불태우고, 불사르고, 헐고, 빻고, 가루로 만들고, 더럽게 하고 뿌리고 죽이는 등 강한 표현을 하였습니다.

요시야는 신접한 사람, 박수, 드라빔과 가증한 우상들을 모두 없앴습니다. 요시야는 우상과 미신과 악습을 전부 분쇄하고 힐기야가 발견한 율법서의 말씀을 이루려고 하였습니다.

성경과 역사는 "요시야와 같이 마음을 다하며 성품을 다하며 힘을 다하여 여호와를 향하여 모세의 모든 율법을 준행한 임금은 요시야 전에도 없었고 후에도 그와 같은 자가 없었더라"(왕하 23L:25)고 기록하고 있습니다.

(2) 구습을 좇는 옛사람을 버리는 회개운동 (눅24:47, 고후7:10)

요시야의 우상박멸운동의 현세적 의미는 성도들의 마음 속에 하나님이 싫어하시는 구습을 좇는 온갖 죄악을 떨쳐버리는 회개운동이라 하겠습니다.

구약에는 하나님께서 사회적, 제도적 우상폐지를 항상 강조하셨고, 신약에서는 인간의 내적 심령 속에 있는 옛사람을 버리고 새로운 피조물이 되도록 회개할 것을 강력히 촉구했습니다. 그러므로 주님께서 복음을 전파하시는 第一聲이 "회개하라" 하셨으며(마4:17), "죄인을 불러 회개시키러" 오셨다고 강조하셨습니다(눅5:32).

성경에서 회개는 ① 죄를 용서받게 하고(막1:4, 눅24:47), ② 구원에 이르게 합니다(고후7:10), 그러므로 욥도 티끌과 재 가운데서 회개하였고(욥42:6), 니느웨도 베옷을 입고 재에 앉아 회개하므로 용서받고 구원을 받았습니다.

또 성경에는 만약 회개치 아니하면 어떻게 될 것인가에 대해서도 말씀하셨습니다. 시편 저자는 "하나님은 의로우신 재판장이심이여, 매일 분노하시는 하나님이시로다. 사람이 회개치 아니하면 저가 그 칼을 갈으심이여. 그 활을 이미 당기어 예비하셨도다."(시7:12)라고 하셨고, 주님께서도 "너희도 만일 회개치 아니하면 다 이와같이 망하리라"(But unless you repent, you too will all perish)고 하셨습니다(눅13:3,5).

그러므로 교회의 개혁은 회개운동이 일어나는 것입니다. 그리스도교의 필수요건은 반드시 회개라는 관문을 누구나 거쳐야 한다는 것입니다. 회개 없이 구원 없고, 회개 없는 천국 없습니다. 하나님 말씀 앞에서 내 속에 가득 찬 온갖 죄악들을 전부 토해내는 청소운동이 한번 있어야 합니다.

D. 요시야의 유월절 회복운동(왕하23:21~23)

(1) 잊어버린 유월절을 다시 지킴(왕하23:21~23)

유월절(Passover)은 하나님께서 직접 명하신 유대인 최대의 절기로 유대 달력으로 정월 14일입니다(출12:5,18).

저들이 애굽에 있을 때에 하나님의 지시로 흠 없고 일년된 어린양을 잡고 그 피를 그 집 좌우 문설주와 인방에 바르고(출

12:5~7), 그날 밤 허리에 띠를 띠고 발에 신을 신고 손에 지팡이를 잡고 양고기와 누룩 없는 떡과 쓴나물을 급히 먹었으며(출12:8~11), 날것이나 물에 삶아서 먹지 말고 다구워 먹으며 아침까지 남은 것은 곧 소화했는데 이것이 "여호와의 유월절"(the Lord's Passover)이었습니다.

그날 밤 여호와 하나님은 애굽에 있는 온 땅의 사람과 짐승과 신들에게 벌을 내려(출12:12) 위로 바로왕에서 감옥의 죄수까지 맏아들을 다 죽이고 짐승도 맏새끼를 죽이는 큰 재앙을 내렸으나 양의 피를 설주에 바른 유대인의 집은 멸하는 자가 들어가지 않고 넘어 갔으므로 재앙을 면하게 되었습니다.

유대인들은 하나님의 명에 따라 이날(1월 14일) 저녁부터 1월 20일 저녁까지 일주일 동안 무교병을 먹었으므로 이를 지켜 무교절(the Feast of Unleavened Bread)이라 하며 유월절과 무교절은 같은 절기로 사용했습니다(눅22:1).

하나님은 유월절을 꼭 지키라고 명령하셨습니다. 이 날을 ① 기념하여, ② 여호와의 절기로 삼아, ③ 영원한 규례로, ④ 대대에 지키라고 하셨습니다(출12:14).

만약 "자녀들이 묻기를 이 예식이 무슨 뜻이냐 하면 이는 여호와의 유월절 제사라. 여호와께서 애굽 사람을 치실 때에 애굽에 있는 이스라엘 자손의 집을 넘으사 우리의 집을 구원하셨느니라"고 말씀하셨습니다(출12:26). 그날 밤 여호와께서 애굽 천지를 징벌하실 때에 온 애굽이 곡하는 소리로 뒤덮혔으나 이스라엘 사람들은 한 사람도 다치지 않았습니다.

그러나 그 후 이스라엘은 유월절을 지키지 않았습니다. 점점 희미해졌습니다. 사사시대에도, 이스라엘과 유다의 열왕들이 나라를 다스릴 때에도 우상과 잡신과 미신에 사로잡혀 여호와의 유월절은 지키지 못했습니다. 아마 전국적인 행사가 되지 못했던 것 같습니다.

그러나 요시야 왕 때에 백성들을 명하여 유월절을 지키라 하여 잊혀버린 유월절을 다시 회복하고 이를 성대히 지켰으니 "유다 열왕 시대에 이렇게 유월절을 지킨 적이 없었다"고 하였습니다.

(2) **유월절 어린양과 예수 그리스도** (고전5:7B)

유월절에 희생된 "어린양"은 곧 "하나님의 어린양"이신 예수 그리스도를 예표한 것입니다. 그래서 바울은 "우리의 유월절 양, 곧 그리스도께서 희생이 되셨느니라"고 말씀하셨습니다(고전5:7B).

이 말씀 속에는 아주 심오한 뜻이 내포되어 있습니다. 유월절 양의 피를 보고 하나님의 무서운 분노와 징벌이 넘어간 것처럼 예수 그리스도의 희생과 보혈은 인간들을 하나님의 분노와 징벌에서 대속해 주시고 용서받게 해 주셨습니다. 이것은 그리스도교의 대속론의 핵심입니다.

처음 유월절 밤에 애굽천지는 죽음의 곡성으로 뒤덮였습니다. 그러나 문설주에 어린양의 피를 바른 이스라엘은 안전하고 새 생명을 받는 날이었습니다. 우리의 구원은 유월절 어린양이신 예수 그리스도의 피의 댓가로 저주와 죽음과 공포를 지나가게 하고 희망과 기쁨과 새 생명을 얻는 것입니다.

그 당시 유대인들은 유월절 직후 곧 바로 430년의 지긋지긋한 노예생활을 청산하고 영광스러운 민족의 해방을 맞아 애굽에서 나오게 됩니다. 사랑하는 우리 주님은 우리에게 죄 가운데서 해방을, 죽음으로부터의 자유를 주셨습니다.

교회가 제도화 되면 이런 신선한 충격들을 망각하고 쓸데없는 규제에만 골몰하게 됩니다. 그러나 우리는 그리스도인의 자유, 나를 억누르고 죄에서의 해방을 늘 신선한 충격과 더불어 그리스도께 감사해야 하겠습니다.

Ⅲ. 결 론

구약의 의미는 ①그 당시에 있었던 진정한 역사성을 규명하는 것과, ②그것이 오늘날 우리에게 어떻게 적용되는지 신약적 재해석을 규명하는 것입니다.

당시 기우는 국운을 바로잡고 퇴락한 신앙을 되돌려 세운 요시야의 개혁정신은 오늘을 살아가는 현대 교회에 신선한 귀감이며 마땅히 본받아야 할 모범이라 하겠습니다.

루터의 개혁처럼 신앙은 항상 새롭게 개혁되어야 하며 예배중심, 말씀 중심, 개혁으로 유월절 회복운동처럼 예수 그리스도의 보혈로 통한 죄에서의 해방과 죽음으로부터의 자유라는 신선한 충격으로 개혁되어야 할 것입니다.

엘리야의 신앙

- The Faith of Elijah -

[열왕기상 18장 30~41]

본 문

㉜ 저가 여호와의 이름을 의지하여 그 돌로 단을 쌓고 단으로 돌아가며 곡식 종자 두 세아를 용납할만한 도랑을 만들고

㉝ Ⓐ 또 나무를 벌이고 Ⓑ송아지의 각을 떠서 나무 위에 놓고 이르되 Ⓒ통 넷에 물을 채워다가 번제물과 나무 위에 부으라 하고

㉞ 또 이르되 다시 그리하라 하여 다시 그리하니 또 이르되 세 번 그리하라 하여 세 번 그리하니

㉟ 물이 단에 두루 흐르고 도랑에도 물이 가득하게 되었더라

㊲ 여호와여 내게 응답하옵소서 내게 응답하옵소서 이 백성으로 주 여호와는 하나님이신 것과 주는 저희의 마음으로 돌이키게 하시는 것을 알게 하옵소서 하매

㊳ 이에 여호와의 불이 내려서 번제물과 나무와 돌과 흙을 태우고 또 도랑의 물을 핥은지라

㊴ 모든 백성이 보고 엎드려 말하되 여호와 그는 하나님이시로다 하니

㊵ 엘리야가 저희에게 이르되 바알의 선지자를 잡되 하나도 도망하지 못하게 하라 하매 곧 잡은지라 엘리야가 저희를 기손시내로 내려다가 거기서 죽이니라

㊶ 엘리야가 아합에게 이르되 올라가서 먹고 마시소서 큰 비의 소리가 있나이다.

내용 개요

Ⅰ. 서 론

A. 그의 인물과 배경
B. 그의 갈멜산 대결과 오늘의 선교전략

Ⅱ. 본 론

A. 무너진 제단을 수축하는 신앙 (18:30~33a)
(1) 제단을 쌓는 신앙(信仰) (18:30~32)
(2) 불태울 나무를 준비하는 신앙 (18:33a)

B. 자기 자신을 분쇄하는 信仰 (18:33b~35)
(1) 제물의 각을 떠서 나무 위에 올려놓음 (18:33b)
(2) 제단과 도랑에 물을 가득히 부었음 (18:33c~35)

C. 여호와 하나님을 부르는 신앙 (18:36~38)
(1) 여호와여 응답하소서 (18:36~37)
(2) 하나님께서 불로 응답하심 (18:38)

Ⅲ. 결 론

A. 결단을 촉구하는 신앙 (19:39~40)
B. 가뭄을 끝내고 축복의 단비를 오게 함 (18:41)

엘리야의 신앙(信仰)

열왕기상 18:30~41

Ⅰ. 서 론

A. 그 당시 형편과 배경

열왕기상 17장 초두에서 엘리야는 "길르앗에 우거하는 디셉사람"이라고 소개되었습니다. 그 이름의 뜻은 "여호와는 나의 하나님"이라는 뜻이고 성격은 격하고 불같은 열정과 굽힐 줄 모르는 강한 의지, 갈멜산에서의 승부를 위한 투지 등 어느 선지자 보다 뛰어난 사람이었습니다.

그는 누구도 할 수 없었든 영광스러운 승천, 그리고 변화산상에서 주님 앞에 다시 나타남으로 많은 사람을 놀라게 하는 인물이였습니다.

엘리야가 활동할 때에는 아합왕이 나라를 다스렸으며 역사적으로 가장 간악한 이방여인 이세벨이 왕비로 있으면서 하나님의 종들을 가혹하게 박해하고 바알과 아세라를 섬겨 우상숭배가 극에 달하였을 때였습니다.

이럴 때에 엘리야는 홀연히 나타나 왕을 책망하고 백성이 바른 판단을 하도록 다그치며 이단과 과감히 싸워 고고한 승리를 얻고 참하나님 여호와를 백성에게 알게 한 사람입니다.

엘리야는 허리에 맨 가죽띠까지 내려오는 긴 머리칼을 흩날리며 위풍당당하게 아합의 왕궁으로 들어가 왕에게 담대히 하나님의 뜻을 전했습니다. "나의 섬기는 이스라엘 하나님 여호와의 사심을 가리켜 맹세하노니 내 말이 없으면 수년 동안 우로가 있지 아니하리라."(왕상17:1)고 하였습니다.

그는 하늘의 문을 닫을 권능을 받아 3년 반 동안 비가 내리지 않게 하였고 또 하늘의 불을 불러 제물을 태우는 능력을 백성들에게 보이기도 하였습니다.

B. 그의 갈멜산 대결과 오늘의 선교전략

엘리야가 갈멜산에서 바알 선지들을 잡아 기손시냇가로 끌고 가서 하나도 남기지 아니하고 모두 진멸한 사실은 후일 그리스도교의 선교전략에 신학적 문제를 야기시켰습니다.

그것은 그리스도교가 복음을 전할 때에 비기독교적 세상적 사상이나 풍속과 융화해야 하는가 아니면 이를 정복해야 하는가 하는 문제입니다. 다시 말해서 비기독교적이거나 반기독교적인 것들을 포용해야 하는가 아니면 적대시 하고 때려 부술 것인가 하는 것입니다.

여기에 대하여 회회교의 선교전략은 아주 분명하고 확실합니다. 저들은 한 손에는 코란을 들고 또 한 손에는 칼을 들어, 마호멧을 믿을 것인가 아니면 칼에 죽을 것인가를 결정짓도록 강요합니다.

이것과 성격은 조금 다르지만 엘리야도 "너희가 어느 때까지 두 사이에서 머뭇머뭇 하려느냐. 여호와가 만일 하나님이면 그를 좇고 바알이 만일 하나님이면 그를 좇을지니라."고 양자 택일을 요구하고 있습니다.

그리스도교는 언제나 사람들을 항상 사랑의 대상으로 생각하였고 또 전도의 대상으로, 구원의 대상으로 생각하였습니다. 그러나 우상이나 이단 등 마귀적인 것들에 대해서는 과감히 이를 배격하고 적대시했습니다.

지금 엘리야는 이방여인 이세벨이 우상을 들고 왕궁까지 들어와서 하나님의 선지자들을 몰살시키고 국가와 백성을 도탄으로 몰아 넣으므로 여기에 대하여 그는 도전적 전투적 방법을 선택하였습니다. 이제 그의 불덩어리 같은 신앙과 집념을 보기로 하겠습니다.

Ⅱ. 본 론

A. 무너진 제단을 수축하는 신앙 (18:30~33a)

(1) 제단을 쌓는 신앙 (信仰)

엘리야(Elijah)는 모든 백성을 불러 가까이 오게 하고 제일 먼저 무너진 여호와의 단을 수축하였습니다. 원래 바알 선지 450명과 아세라 선지 400명, 도합 850명이 이 역사적 대결에 초청되었고 이것을 보기 위하여 몰려온 이스라엘의 숫자는 헤아릴 수 없을 만큼 구름 떼처럼 몰려들었습니다.

그들 앞에서 엘리야는 제일 먼저 무너진 여호와의 단을 쌓았습니다. 이스라엘의 열두 지파를 대표해서 열두 돌을 취하고 이것으로 제단을 만들었습니다.

이스라엘의 신앙의 열조들은 제일 먼저 하나님 앞에 제단을 쌓는 것을 가장 중시하였습니다. 아벨이 양을 잡아 제단을 쌓은 이후, 홍수가 끝나면서 노아는 방주에서 내리자 말자 제일 먼저 제단을 쌓았고, 아브라함은 외아들을 드리기 위해서 모리아 산에 제단을 쌓았습니다. 야곱도 그의 험난한 생애가 열리면서 환상을 보고 벧엘에서 그의 돌베개를 취하여 단을 쌓고 여호와 하나님을 섬겼습니다.

이스라엘 역사에서 요시야는 8세 때에 왕이 되었고(왕하22:1) 성전을 청소하다 두루마리 하나를 발견했습니다(왕하22:8). 요시아 왕은 그 두루마리를 읽고 크게 감동을 받았습니다.

그때 이스라엘이 얼마나 타락하고 부패했으며 하나님의 뜻을 어기고 그를 떠났음을 알게 되었습니다. 하나님께서 가장 싫어하시는 것이 무엇인가를 알게 되었고, 그것이 곧 우상숭배라는 것과 지금 이스라엘은 우상으로 만연되어 있음도 알게 되었습니다.

18세기 구라파의 신학자 드 베테(De Wette)는 독일 예나(Jena) 대학에서 25세 때에(1805년) 박사학위 논문을 통과했는데 그것이 "신명기서 연구"(Study on Deutronomy)였습니다.

이 논문의 내용은 요시야 왕이 8세 때에 발견한 두루마리는 신명기서였을 것이며 요시야 왕은 신명기 12장~21장을 읽고 강력한 종교개혁을 했다는 것입니다. De Wette는 30세(1810)부터 베르린 대학, 42세 때부터(1822) 바젤 대학에서 교수했으며 아직도 그의 논문은 공인 받고 있습니다.

솔로몬은 어마어마한 성전을 지었지만 우상을 끌어 들이는 실수를 했습니다. 요시야 왕 때에 와서는 얼마나 우상숭배가 성행했든지 참여호와 하나님을 찾을 길조차 막히고 말았습니다.

이 때에 신명기서의 감동을 받은 요시야 왕이 하나님께서 가장 가증히 여기는 것이 우상임을 알게 되었고 그때부터 우상을 쓸어버리는 강력한 종교개혁을 시작했습니다. 열왕기하서 22장, 23장을 보면 요시야 왕은 우상을 부수고 찧고, 빻고, 불사르고, 넘어뜨리고, 쏟아 버리고, 헐고, 죽였다는 강력한 동사들로 묘사하고 있습니다. 그리고 그는 무너진, 잊혀진 여호와 하나님의 제단을 수리하고 부서진 것을 보수하였습니다.

이와 같이 신앙의 열조들은 무너진 제단을 수축하고 하나님 앞에 바른 제사를 드리는 것이 제일 중요한 것이었습니다. 사도 바울도 "너희 몸을 하나님이 기뻐하시는 거룩한 산제사로 드리라. 이는 너희의 드릴 영적 예배니라."(롬12:1)고 하였습니다.

그러므로 엘리야 신앙의 첫째는 하나님 앞에 바른 예배를 드리는 것입니다. 그리스도교에서 제일 우선은 예배를 드리는 것입니다. 우리는 예배를 ① 우선적으로, ② 경건하게, ③ 깨끗하게, ④ 정중히, ⑤ 신령과 진정으로 드려야 합니다.

교회의 부흥도 마찬가집니다. 그 교회가 부흥할 것인가 아니면 쇠퇴할 것인가 하는 것도 주일 날 대예배 때 예배의 분위기로 이미 판가름 납니다. 예배가 예배답고, 은혜스럽고, 진지하면 반드시 부흥합니다. 그러나 예배 분위기가 산만하고 엉성하고 예배인지 장난인지 경건하지 못하면 은혜를 받을 수 없습니다.

역시 개인 신앙도 예배로 측정할 수 있습니다. 예배에 빠지지 않고 참석하는가 그리고 진지한 태도로 정성스럽게 예배를 드리는 사람은 계속해서 신앙이 성장합니다. 그러나 예배를 등한히 하는 사람에게 믿음의 성장을 기대하기는 어렵습니다.

미국은 예배를 드리기 위하여, 신앙의 자유를 갈망하는 성도들이 목숨을 걸고 대서양을 건너와 세운 나라입니다. 그래서 하나님은 미국을 축복하셨습니다. 지금은 세계 최대의, 최강의, 최고의 나라가 되었고 세계의 경찰국가가 된 것입니다. 개인도, 교회도 그리고 국가도 신앙과 축복은 예배와 정비례합니다.

(2) 불태울 나무를 준비하는 신앙

엘리야는 제단을 쌓고 그 위에 나무를 벌려 놓았습니다. 제물을 불태울 나무가 있어야 했습니다. 불씨는 하나님이 붙쳐 주십니다. 물론 하나님의 불은 나무 없이도 잘 탑니다. 모세가 발견한 호렙산 떨기나무는 타지 않았지만 불은 잘 탔습니다. 그러나 사람은 나무를 정성스럽게 준비해야 합니다. ① 잘 마른 나무, ② 잘 타는 나무, ③ 질이 좋은 나무를 준비해야 합니다.

우리는 예배를 드릴 때에 은혜를 사모하는 심령, 갈급한 심령, 말씀의 씨를 잘 키울 수 있는 옥토같은 겸손한 마음자세를 준비해야 할 것입니다. 하나님의 말씀과 나의 심령이 일치할 수 있도록 미리 기도하고 사전에 조정이 필요할 것입니다. 내 마음이 준비되어 있지 않으면 성령의 불은 타지 않습니다.

그리고 정성스러운 예배를 위해서는 외부적인 교회의 분위기 준비도 꼭 필요한 것입니다. 예배를 위하여 필요한 모든 기구들이 반드시 제자리에 놓여 있어야 하고 사회자, 설교자, 성가대, 심지어는 교회 안팎의 청소까지 전 성도들이 협력해서 완벽한 준비도 갖추어야 합니다. 이것이 하나님께 정성스러운 예배를 드리기 위하여 우리가 준비해야 할 일입니다.

B. 자기 자신을 분쇄하는 信仰 (18:33b~35)

(1) 제물의 각을 떠서 나무위에 올려놓음

구약시대 제사를 지낼 때에는 제물의 각을 떠서 제단에 올려

놓았습니다. 머리와 양팔, 양다리를 잘라서 다섯 덩어리로 만들었습니다. 각을 뜨는 것은 ① 죽음과 ② 형체가 없어지는 것을, 즉 모양이 없어지는 것을 뜻합니다. ③ 그리고 다섯 덩어리 중 어느 것도 제기능을 발휘할 수 없게 되었습니다. 다시 말해서, 제물의 완전한 자기 분쇄를 뜻합니다.

우리가 하나님 앞에 설 때에는 자신을 내세우는 것을 금해야 합니다. 내 공과를 무시해야 하고, 내 모양은 없애고 예배의 대상자 즉 하나님에게만 영광을 돌리는 것입니다. 그리스도인들은 자기 자신을 분쇄하고 내 형체가 없어져야 주께서 나타나십니다.

기드온과 그의 용사들이 손에 든 항아리를 깨어 버릴 때에 그 속에서 횃불이 나옵니다. 아브라함은 갈대아 우르를 미련없이 버렸기 때문에 믿음과 축복의 조상이 되었고 모세는 80 생애를 실패로 끝내고 포기했기 때문에 출애굽의 지도자가 되었습니다.

사도 바울은 그의 혼에 새긴 율법을 포기하고 가말리엘의 학벌과 베냐민지파의 족보와 그의 지고한 지식을 다메섹 도상에서 팽개쳤기 때문에 일생을 예수 그리스도만 나타낼 수 있었습니다. 바울을 만난 사람은 모두 예수님을 만날 수 있었습니다.

(2) **제단과 도랑에 물을 가득히 부었습니다**(33~35).

"이르되 통 넷에 물을 채워다가 번제물과 나무 위에 부으라"(33절) 하고 "다시 그리하라 하여 그리하니", "세 번 그리하라 하여 세 번 그리하니"(34절).

우리는 여기서 또 한번 엘리야의 철저한 자기 분쇄를 볼 수 있습니다. 불을 붙이려는 사람이, 제물을 태우려는 사람이, 제물과 나무와 제단에 물을 네 통씩이나 들어 붓고, 또 그리하고, 세 번씩 열두 통을 부었습니다.

엘리야는 지금 그와 바알 선지의 역사적 대결에서 어떠한 인간적 의존이나 술수나 속임수가 없음을 분명하고 확실하게 해두자는 것입니다. 시인 윤동주는 "하늘을 우러러 한 줌 부끄러움도 없기 위해 바람에 나부끼는 잎새에도 놀랐다"고 노래했습니다. 그리스도인들은 하늘을 우러러 한 줌 의혹도 없도록 자기의 어떤 인간적 요소도 분쇄하고 온전히 하나님만을 나타내는 것입니다.

본문 35절을 기억하십시오. "물이 단으로 두루 흐르고 도랑에도 물이 가득하게 되었더라." 32절에서 도랑을 만들 때에 "곡식종자 두 세아를 용납할만한 도랑"을 만들었습니다. 히브리 원어에는 "용납"이라는 뜻의 단어는 없고 우리 환산법으로는 약 30리터에 해당하는 "두 세아의 곡식종자를 심을만한 (면적의) 도랑을 만들었다."는 뜻입니다. 결코 작은 도랑도 아닙니다. 그러나 물은 도랑에도 가득하게 되었습니다.

갈멜산 대결은 역사에서 수많은 사람들이 기억하게 될 큰 사건입니다. 그리고 그리스도인들의 신앙 체험도 하나님께서 기억하신바 되며 후대는 물론 저 천국에서도 기억하신바 될 것이므로 한 점 의혹도 없이 선명해야 할 것입니다.

엘리야는 외칩니다. "너의 도랑에 물을 부으라. 신앙은 자기의존이 아니다. 그리고 철저히 하나님 의존이다."라고.

주님과 제자들이 갈릴리를 건너가다 풍랑을 만났습니다. 우리는 여기서 두 가지를 알게 됩니다. 첫째는 주님을 모시고 가는데도 풍랑을 만났다는 사실입니다. 예수 믿는 사람도 얼마든지 풍랑을 만납니다. 광풍도 만나고 태풍도 만납니다.

이것은 우리 자신을 분쇄하라는 주님의 신호로 받아 드릴 수 있습니다. 베드로, 야고보, 요한 등 제자들은 배를 몰고 노를 젓는데는 프로들입니다. 기술도 있고 일가견도 있습니다. 그러나 마침내 그들은 "주여 깨소서 우리가 죽게 되었나이다"라는 고백을 하게 되었습니다. 우리도 자신이 철저히 깨어질 때에 주님께서 깨십니다.

C. 여호와 하나님을 부르는 신앙 (18:36~39)

(1) 여호와여 응답하소서 기도하는 신앙 (18:36~37)

하나님께 기도하는 것은 그리스도인의 특권입니다. 자녀들의 특권은 아버지를 부르는 것입니다. 우리는 그냥 ①아무 이유가 없을 때도, ②위험할 때도, ③필요할 때는 언제나, ④부르고 싶을 때엔 하나님을 부를 수 있습니다.

하나님은 예수 그리스도의 공로로 우리에게 자녀의 권세를 주셨고 자녀로서의 우리는 하나님에게 필요한 것을 구하는 권리가 있습니다. "구하라, 그리하면 주실 것이요 찾으라, 그리하면 얻을 것이요 문을 두드리면 열릴 것이라"고 하셨습니다.

구하는 것은 우리의 권리요 주시는 것은 하나님의 권리입니다. 주시면 받고 안주시면 기다려야 합니다. 하나님은 유익한 것으로 더 좋은 것으로 주십니다. 자식이 뱀을 달라고 하면 부모는 생선을 주고 돌을 달라고 하면 떡을 주는 것처럼 육신의 부모도 그 자식에게 좋은 것으로 주거든 하물며 하나님께서 더욱 좋은 것으로 주시지 않겠습니까?

엘리야는 저녁 소제 드릴 시간이 되어 간절히 기도를 드렸습니다. "아브라함과 이삭과 이스라엘의 하나님 여호와여"(18:36). 열조의 하나님 여호와를 불렀습니다. 간절히 불렀습니다. "여호와여 내게 응답하소서, 내게 응답하소서" 영어성경은 "Hear me O Lord hear me" 즉, 나의 기도를 들어 주소서 들어 주소서 하고 간곡히 청하였습니다(18:37).

(2) 하나님께서 불로 응답하심 (18:38)

사람이 만든 우상은 응답할 수 없습니다. 바알 선지들은 450명이 모여 아침부터 저녁까지 바알의 이름을 불러도 소리도 없고 대답도 없었습니다(18:29). 그것은 생명이 없는 사람이 만든 우상이기 때문입니다. 엘리야는 그들을 조롱했습니다. 더 큰 소리로 부르라, 묵상하는가? 잠깐 나갔나? 출타중인가? 깨워라 … 아무리 조롱해도 바알은 대답이 없었습니다. 그것은 생명없는 죽은 것이기 때문입니다.

어느 종교, 어느 신이 응답합니까? 우상은 절대로 응답할 수 없습니다. 어느 승려가 강가에 서서 쓴 시 구절이 생각납니다. "돌부처는 이 강을 건너가지 못한다. 무거우니 가라 앉을 것이요, 나무부처도 이 강을 건너가지 못하리라. 가벼우니 떠내려 갈 것이요, 흙부처도 이 강을 건너가지 못하리니 흙이 물에 부서질 것이라. 아마도 이 강을 건너갈 부처는 생불인 나 뿐인가 하노라." 나무나 돌은 우리에게 응답할 수 없습니다. 오직 생명의 하나님, 여호와 하나님만이 우리의 기도를 들어 응답하실 수 있습니다.

엘리야의 하나님은 불로 응답하셨습니다. 38절에서 "이에 여호와의 불이 내려서 번제물과 나무와 돌과 흙을 태우고" 물에 젖은 제물과 물에 젖은 나무를 강렬한 하나님의 불에 모두 탔습니다. 뿐만 아니라 제단의 돌과 흙까지 태웠다고 했습니다. 이것은 확실한 응답입니다. 분명한 응답입니다.

그리고 "또 도랑의 물을 핥은지라"(38b). 이 표현은 참으로 독특합니다. 인간의 상식으로는 불은 물에 꺼집니다. 그러나 하나님의 불은 아주 맹렬하고 초자연적 힘을 가졌습니다. 이것을 입증하기 위해서 엘리야는 12통의 물을 길러다 부었을 것입니다. 불에 타버린 물이야기는 아마 이곳에서만 찾아볼 수 있고 다른 어디도 찾을 수 없을 것입니다.

그리고 이것은 하나님의 응답이 얼마나 확실한지, 또 얼마나 분명한지, 그리고 하나님의 일처리의 뒤끝이 얼마나 깨끗한가를 입증하고 있습니다. 하나님은 반드시 응답하십니다. 100% 응답하십니다. 더욱 좋은 것으로 응답하십니다.

Ⅲ. 결 론

A. 결단을 촉구하는 신앙(18:21, 39~40)

18장 21절에서 "너희가 어느 때까지 두 사이에서 머뭇머뭇하려느냐. 여호와가 만일 하나님이면 그를 좇고 바알이 만일 하나님이면 그를 좇을지니라"라고 결단을 촉구했습니다. 여호와를 택할 것인가 바알을 택할 것인가? 생명인가, 죽음인가, 양자택일을 요구하였습니다.

그러나 그 때에는 "백성이 한 말도 대답지 아니" 하였습니다.

아합왕과 이세벨과 수많은 바알 선지들의 위압과 또 진부를 확실히 가릴만한 지식도 없었고 또 대중이란 통일을 볼 수도 없기 때문에 누구하나 먼저 나서지도 못했습니다.

그러나 백성들의 마음 속에는 이미 이때에 진위가 밝혀졌습니다. 엘리야 한 사람 뿐인 이쪽을 놓고 한 사람도 입을 열지 않았다는 것은 그들도 여호와 하나님이 참 신이심을 알고 있었기 때문입니다.

그러나 지금은 형편이 달라졌습니다. 여호와 하나님의 분명한 응답을 직접 목격하고 그들은 참 하나님이 누구신가를 확실히 알게 되었습니다. 처음부터 450 혹은 850대 1의 대결이었지만 이제 전체 백성들이 모두 하나님 편으로 돌아섰습니다.

그리스도교 신앙은 중간지대가 없습니다. 흑과 백, 신(信)과 불신(不信), 천국과 지옥이 분명해야 합니다. 그리고 간악한 이세벨과 아합왕의 가혹한 박해도 종지부를 찍을 때가 왔습니다. 바알 선지들은 모두 붙잡혀서 기손 시냇가에서 죽임을 당했습니다. 하나님은 우상숭배자들을 용납지 않으시고 진멸하십니다.

B. 가뭄을 끝내고 축복의 단비를 오게함

아열대 지방에서 3년 6개월 동안 비가 오지 않았다는 것은 죽음을 연상케 합니다. 곡식도 모두 타죽고, 먹을 물도 없고, 샘도 시내도 말라 붙었습니다. 궁중에서 왕이 타는 말을 먹일 물도 없었다니 얼마나 가뭄이 심했는지 짐작이 갑니다.

그러나 엘리야는 이때에 "큰 비의 소리"가 들린다고 했습니다. 선지자는 가뭄 중에도 빗소리를 듣는 예지의 능력이 있어야 합니다. 엘리야는 갈멜산 꼭대기에 올라가 땅에 꿇어 엎드렸습니다. 그가 얼마나 간절히 기도했는가에 대하여 성경은 "그 얼굴을 무릎 사이에 넣고"라고 표현하였습니다.

그리고 마침내 구름과 바람이 일어나고 하늘이 캄캄하여지며 비가 내리기 시작했습니다. 은혜의 비였습니다. 생명의 비였습니다. 믿음으로 오는 비였습니다. 하나님께서 주시는 축복의 비였습니다. 우리들도 엘리야처럼 영혼의 가뭄 중에 은혜와 축복과 성령의 빗소리를 들어야 할 것입니다.

- 빗소리가 들린다 -

〈Key Verse : 왕상 18:41〉

혹독한 가뭄, 갈라진 땅, 물 없는 샘터,
백성들의 지친 눈길, 메마른 입술,
태양열이 모래알을 튀기고
바알 제자의 몸부림에도 하늘은 응답이 없다
그러나 선지자의 귀에는 빗소리가 들린다

코스모폴리탄, 저 삶의 아우성 -
메마른 지성이 토하는 가뭄의 말들 -
그러나 아직도 하나님의 사랑을 기다리는 이에게는
은혜의 빗소리가 들린다

살아남아야 하는 몸부림의 투기장
모두 긁어 모으려는 땀방울 속에서도
주님의 손길을 기다리는 이의 귀에는
포근한 빗소리가 들린다

오랜 친구 등돌려 떠나고
박살난 사업 ― 막다른 운명의 종착역에서
믿었던 사람의 얼굴에 떠오른 조소를 보면서도
내 영혼의 귀에는 소망의 빗소리가 들린다

육체가 무너져 내리는 소리
병이 몸을, 죄가 혼을 공략하는 소리
시계 소리가 내 수명을 죄이는 소리로 들릴 때에도
주여 내 귀로 영생의 빗소리를 듣게 하소서

불가마 속에 오신 주님

"그리 아니하실지라도"의 신앙

- The Faith of the "Even if he does not" -

[다니엘서 3:12~18]

본 문

12. 이제 몇 유다 사람 사드락과 메삭과 아벳느고는 왕이 세워 바벨론 도를 다스리게 하신 자이어늘 왕이여 이 사람들이 왕을 높이지 아니하며 왕의 신들을 섬기지 아니하며 왕이 세우신 금신상에게 절하지 아니하나이다.
13. 느부갓네살왕이 노하고 분하여 사드락과 메삭과 아벳느고를 끌어오라 명하매 드디어 그 사람들을 왕의 앞으로 끌어온지라
14. 느부갓네살이 그들에게 물어 가로되 사드락, 메삭, 아벳느고야 너희가 내 신을 섬기지 아니하며 내가 세운 금 신상에게 절하지 아니하니 짐짓 그리하였느냐
15. 이제라도 너희가 예비하였다가 언제든지 나팔과 피리와 수금과 삼현금과 양금과 생황과 및 모든 악기 소리를 듣거든 내가 만든 신상 앞에 엎드려 절하면 좋거니와 너희가 만일 절하지 아니하면 즉시 너희를 극렬히 타는 풀무 가운데 던져 넣을 것이니 능히 너희를 내 손에서 건져낼 신이 어떤 신이겠느냐
16. 사드락과 메삭과 아벳느고가 왕에게 대답하여 가로되 느부갓네살이여 우리가 이 일에 대하여 왕에게 대답할 필요가 없나이다.
17. 만일 그럴 것이면 왕이여 우리가 섬기는 우리 하나님이 우리를 극렬히 타는 풀무 가운데서 능히 건져내시겠고 왕의 손에서도 건져 내시리이다.
18. "그리 아니하실지라도"(Even if he does not) 왕이여 우리가 왕의 신들을 섬기지도 아니하고 왕의 세우신 금 신상에게 절하지도 아니할 줄을 아옵소서

내용 개요

Ⅰ. 서 론(Introduction)

A. 그 당시의 역사적 배경
B. 포로로 잡혀 간 다니엘과 세 친구

Ⅱ. 본 론(Main Subject)

A. 세 청년의 시험(단 3:5~15)
(1) 종교적 우상숭배의 시험(3:5~12)
(2) 인간적 회유로 오는 시험(3:13~15)

B. 세 청년의 신앙(단 3:6~18)
(1) 하나님 절대 주권의 신앙(3:16~17)
(2) "그리 아니 하실지라도"(Even if he does not)의 신앙(3:18)

C. 세 청년의 구원(단 3:19~27)
(1) 극렬히 타는 불가마에 떨어짐(3:19~23)
(2) 불가마속에 오신 주님(3:24~27)

Ⅲ. 결 론(Conclusion)

A. 느부갓네살이 하나님을 찬양함(단3:28)
B. 느부갓네살이 박해자에게 경고함(단3:29)
C. 세 청년의 지위가 더 높아짐(단3:30)

불가마 속에 오신 주님

"그리 아니하실지라도"의 신앙

- The Faith of the "Even if he does not" -

다니엘 3:12~18

Ⅰ. 서 론(Introduction)

A. 그 당시의 역사적 배경

다윗과 솔로몬이 이룩한 통일왕국의 화려한 영광이 너무 쉽게 끝남으로 역사에서의 흥망성쇠가 허무함을 입증해 주었습니다.

솔로몬이 죽자 나라는 곧 둘로 갈라졌고 북왕국 이스라엘은 우상숭배와 패역과 왕위 쟁탈전만 일관해 오다가 BC 722년에 앗수르에 멸망해 버렸습니다. 남왕국 유다는 명맥을 유지했지만 미신과 우상과 부패가 성행하였고 특히 므낫세가 통치한 55년 동안에는 타락이 극도에 달했습니다.

그러나 요시야가 왕이 되고 대제사장 힐기야가 신명기서를 발견하고 종교 개혁을 감행할 시기(BC 621) 직전에 다니엘서에 나오는 다니엘, 하나냐, 미사엘, 아사랴 등이 태어난 것 같습니다.

당시 중동은 앗수르, 바벨론, 애굽 등 강대국들이 모여 세력 다툼을 하는 전쟁터였습니다. 애굽왕 느고(Neco)는 대군을 이끌고 세력 확장을 위해서 올라오다가 남왕국 유다의 성군이었던 요시야와 므깃도에서 마주쳤습니다. 그러나 여기서 아깝게도 요시야는 속아서 느고에게 살해되고 맙니다. 승리한 느고는 갈그미스를 장악하고 진을 쳤습니다.

한편 세력이 급증한 바벨론은 BC 612년에 앗수르의 수도 니느웨를 함락시키고 새로운 강자가 되어 갈그미스에 있는 애굽 군대와 마지막 결전을 위하여 유브라데 강을 따라 출정하였습니다. 그러나 바벨론왕은 건강이 악화되어 황태자인 느부갓네살(Nebuchadnezzar)이 지휘를 맡았는데 그는 전쟁을 좋아했고 또 전쟁에는 뛰어난 명장이었습니다.

그는 갈그미스 전투에서 애굽의 느고를 대파하고(BC 605), 패주하는 애굽군을 애굽국경까지 추격하였습니다. 그러나 느부갓네살은 부왕의 사망소식을 듣고 서둘러 바벨론으로 귀환하였으며 아버지의 뒤를 이어 왕위를 물려받게 되었습니다.

B. 포로로 잡혀간 다니엘과 세 친구

BC 605년, 이 때에 느부갓네살에게 붙잡혀 바벨론으로 간 유대인들 중에 젊고 영리한 네명의 청년들이 있었으니 그들이 곧 다니엘과 하나냐, 미사엘과 아사랴였습니다.

이들은 그들의 이름만 보아도 신앙이 아주 두터운 사람들이었음을 알 수 있습니다. ① 다니엘(Daniel)의 뜻은 “하나님은 나의 재판장”(God is my Judge)이라는 뜻이고, ② 하나냐(Hananiah)는 “하나님은 은혜를 베푸셨도다”(The Lord has been gracious), ③ 미사엘(Mishael)은 “하나님께로부터 온 사람”(He is one who cames from God), ④ 아사랴(Azariah)는 “하나님은 나의 도우심”(The Lord is my helper)이라는 뜻이었습니다.

이들은 ① 신체적으로 흠이 없고(without any physical defect), ② 준수하며(handsome), ③ 이해력이 빠르고(quick to understand),

④ 지식을 구비하고, ⑤ 모든 학문에 익숙하여, ⑥ 왕을 섬길 재질이 있는 사람으로 선정된 사람들이었습니다(단1:4).

느부갓네살은 왕궁에서 자기가 먹는 진미와 포도주를 이들에게 주고 쓸 것을 주며 삼년 동안 갈대아, 즉 바벨로니아 말(language)과 문학(Iiterature)을 가르쳤습니다. 느부갓네살은 전쟁을 즐기며 종횡무진 그의 군대를 이끌고 적을 잔인하게 징벌하는 무장이었습니다.

그러나 우리는 여기서 그의 또 다른 정치적인 면모를 보게 됩니다. 그는 확실히 천하통일을 꿈꾸었으며, 어떻게 피정복지를 다스릴 것인가에 대하여 일가견을 가진 통치자였습니다. 그래서 그는 유다 귀족 중에 준수한 청년들을 뽑아 바벨론화 하고 인재를 고루 등용하는 정책을 폈습니다.

그러면서도 그는 역시 정복자요 독재자의 기질을 가졌습니다. 느부갓네살은 포로로 잡아와 교육시키고 있는 네 청년을 극진히 대접하면서도 그들의 이름을 바벨론식으로 바꾸는 식민지화 기질을 보였습니다.

마치 일제시대 때 일본이 한국 사람들의 이름을 일본식으로 바꾸도록 한 것과 같습니다. 그래서 ① 다니엘은 벨드사살(Belteshazzar)로, ② 하나냐는 사드락(Shadrach)으로, ③ 미사엘은 메삭(Meshach)으로, ④ 아사랴는 아벳느고(Abed-Nego)로 바꾸었습니다.

그런데 또 한 가지 괄목할만한 사실은 이들의 새로운 이름의 뜻만 보아도 당시 사회의 미신과 우상을 짐작할 수 있습니다. ① 벨드사살은 "벨(神)의 보배(비밀)"(the treasure or secrets of Bel)라는 뜻이고, ② 사드락은 "태양신의 예견(영감)"(the inspiration of the Sun)이라는 뜻이며, ③ 메삭은 "시삭여신에게 속한 자",

④ 아벳느고는 "새벽별 느고의 종"(Servant of Nego the Morning Star)이란 뜻이었습니다.

이들은 16세라는 약관의 나이에 먼 타국의 포로로 잡혀와 우상숭배를 강요당하는 불같은 시험과 어려움을 당하게 됩니다.

유대인들은 본토를 떠나 타국에서 이민객으로 살아가는 사람들이 훨씬 많습니다. 그들을 디아스포라라고 하는데 유대인들이 흩어진 이유는,

첫째로 ① 정치적으로 패전하여 포로로 잡혀간 것이고,

둘째는 ② 경제적으로 살기가 어려워 스스로 고향을 떠나 살기 좋은 곳으로 찾아간 것입니다.

다니엘 시대는 타의에 의해서 강제로 끌려간, 정치적 디아스포라였음으로, 그들이 흘려야 했을 눈물과, 그들이 몰아쉰 슬픔의 한숨은 하나님만이 아실 뿐입니다.

Ⅱ. 본 론(Main Subject)

A. 세 청년의 시험(단3:5~15)

(1) 종교적 우상숭배의 시험(3:5~12)

사람들의 사고 수준이 非科學的, 科學以前的이었을 때의 종교(宗敎)는 미신과 우상숭배였습니다. 그러나 사람들의 철학(哲學)과 과학이 발달하고 수준이 높아졌을 때에 종교는 반드시 진리의 종교이어야 합니다.

여호와 하나님의 신앙은 철학을 초월하고, 과학을 능가하기

때문에 비록 포로로 잡혀갔지만 바벨론 종교의 수준과는 차별이 많았습니다. 바벨론의 종교는 미신이며 우상숭배 수준이었습니다. 하나님은 우상숭배를 극렬히 싫어하셨고 사람들이 이런 저급한 수준에서 벗어나도록 요구하셨고, 느부갓네살은 세상적 권력으로 우상숭배를 강요하였음으로 갈등을 빚게 되었습니다.

느부갓네살의 바벨론 제국은 전국을 120도로 나누고 120방백을 두어 통치했습니다. 우리나라가 남북한 14도, 미국이 50개주인데 비하여 바벨론 제국은 방대한 조직을 가졌으며, 통신수단도 교통수단도 없었던 당시에 이런 큰 제국을 운영하기 위해서 인간숭배, 즉 황제숭배 같은 구심점을 찾으려고 하였습니다.

일제가 천황숭배, 지금 북한의 김일성 우상화 같은 것도 이런 맥락에서 나라의 구심점을 만들어 보려는 정책으로 생각할 수 있습니다.

느부갓네살은 다니엘이 그의 금신상꿈을 적중시키고, 또 이것에 대한 적절한 해몽까지 했음으로 여호와 하나님에 대한 경험을 이미 가지고 있습니다. 그는 다니엘에게 고백하기를 "너희 하나님은 참으로 모든 신의 신이시요(God of gods), 모든 왕의 주재(the Lord of Kimgs)시로다."(단2:27)라고 한 적이 있습니다.

그러나 그가 분명히 모르는 것은 하나님과 우상의 한계이며, 하나님과 우상이 공존할 수 있는 것으로 생각하는 것입니다. 그러나 그것은 있을 수 없는 망상이며 현대의 신앙생활에 있어서도 그것은 마찬가지입니다.

느부갓네살은 바벨론제국의 모든 백성들은 자기를 숭배해 주기를 바랐고, 그러므로 자기를 대신하는 60규빗이나 되는 큰 금신상을 만들어 나팔과 피리와 수금과 삼현금과 양금과 생황 및 모든 악기로 찬양을 드리고 이때에는 지위고하를 막론하고 누구나 그 신상 앞에 엎드려 절을 하도록 요구하였습니다. 우상숭배는 신앙적 변절을 요구하는 종교적 큰 시험입니다.

마귀도 예수님을 시험할 때에 만약 자기에게 절하면 천하 모든 것을 다 주겠다고 하였습니다. 그러나 주님은 강한 어투로 "사단아 물러가라"고 하시고 오직 하나님 한 분만 섬기시겠다고 하셨습니다.

(2) 인간적 회유로 오는 시험(3:13~15)

느부갓네살은 사드락과 메삭과 아벳느고 세 청년을 불러 그들을 회유시키려고 유혹하였습니다. 즉 ① 짐짓 그리하였느냐?(3:14C), ② 이제라도 절하면 좋거니와(3:15A), ③ 극렬히 타는 풀무 가운데 던져 넣을 것이니(3:15B), 느부갓네살왕의 회유책은 3단계로 ① 다그치고, ② 회유하고, ③ 협박하는 것이었습니다. 느부갓네살도 그들을 사랑하였습니다. 그들의 학식과 지혜가 필요했으며, 그들을 처형하기가 싫었습니다. 그러므로 가능하면 살리려고 했습니다. 그러나 그리스도인에게는 이런 인간적 인정에서 오는 시험이 정면으로 충돌해 오는 시험보다 더 힘드는 것입니다.

인간의 인격에는 3대 요소가 있습니다. ① 감정(Emotion)과 ②지성(Intelligence)과 ③ 의지(Will)입니다.

신앙적 시험을 받을 때에 외부에서 오는 강력한 도전은 크게 문제되지 않습니다. 그것은 굳게 마음을 먹기만 하면 능히 이길 수 있습니다. 그러나 문제는 자기 마음입니다. 내 속에 있는 감정(Feeling or Emotion)이 유혹에 동조하고 나오면, 이것은 위험한 단계입니다. 성(城)은 이미 공략을 당하고 있음을 직감해야 합니다. 그러므로 큰 성을 빼앗는 것보다 마음을 다스려야 한다는 옛말이 있습니다.

느부갓네살은 그들을 선대했습니다. 좋은 음식, 높은 지위, 그러나 사드락과 메삭과 아벳느고는 이런 것에 연연하지 않았습니다. 신앙의 대가들은 이런 것들을 과감히 끊습니다. 우리 한국의 여성들은 늘 은장도를 가슴에 품고 살았습니다. 신앙도 생명까지 끊을 수 있는 결단이 필요할 때가 있습니다.

B. 세 청년의 신앙(단3:16~18)

(1) 하나님 절대주권의 신앙(3:16~17)

느부갓네살의 회유에 대하여 세 청년의 답변은 아주 단호한 것이었습니다. 왕은 물론 대신들 보기에도 민망한 답변을 했습니다. "우리가 이 일에 대하여 왕에게 대답할 필요가 없나이다"(We do not need to defend ourselves before you). 이것이 포로로 잡혀온 청년들이 천하를 제패한 대왕 앞에서의 답변이었습니다.

이들의 답변을 깊이 생각하여 보면 이 청년들은 지금 자기 스스로를 향하여 강한 결단을 촉구하고 있습니다. ① 타협하지 않는다. ② 구차히 살길을 찾지 않겠다. ③ 자기 합리화(合理化)나 살기 위한 변명을 하지 않으려는 강한 의지를 볼 수 있습니다. 감정이 미혹 받았을 때는 의지의 강한 결단이 필요합니다. 그래야 시험을 이길 수 있습니다. 오직 하나님, 오직 믿음을 택하여야 합니다.

"우리가 섬기는 우리 하나님" 이들이 내세울 수 있는 것은 오직 하나님뿐이었습니다. 포로 주제에, 신하인 주제에 무엇을 내세울 수 있겠습니까? 이들은 하나님 이외에는 아무 것도 없었습니다. 블레셋과 골리앗은 창과 칼로 나왔으나 어린 다윗은 살아계신 여호와 하나님의 이름으로 나아갔던 것처럼, 그리스도인의 자랑은 하나님이 함께 하신다는 임마누엘의 믿음이 항상 승리하게 합니다.

이 세 청년은 하나님 절대주권의 "신앙"을 가졌습니다. 잠언기자는 "두려워 말라, 대저 여호와는 너의 의지할 자이시라"(잠2:24b~25a), "여호와를 의지하는 자는 안전하리라"(잠29:25)고 하였으며, 시편기자는 "여호와는 나의 반석이시요 나의 요새시요, 나를 건지시는 자시요, 나의 하나님이시요, 나의 피할 바위시요, 나의 방패시요, 나의 구원의 뿔이시요, 나의 산성이시로다"라고 하였습니다(시18:2).

그 하나님께서 "우리를 능히 건져내시겠고"(God is able to saveus), "건져내시리이다"(will rescue us), 영어 성경에는 "구원하시겠고", "해방하시리이다"라는 뜻입니다. 불 가운데서 구원하시겠고, 왕의 수중에서 해방하실 것이다 라는 강한 의지가 표현되어 있습니다.

하나님은 천상천하의 절대주권자로서, 느부갓네살의 군부가 아무리 막강하고 중동을 평정하여 앗수르를 함락시키고, 애굽을 격파하고, 이스라엘을 포로로 잡아왔다 할지라도 이 모든 것은 하나님 뜻 아래서 이루어진 것이며 왕들의 주재이심을 선언하였습니다.

(2) "그리 아니하실지라도(Even if he does not)의 신앙(3:18)

18절, "그리 아니하실지라도 왕이여 우리가 왕의 신들을 섬기지도 아니하고, 절하지도 아니할 줄을 아옵소서", 마침내 후대에 두고두고 신앙의 귀감이 될 말씀이 선포되었습니다. 그것은 바로 이들의 "그리 아니하실지라도의 신앙"입니다.

인본주의(人本主義)(Anthropo centricism) 신앙은 사람의 각본에 하나님을 끌어 내리는 신앙입니다. 그러나 신본주의(Theo-centricism)는 나의 모든 것을 하나님의 뜻에 양보하는, 전적으로 하나님께 맡기는 신앙입니다. 이 청년들의 "그리 아니하실지라도"의 신앙은 자기의 모든 것을 포기하는, 생명을 양보하는, 죽음도 불사하는 신앙입니다.

욥(Job)은 하루 아침에 소와 나귀와 양과 낙타를 모두 빼앗기고 집이 무너져 자녀들은 몰사하고 많은 일꾼들은 도륙당하였습니다(욥1:13~19). 사단은 욥이 하나님께 충성하는 것은 "주께서 그 손으로 하는 것을 복되게 하사 그 소유물로 땅에 널리게 하셨음"이라고 주장하였습니다(욥1:10). 그러나 욥은 이제 완전히 망했습니다. 철저히 깨졌습니다.

그러나 여기서 욥은 역시 후대에 전해질 위대한 신앙을 고백합니다. 욥은 일어나 겉옷을 찢고 머리털을 밀고 땅에 엎드려 경배하며, "내가 모태에서 적신으로 나왔사온즉 또한 적신으로 그리로 돌아가올지라. 주신 자도 여호와시오 취하신 자도 여호와시오니 여호와의 이름이 찬송을 받으실지이다"라고 하셨습니다. 욥의 신앙도 역시 "그리 아니하실지라도의 신앙"이었습니다.

이러한 신앙은 선지자 하박국(Habakkuk)에게서도 강렬하게 나타났습니다. 하박국의 별명은 "구약의 회의주의자"로 처음에는 하나님께 질문하는 것으로 글을 시작하였으나 마지막에 가서는 찬양과 확고한 믿음으로 끝맺고 있습니다. 그는 "비록 무화과 나무가 무성치 못하며 우리에 양이 없으며 외양간에 소가 없을지라도 나는 여호와를 인하여 즐거워하며 나의 구원의 하나님을 인하여 기뻐하리로다"(합3:17~18)라고 하였습니다. 바로 "그리 아니하실지라도의 신앙"인 것입니다.

C. 세 청년의 구원(단3:19~27)

(1) 극렬히 타는 불가마에 떨어짐 (thrown into the blazing furnace)(3:19~23)

느부갓네살은 무장출신 대왕이며, 대정복자요 피정복자에 대하여 무섭게 보복하는 독재자였습니다. 그의 명령을 거절한다는 것은 추호도 용납되지 않았습니다.

그는 분이 가득하여 낯빛이 변했다고 기술되어 있습니다(3:19). 그는 불가마를 "평일보다 칠배나 뜨겁게"(seven times hotter than usual)하라고 명령하고 하나님의 사람 하나냐와 미사엘과 아사랴를 결박하여 극렬히 타는 불가마 속으로 던져 넣도록 명령했습니다. 가차없이 화형식을 진행한 것이었습니다. 그는 그의 명령을 거역하는 자들의 말로가 어떻게 되는가를 그의 제국천하에 알리려 했습니다.

다니엘은 그들의 처형장면을 아주 생생하게 기술하고 있습니다. 그들은 고의와 속옷과 겉옷과 또 다른 옷들을 입은 채로 무사들에 의해서 결박당했으며 그들을 불에 던질 때에 왕의 명령은 지엄하고 불은 너무 뜨거워 그들을 붙잡은 사람까지 태워 죽였다고 기록하였습니다. 그 순간 느부갓네살의 진노가 얼마나 맹렬했으며 또 불이 얼마나 격렬했는가를 아주 잘 설명해 주고 있습니다.

(2) 불가마 속에 오신 주님(3:24~27)

그 다음 순간 느부갓네살은 그의 진노의 얼굴을 놀라움의 얼굴로 바꾸어야만 했습니다. 그가 기대했던 다음 장면이 연출되지 않았기 때문입니다. 그들은 사람이 타죽는 소름끼치는 장면을 기대했었는데 막상 불가마에 들어간 사람들은 상하지도 타지도 아니하고 걸어 다니고 있었습니다. 언제부터인가 그들의 결박도 모두 풀려 있었습니다. 참으로 엄청난 장면이 그들 앞에서 벌어지고 있었습니다.

그리고 또 한 가지 놀라운 사실은 틀림없이 세 명을 던져 넣었는데 불속에는 한 명이 추가된 네 명이었습니다. 느부갓네살은 황급히 자리에서 일어섰습니다. 그리고 말하기를 "그 넷째의 모양은 신들의 아들과 같도다"(The Forth looks like a son of the gods)(3:25)라고 하였습니다. 느부갓네살의 눈에도 그 불청객은 사람이 아닌 신으로 보였던 것 같습니다.

극렬한 불가마 속에서 타지 아니하는 사람들, 불이 화상을 입힐 수 없는 사람들, 불은 쇠도 녹이고 아무 것이나 태웁니다. 사람들이 그 속에서도 타지 아니하는 장면은 심히 기이한 장면이었습니다. 모세는 호렙산에서 가시덤불에 불이 붙었으나 타지 아니함을 보고 기이히 여겨 알아보려고 가까이 갔다가 하나님의 음성을 들었습니다.

느부갓네살은 이 장면에 매료되어 극렬히 타오르는 불가마 입구까지 가서 이 기이한 장면을 확인해 보았습니다. 바벨론 제국의 방백들과 수령과 도백과 모사들이 모두 그들의 시선을 불가마 속으로 쏟아 넣었습니다. 그곳에는 확실히 인간의 능력을 초월한 기이하고도 기이한 장면이 연출되고 있었습니다.

사드락과 메삭과 아벳느고가 불속에 들어가기 전에 말했던 "우리가 섬기는 우리 하나님" 즉 오늘날 사랑하는 성도 여러분이 섬기시는 여러분의 하나님은 바벨론 제국의 사형장, 불가마 속에도 찾아오시어서, 하나님의 신실한 종들을 극렬히 타는 불꽃 속에서 구원하시기에 능하셨습니다.

우리 하나님은 그가 원하는 곳이라면 어디든지 가실 수 있습니다. 몇 천리 타국으로의 포로 길도 좇아오시고, 왕궁에도, 사형집행장에도, 극렬히 타는 불가마 속에도 마다하지 않으시고, 서슴치 않으시고 오시어서 "우리와 함께 하시는 하나님"(God, be with us), 임마누엘의 하나님이십니다.

"지극히 높으신 하나님의 종 사드락, 메삭, 아벳느고야, 나와서 이리로 오라." 느부갓네살은 소리쳤습니다. 그리고 그들이 불꽃 가운데서 나오는데 모였던 사람들이 모두 쳐다본 즉 불이 감히 그분들을 해하지 못하였고, 머리털 하나도 그슬리지 아니하였고, 옷빛 하나도 변한 것이 없었으며, 불냄새도 없었습니다. 우리 하나님의 보호와 구원하심은 이렇게 완벽하시고, 철저하시며, 질서정연하십니다.

Ⅲ. 결 론(Conclusion)

A. 느부갓네살이 하나님을 찬양함 (단3:28)

느부갓네살은 BC 605년에 황태자로서 갈그미스 대전(大戰)의 지휘관이 되어 애굽왕 느고(Neco)의 대군을 대파하고 같은 해 부왕 나보폴라살의 사망으로 왕위를 승계 받아 43년 동안 바벨론을 통치하였습니다.

그 해 느부갓네살은 유대인 귀족들 1만여 명을 포로와 인질로 잡아 바벨론으로 끌고 갔으며, 그 후 BC 597년 3월 15일, 유다성을 함락시키고 여호야긴왕은 사로잡아가고 대신 시드기야를 왕으로 세웠으며, BC 586년에 다시 쳐들어와 예루살렘을 파괴한 침략자였습니다.

이 느부갓네살이 불가마 속에서 역사하시는 하나님의 구원을 직접 보고 하나님을 찬양하기를 "사드락과 메삭과 아벳느고의 하나님을 찬송할지로다. 그가 그 사자를 보내사 자기를 의뢰하고 그 몸을 버려서 왕의 명을 거역하고 그 하나님 밖에 다른 신을 섬기지 아니하며 그에게 절하지 아니한 종들을 구원하셨도다"라고 하였습니다.

B. 느부갓네살이 박해자에게 경고함 (3:29)

그리고 하나님과 그의 종들을 모함하고 박해를 도모한 사람들에게 엄격히 경고하기를 "내가 이제 조서를 내리노니 각 백성과 각 나라와 각 방언하는 자가 무릇 사드락과 메삭과 아벳느고의 하나님께 설만히 말하거든 그 몸을 쪼개고 그 집으로 거름터를 삼을지니 이는 이같이 사람을 구원할 다른 신이 없음이니라"고 하였습니다.

C. 세 청년의 지위가 더욱 높아짐 (3:30)

마지막으로 사드락과 메삭과 아벳느고는 불같은 시험을 통과하므로 그들의 지위가 더욱 높아졌다는 것입니다. 하나님께서 우리의 시험당하는 것을 허락하시는 것은 ① 우리의 믿음이 더 순수하게 되고, ② 인내심을 기르며, ③ 더 좋은 상을 주시기 위해서입니다.

욥은 "나의 가는 길을 오직 그가 아시나니 그가 나를 단련하신 후에는 내가 정금같이 나오리라"(He knows the way that I take, when he has tested me I will come forth as gold)(욥23:10). 세 청년은 용광로처럼 뜨거운 시련을 통과하였으므로 그들은 정금이 되어 나왔습니다.

하나님께서 그리스도인들에게 시험을 주시는 것은 그만큼 그들에게 주실 상급을 예비하셨기 때문입니다. 그러므로 우리는 사드락과 메삭과 아벳느고처럼 강하고 담대하게 시험을 이깁시다. 옛날 참된 명장은 전쟁터에서 자기와 버금가는 적을 만났을 때 참으로 기뻐했다고 합니다. 믿음의 명장은 어려운 시험을 만났을 때, 기쁨으로 그 시험을 극복하는 사람입니다. 우리 모두 승리합시다. 할렐루야!

제3부

제자들의 신앙

베드로의 소명(召命)

- The Calling of St. Peter -

[누가복음 5장 1~11절]

본 문

1. Ⓐ 무리가 옹위하여 하나님의 말씀을 들을 때
   Ⓑ 예수는 게네사렛(Gennesaret) 호숫가에 서서
2. Ⓐ 호숫가에 두 배가 있는 것을 보시니
   Ⓑ 어부들은 배에서 나와서 그물을 씻는지라
3. Ⓐ 예수께서 한 배에 오르시니 그 배는 시몬의 배라
   Ⓑ 육지에서 조금 띄기를 청하시고 앉으사 배에서 무리를 가르치시더니
4. Ⓐ 말씀을 마치시고 시몬에게 이르시되
   Ⓑ 깊은 데로 가서 그물을 내려 고기를 잡으라
5. Ⓐ 시몬이 대답하여 가로되
   Ⓑ 선생이여 우리들이 밤이 맞도록 수고를 하였으되 얻은 것이 없지마는
   Ⓒ 말씀에 의지하여 내가 그물을 내리리이다 하고
6. Ⓐ 그리한즉 고기를 에운 것이 심히 많아
   Ⓑ 그물이 찢어지는지라
7. Ⓐ 이에 다른 배에 있는 동무를 손짓하여 와서 도와달라 하니
   Ⓑ 저희가 와서 두 배에 채우매 잠기게 되었더라
8. Ⓐ 시몬 베드로가 이를 보고 예수의 무릎 아래 엎드려 가로되
   Ⓑ 주여 나를 떠나소서 나는 죄인이로소이다 하니
9. Ⓐ 이는 자기와 및 함께 있는 모든 사람이 고기 잡힌 것을 인하여 놀라고
10. Ⓐ 세베데의 아들로서 시몬의 동업자인 야고보와 요한도 놀랐음이라
    Ⓑ 예수께서 시몬에게 일러 가라사데 무서워 말라 이제 후로는 네가 사람을 취하리라 하시니
11. Ⓐ 저희가 배들을 육지에 대고
    Ⓑ 모든 것을 버려두고 예수를 좇으니라

내용 개요

Ⅰ. 내용으로 접근하는 말(5:1~2)

A. 게네사렛(갈릴리) 호수(5:1)
B. 게네사렛 어부 베드로(5:2)

Ⅱ. 본 론(5:3~10)

A. 베드로에게 던진 주님의 비합리적 요구(5:3~4)
(1) 주님과 베드로의 대면(5:3A)
(2) "깊은 데로 가서 고기를 잡으라"(5:4B)

B. 베드로의 순종과 신앙(5:5)
(1) 베드로의 자기 극복(5:5B)
(2) 말씀 의지하여 내가 그물을 내리리이다(5:5C)

C. 베드로가 받은 축복(5:6~7)
(1) "고기를 에운 것이 심히 많아"(5:6A)
(2) "두 배에 채우매 잠기게 되었더라"(5:7B)

D. 베드로의 소명(5:8~10)
(1) 주 예수와 죄인 베드로(5:8)
(2) 이제 후로는 네가 사람을 취하리라(5:10B)

Ⅲ. 끝맺음 말(5:11)

A. 모든 것을 버려두고
B. 예수를 좇으니라

베드로의 소명(召命)

- The Calling of St. Peter -

〈누가복음 5:1~11〉

Ⅰ. 내용으로 접근하는 말(5:1~2)

A. 게네사렛(갈릴리) 호수(5:1)

베드로는 주님을 ① 게네사렛(Gennesaret) 호숫가에서 만났습니다. 유대인들은 이 호수를 中心으로 마을을 형성하여 살았고, 이 주위를 갈릴리 지방이라 불러 당시 이 호수를 ② 갈릴리 호수라고 부르기도 했습니다. 그 외에도 이 호수는 여러 가지 명칭으로 불렸는데 구약에서 맨 처음에는 ③ 긴네렛(Kinnereth)으로 불렀으며(민34:11, 수12:3) 그것은 이 호수의 모양이 마치 비파처럼 생겼기 때문에 생긴 이름이라고 합니다. 그러나 제1마카비서에 의하면 유대인들이 바벨론 포로에서 돌아온 이후 발음이 타국화하여 게네사렛이라고 바뀌었습니다. 또 헤롯왕이 로마의 디베랴 황제에게 아부하기 위하여 이 호수의 서편에 디베랴라는 도시를 건설하였는데 그 때부터 이 호수는 ④ 디베랴(Tiberia)라는 로마식 이름으로 호칭하기도 했습니다. 그러나 예수님 당시 유대인들은 대개 갈릴리(Galilee)라는 이름을 즐겨 사용했습니다. 그 당시 말로는 아직도 호수(Lake)와 바다(Sea)의 개념이 분명치 않아 마태, 마가, 요한은 바다로, 누가는 호수로 호칭하고 있습니다.

유대나라 지도를 펴보면 북쪽에서 남쪽으로 흐르는 강 하나와 남북에 위치한 호수 두 개가 보입니다. 이 강은 요단강(Jordan)이며 북쪽에 있는 호수는 게네사렛(갈릴리) 호수요, 남쪽에 있는 좀 더 큰 호수는 사해(死海 : Dead Sea)입니다. 요단강은 북단 헬몬산 쪽에서 발원하여 유대의 중심을 남쪽으로 통과하는 젖줄이며 이 요단강이 없으면 가나안은 사막입니다. 이 강은 처음 게네사렛 호수로 흘러들어 갔다가 다시 나와서 계속 남쪽으로 흘러 남단에 있는 사해를 흘러들어 갑니다.

사해(死海 : Dead Sea)는 옛날 놋의 시대에 소돔과 고모라의 위치로 추측되는 곳입니다. 소돔과 고모라는 의인 열명이 없어서 하나님의 진노를 받아 불과 유황으로 진멸된 곳이며 놋의 처가 하나님의 말씀을 믿지 않고 세상과 재물에 미련을 두고 뒤를 돌아보다가 소금 기둥으로 변한 곳입니다. 그래서 사해 근처에는 소금이 많고 사해는 약 18%의 염분도를 가진 소금물입니다. 그러므로 여기는 물이 너무 짜서 고기가 살지 못하며, 생명이 없는 바다, 죽음의 바다, 곧 사해(死海 : Dead Sea)라고 불리웁니다.

B. 게네사렛 어부 베드로(5:2)

그러나 북쪽 요단강 상류에 있는 갈릴리 호수에는 고기가 많습니다. 세상에서 가장 많은 물고기 종류가 서식하는 축복 받은 호수입니다. 주위 사람들은 맑고 축복 받은 갈릴리에서 고기를 잡아 생계를 유지하는 어부들이 많았고, 자연스럽게 어촌을 형성하고 있었습니다. 어부들이란 대개 마음이 느긋하고 그러나 끈기 있고, 폭 넓지만 거세고, 무식한 듯 보이지만 담대하고, 용감하지만 성격이 거친편입니다.

주님께서 복음의 씨를 일찌기 이 갈릴리지방에 뿌리셨으므로 이곳은 물질적 축복과 더불어 영적인 축복도 받은 곳입니다. 우리 주님은 이 갈릴리지방을 무대로 오랫동안 전도활동을 하셨기 때문에 지금도 여기에는 주님의 발자취와 체취가 남아 있는 것 같고 흔적이 여실하여 어디선가 주님 음성이 들려 올 것만 같은 감흥을 느끼는 곳입니다.

시몬 베드로는 이러한 갈릴리지방의 갈릴리 호수에서 그의 동료 야고보, 요한 등과 더불어 고기를 잡는 어부였습니다. 도시 때에 묻지 않아 순박하고, 세상 형편에 둔감하여 평온하고 평범한 청년이었습니다. 원래 이름은 시몬이었고, 주님께서 부쳐주신 이름은 베드로였습니다. 그는 어느 날 갑자기 주님을 만났고, 부름을 받아 사도가 되었습니다. 누가는 본문에서 우리 주님과 시몬 베드로의 만남에 대하여 사건을 진지하게 기록하고 있습니다. 그는 의사이면서 역사 고찰에 일가견을 지닌 지성인이었으므로 사실 표현이 간결하면서도 정확한 사람입니다.

Ⅱ. 본 론 (5:3~10)

A. 베드로에게 던진 주님의 非合理的 요구 (5:3~4)

(1) 주님과 베드로의 대면(5:3A)

이날 예수님 주위에는 많은 무리가 옹위하여 하나님의 말씀을 들었습니다. 주님은 갈릴리 호숫가에 떠 있는 한 배에 오르시며 육지에서 조금 띄우도록 청하셨습니다. 아마 주님은 청중과 약간의 거리를 두셔서 말씀하시기에 편리하도록 하신 것 같습니다. 그 때에 그 배가 바로 시몬 베드로의 배였습니다. 앞으로 기독교 교회를 창설하고 이끌어갈 두 거두의 대면은 이토록 소박하고 자연스럽게 이루어졌습니다. 어부들은 배에서 내려 그물을 씻고 있었습니다. 그들은 일이 끝나면 항상 그물을 깨끗하게 정돈하여 다음 작업을 준비해 두어야 했습니다.

주님은 베드로의 배 위에 앉아서 한동안 말씀을 가르치셨습니다. 통상적으로 유대 랍비들은 앉아서 가르쳤습니다. 성경에 무슨 말씀을 하셨다는 기록은 없습니다. 아마 베드로는 주님 말씀을 귀 너머로 들으면서 그물 씻는 일에 열중한 것 같습니다. 그에게 그날은 기분 좋은 일이 아니였습니다. 고기를 한 마리도 잡지 못했기 때문입니다. 베드로는 주님 말씀에 별 관심도 가지지 않은 채 역경스러운 그물 씻는 일을 했습니다.

고기를 잡아 본 사람이면 누구나 이해가 가지만 많이 잡은 날은 기분이 아주 좋습니다. 그러나 고기를 못 잡는 날은 실망되고 짜증납니다. 하물며 베드로는 가족의 생계를 여기에 건 전문 어부였습니다. 그는 본문 5절에서 "우리들이 밤이 맞도록 수고를 하였으나 얻은 것이 없었다"고 실토하였습니다. 이날은 실로 실망이 큰 날이었습니다. 베드로가 그물을 다 씻을 때쯤 해서 주님도 말씀을 마치셨습니다. 주님은 사람을 구원하는 영적 일을, 베드로는 고기를 잡는 육적 일을 함께 시작해서 같이 끝낸 것 같습니다.

(2) "깊은 데로 가서 고기를 잡으라" 하심(5:4B)

베드로는 이제 오늘 일을 이미 끝낸 상태였습니다. 그물을 말끔히 정돈했습니다. 그때 주님은 갑자기 "깊은 데로 가서 고기를 잡으라"고 말씀하셨습니다.

우선 ① 이러한 주님의 요구는 베드로의 형편을 전혀 고려하지 않고 무시하는 요구였습니다. 밤새도록 헛수고한 어부가 다 씻어놓은 그물을 흩뿌리라는 짜증나는 요구였습니다. 모든 일은 뒷정리가 지겨운 법입니다. 식사도 설거지는 싫습니다. 그물을 던질 때는 희망이 있습니다. 그러나 고기를 잡지 못하고 그물을 다시 정리하는 일은 따분한 일입니다. 하물며 그날따라 고기를 한 마리도 잡지 못한 날이라 실망이 쌓였는데 막 정돈을 끝낸 그물을 다시 흩으라는 요구는 감정을 폭발시킬 수 있을 만큼 짜증나는 요구였습니다.

둘째로 우리는 ② "깊은 데로 가서"란 주님의 말씀이 非合理的 요구임을 알 수 있습니다. "깊은 데로 가서"는 단수형으로 배의 主人인 베드로에게 하신 말씀이고 "그물을 내려 고기를 잡으라" 하신 것은 복수형으로 그 배에서 일하는 여러 어부들에게 하신 말씀이셨습니다. 이러한 주님의 요구는 당시의 여러 가지 정황에서 맞지 않는 非合理的인 요구였습니다. 열악한 그때의 장비로 뜨거운 태양열을 피하여 가라앉은 고기를 깊은 곳에서는 잡을 수 없었습니다. 또 그렇게 잡지도 않았습니다. 오히려 얕은 곳으로 고기를 유인하여 그물을 던져 고기를 잡았습니다.

셋째로 주님의 요구는 時間的으로 맞지 않은 요구입니다. 갈릴리 어부들은 시원한 밤에 고기를 잡았습니다. 다음 절에서 베드로가 "우리들이 밤이 맞도록 수고를 하였으나"(눅5:5)라고 말한 것은 이것을 입증하고 있습니다. 한낮의 더위를 피하여 밤에 횃불을 밝혀 고기를 수면으로 유인한 다음 고기를 잡아야 합니다. 그러나 지금은 낮입니다. 고기가 숨은 다음입니다. 그러므로 예수님의 요구는 時間的으로 맞지 않는 非合理的 요구였습니다.

마지막으로 이러한 주님의 요구는 일생을 어부로 살아온 베드로의 전문지식과 경험에 맞지 않는 비상식적 요구였습니다. 주님은 고기잡이와 전혀 상관이 없는 다른 분야에 종사한 분이셨습니다. 그 분이 하시던 일은 목수였습니다. 목수의 하는 일과 어부가 하는 일은 전혀 상관이 없는 일입니다. 이 두 가지 일은 서로 혼동할 수도, 서로 간섭할 수도 없는 별개의 직업이었습니다. 더구나 평생을 어부로 살아온 사람이 밤새도록 실패한 고기잡이를 목수가 충고할 사항은 아니었습니다. 이러한 주님의 요구는 마치 일생을 농부로 살아온 사람에게 농사일을 모르는 사람이 눈 오는 날 산 속 바위틈에다 벼를 심으라는 충고와 같은 非合理的인 요구라 하겠습니다.

B. 베드로의 순종과 신앙(5:5)

(1) 베드로의 自己 극복(5:5a)

베드로는 일단 이러한 예수님의 요구에 대하여 "우리들이 밤이 맞도록 수고를 하였으나 얻은 것이 없지마는"(눅5:5A), 이런 말로 대신하였습니다.

① 그는 세세히 따지고 계산하지 않았습니다. 그리고
② 반발하거나 반항하지도 않았습니다.
③ 자기 감정을 폭발시키지도 않았고,
④ 논쟁을 시도하지도 않았습니다.

⑤ 우선 수용하는 태도를 보였습니다.

여기서 우리는 앞으로 큰 일을 할 사도 베드로의 자기 극복을 찾을 수 있습니다. 信仰人은 우선 자기 자신을 극복 할 줄 알아야 합니다.

① 自己를 내세우는 사람은 배우는 것이 없습니다.

② 감정을 쉽게 폭발시키는 사람은 얻는 것이 없습니다.

③ 반항하기를 좋아하는 사람은 지위가 올라가지 못합니다.

④ 오히려 많은 사람을 적으로 만듭니다.

베드로는 주님의 비합리적인 요구에도 불구하고 자기를 잘 극복하고 어부로서의 오랜 자기 경험을 양보했습니다. 자기의 상식도, 전문지식도 양보했습니다. 밤새도록 수고하고 피곤하고 지쳤는데 또 그물을 내려?? 그러나 그것도 양보했습니다. 어부로서의 체면? 그것도 양보했습니다. 그렇습니다. 그리스도인, 그리스도의 제자가 되는 길은 내 자리를 주님께 조건 없이 내어 드리는 것입니다.

토마스 아킴퍼스(Thomas Akimpus)라는 사람은 Imitation to Christ 즉 "그리스도를 본 받아"라는 책을 썼습니다. 이 책은 역사의 Best Seller입니다. 우리는 그리스도를 본 받아야 합니다. 그러면 그리스도의 어떤 것들을 본 받아야 합니까? 그 분은 우리를 위하여 자기의 모든 것을 양보하셨습니다. 그러므로 우리도 우리의 모든 것을 그분에게 양보하여 우리 속에 그분의 형상을 이루어야 합니다.

한 걸음 더 나아가서, 우리 주님은 만인을 위하여 십자가에 돌아가시려고 이 땅에 오셨습니다. 성경을 자세히 연구하면 주님은 성경에 예언된 대로 오셔서, 성경에 예언된 대로 죽으셨습니다. 그러므로 누가복음 9장 22절에서 자기가 죽으실 것을 다 아시고 또 말씀하셨습니다. 23절에는 우리에게 "날마다 십자가를 지고 나를 좇으라"고 하셨고 24절에서는 "누구든지 제 목숨을 구원코자 하면 잃을 것이요"라고 하셨습니다. 이 말씀을 연결시켜 묵상해 보면 우리도 예수님의 뒤를 따라 십자가를 져야 하고 죽어야 한다는 뜻입니다.

칼빈(Calvin)은 "신앙은 눈을 감고 귀를 기우리는 것"이라고 하였습니다. "눈을 감고"는 자기 부정이며 "귀를 기우리는 것"은 청종을 뜻합니다. 파스칼(Pascal)은 "신앙은 이성을 십자가에 못 박는 것"이라고 했습니다. 그리고 사도 바울은 직설적으로 "내가 날마다 죽노라"라고 하였습니다.

주님은 나사로를 살리실 때나 오병이어의 기적을 행하실 때는 아주 간단한 기도로 해결했습니다. 그러나 겟세마네 동산에서 십자가를 앞에 놓고 기도하실 때는 땀이 피가 되도록 간절히 죽음을 위해서 기도했습니다. 그러나 우리는 날마다 때마다 살기 위해서만, 잘살기 위해서만 기도했습니다. 그러나 내가 양보하고, 내가 십자가를 지고, 내가 먼저 정과 욕과 옛 사람을 십자가에 못 박고 죽게 해 달라는 기도는 하지 않았습니다.

그러므로 언제 어디서나 항상 내가 살아 날뜁니다. 내가 살아 날뛰면 할 수 없이 주님께서 대신 죽어야 하고 내가 살고 주님이 돌아가시면 나는 하는 일마다 ① 나의 일, ② 세상 일, ③ 못된 일만 하게 됩니다. 그러나 내가 죽고 내 속에 예수가 살면 하는 일마다 저절로 주님 일, 하나님 일, 성령의 일을 하게 됩니다. 할렐루야!

그래서 주님은 "한 알의 밀알이 땅에 떨어져 죽으면 60배 100배 열매를 맺고 살아 있으면 한 알 그대로 있다."고 말씀하셨습니다. 베드로는 자기를 극복하고 주께 순종했습니다.

(2) "말씀에 의지하여 내가 그물을 내리리이다"(5:5C)

베드로는 이제부터 자기 주장은 무시하고 예수님의 말씀대로 행동하기로 하였습니다. 예수님을 모시고, 예수님 中心으로, 예수님 말씀대로 하기로 하였습니다. 그러면 지금부터 예수님께서 살아 역사 하십니다. 베드로는 非合理的이지만 주님 말씀대로 갈릴리 바다 한복판 깊은 곳으로 이동해 갔습니다. 이 말씀에는 두 가지 靈解가 있습니다. ① 은혜는 깊이 체험할수록 좋다는 것과 ② 위험을 겁내지 말고 세상 속으로 영혼을 구하러 가라는 뜻입니다.

우리는 깊은 은혜를 체험하기 위해서 용기가 있어야 합니다. 모험심이 있어야 합니다. 우선 모든 것은 덮어놓고 주님 말씀대로, 성경 진리대로 실행하는 결단이 있어야 합니다. 그리고 다음으로 복음을 위하여 세상을 겁내지 마십시오. 세상 깊은 곳으로 가시기를 두려워 마십시오. 미국 대사는 미국을 믿고 모스크바에 가서 주재하고 있습니다. 일본 동경 한복판에다 미국 깃발을 걸어 놓고 있습니다.

바다의 깊음과 풍랑을 겁냅니까? 한번은 제자들과 주님께서 풍랑을 만난적이 있습니다. 그러나 주님께서 바다와 바람을 꾸짖으시니 곧 잠잠하게 되었습니다. 제자들은 "저가 뉘시기에 바다도 순종하는고" 감탄을 금할 수 없었습니다. "이방이 떠들고 나라들이 일어나 진동하나 우리 주 목소리 한번 발하시면 천하의 모든 것 일시에 잠잠할 것입니다." 말씀에 의지하여 깊은 곳으로 가십시오.

"내가 그물을 내리리이다" "Because you say so, I will let down the nets" 왜냐하면 주께서 말씀하시기 때문에 씻어 놓았던 그물을 아낌없이 내렸습니다. 우리의 信仰生活에는 언젠가 자기의 귀중한 것을 펼쳐 보일 때가 있습니다. 내게 귀중한 것 아깝고 소중한 것을 말씀에 의지하여 ① 힘차게 ② 멀리 ③ 믿음으로 흩뿌리는 때가 있습니다. 때가 적시든지 아니든지, 장소가 맞든지, 안 맞든지 겁내지 말고, 두려움 없이 주께서 하라 하시니 내 손에 들려있는 그물을 던져야 할 때가 옵니다.

지금 베드로가 그물을 내려 고기를 잡는 것은 앞으로 있을 큰 일을 위하여 간단한 준비운동을 하는 것에 불과합니다. 지금은 베드로가 고기 따위나 잡고 있지만 베드로가 고기나 잡아서 유명해진 것은 아닙니다. 그가 고기나 잡다 죽었다면 2천년이 지난 지금 누가 그 이름을 기억하겠습니까? 그의 이러한 기초 신앙을 기반으로 그는 장차 사람에게 눈을 돌립니다. 그리고 그의 그물에는 고기가 아닌 사람들이 하루에 3천명씩 걸려드는 큰 역사를 이룩합니다.

C. 베드로가 받은 祝福 (5:6~7)

(1) "고기를 에운 것이 심히 많아"(5:6A)

베드로가 주님 말씀에 의지하여 그물을 내린 결과에 대하여 성경은 간결하면서 적절한 표현으로 일관하고 있습니다. "고기를 에운 것이 심히 많아 그물이 찢어지는지라." 심히 많다는 것은 놀랄 만큼 아주 많다는 표현이고 "그물이 찢어진다"는 것은 人間的 수용이 不可能함을 의미하고 있습니다.

하나님의 축복은 人間의 용량으로는 모두 측정하기가 不可能할만큼 크고 엄청납니다. 우리의 기대를 능가하고, 우리의 바램

보다 더 크고, 우리의 요구보다 더 풍족하십니다. 빌립보서 4장 19절에서 바울은 "나의 하나님이 그리스도 예수 안에서 영광 가운데 그 풍성한 데로 너희 모든 쓸 것을 채우시리라"고 하셨습니다.

그물이 찢어질 만큼 겹겹이 쌓인 고기떼를 연상해 보십시오. 성어거스틴(st Augustine)은 이 구절을 영적으로 教會라 생각했습니다. 오늘날 세계교회가 구름 떼처럼 성도들이 모여들고 새벽기도회, 1부 예배, 2부, 3부 예배, 저녁예배까지 교회를 차고 넘치는 것은 바로 그물이 찢어질 만큼 주시는 하나님의 큰 축복의 결과라 할 것입니다.

(2) "두 배에 채우매 잠기게 되었더라"(5:7B)

베드로는 계속해서 올라오는 고기를 보고 직감적으로 이것이 기적임을 느꼈습니다. 지금 그의 눈 앞에는 있을 수 없는 일이 일어나고 있었습니다. 단 한 마리도 잡히지 않던 고기가 어째서 무진장으로 올라오는지, 이제는 그물이 모자라는 수준을 넘어서 배가 모자라는 실정입니다. 베드로는 다른 배에 있는 동무를 손짓하여 불렀습니다. 야고보와 요한이었습니다. 그가 큰 소리로 부르지 않고 손짓으로 부른 것을 보면 주님 앞에서, 엄청난 기적적 축복 앞에서 놀랍고 두려워 분위기가 엄숙해짐을 느낄 수 있습니다.

베드로는 선하고 가슴이 따뜻한 사람이었습니다. 언제나 동업자는 항상 경쟁 관계입니다. 사람은 누구나 독점욕이 있습니다. 어부가 고기를 혼자 가지고 싶은 것은 당연합니다. 그러나 베드로는 친구들을 불러 함께 나누어 가지기로 했습니다. 말씀에 의지하여 그물을 내린 것이 주님에 대한 믿음이었다면 친구를 불러 나누어 가진 것은 이웃에 대한 사랑이라 할 수 있습니다. 베드로는 그리스도인이 가져야 할 믿음과 사랑을 함께 가진 사람이었습니다.

"두 배에 채우매 잠기게 되었더라"(5:7B) 우리는 이 말씀에 관심을 가져야 합니다. 사람의 숫자 개념으로는 나누어 가지면 절반입니다. 그러나 하나님의 축복의 숫자는 나누어도 모두에게 가득 차는 것입니다. 人間의 계산법으로는 주면 손해를 봅니다. 그러나 하나님의 풍요로운 계산법으로는 주면 주는 자와 받는 자 모두가 가득 차는 축복입니다. 하나님의 축복은 그만큼 풍성합니다. 베드로는 친구들에게까지 미치는 物質的 축복을 받았습니다.

D. 베드로의 소명 (5:8~10)

(1) 주 예수와 죄인 베드로 (5:8)

5절에서 베드로는 주님을 "선생이여"(에피스타타)라고 불렀습니다. 이때 베드로는 주님을 랍비중 한 사람, 말 잘하는 선생으로 알았습니다. 역사에서 많은 사람들이 예수님을 ① 가르치기 잘하는 인류의 스승으로, ② 혹은 뛰어난 종교가로, ③ 갈릴리 풍파에서 정치적 개혁을 시도했던 위대한 사상가로 이해하기도 했습니다. 그러나 분명히 말씀드리고 싶은 것은 이런 사람들은 크리스챤이 아닙니다. 멀리서 주님을 좋게 평가한 사람들일뿐 주님의 사람은 아닙니다.

우리는 예수께서 선생, 랍비, 위대한 종교가, 그 이상이심을 고백해야 합니다. 베드로는 "선생"이라는 호칭을 "주"(κύριε)로 바꾸었습니다. "선생예수"(5:5)가 아니라 "주 예수"(5:8)가 되었습니다. 베드로는 영안을 떠서 주 예수를 발견한 것입니다. 이 발견은 위대한 발견입니다. 그 분은 우리를 죄에서 구원하실 주님이셨습니다. 우리 주님을 만난 사람들은 누구나 그가 그리스도시요, 하나님의 아들이시요, 주님이심을 고백했습니다. ① 나다나엘, ② 도마, ③ 베드로, ④ 바울 그리고 ⑤ 야고보 등, 특히 야고보는 주님의 친동생으로 성모 마리아가 낳은 동생이었습니다. 그러나 야고보는 "하나님과 주 예수 그리스도의 종 야고보"라고 고백했습니다(약1:1). "형 예수", "동생 야고보"가 틀림없었지만 "주 예수", "종 야고보"라고 기술했던 것입니다.

"주여 나를 떠나소서 나는 죄인이로소이다" 예수님을 주님으로 고백한 사람은 또한 자기가 죄인임을 발견하게 됩니다. 역사적으로 人間을 찬양한 문학가나 詩人은 많습니다. 섹스피어도 "인간은 창조의 면류관"이라고 칭찬하였습니다. 人間의 위대한 점은 한 두 가지가 아닙니다. 그러나 인간의 가장 위대한 점은 부단히 자기를 반성 할 줄 아는 것입니다. 인간이 자기를 죄인이라고 고백할 수 있는 것은 기독교 인간학(Christian Anthropology)의 특징입니다. 왜냐하면 진정한 대상으로서 예수 그리스도를 바로 발견해야만 또한 참 자기발견이 가능하기 때문입니다. 베드로는 주 예수 앞에서 적나라한 죄인으로서 자기의 참 모습을 찾은 것입니다.

(2) 이제 "후로는 네가 사람을 취하리라"(5:10B)

누가는 한치의 오차도 없는 정확한 표현을 하였습니다. "베드로가 이를 보고 예수의 무릎아래 엎드려" 체격이 큰 장정이 무릎 아래 엎드린다는 것은 아주 납짝 엎드렸다는 표현입니다. 자기가 죄인임을 발견한 베드로는 주님 앞에 완전히 부복하고 엎드렸습니다. 베드로의 엎드린 자세는 경배의 자세, 예배의 자세입니다. 원래 예배라는 말의 뜻은 "북소리에 맞추어 납작 엎드린다"는 뜻입니다. 베드로는 예수의 무릎 아래로 몸을 낮추고 엎드렸습니다. 그리고 주님의 음성을 들었습니다. "무서워 말라 이제 후로는 네가 사람을 취하리라."

주님은 自己가 罪人인을 發見하고 회개할 줄 아는 사람을 찾으십니다. 하나님은 회개하는 영혼을 즐거워하십니다. 주님은 회개하며 엎드린 베드로에게 "네가 사람을 취하리라"(You will catch men)고 의미심장한 말씀을 하셨습니다. 이 날 이후 베드로는 사람의 영혼을 구원하는 일에 동참하기 위하여 훈련을 받습니다. 베드로가 일생동안 고기나 잡고 살았다면 오늘날 그 이름을 누가 기억할 수 있겠습니까? 아무도 기억하지 못할 것입니다. 그러나 오늘 세계 도처에서 베드로의 이름은 기억되고 설교되고 책으로 저술되고 있습니다. 그 이유는 그가 게네사렛 호숫가에서 주님을 만나고 그의 부르심을 받아 사람을 취하는 사도가 되었기 때문입니다. 어찌 이것을 작은 축복이라 하겠습니까? 이것은 후세에 길이 남을 큰 축복이었습니다.

Ⅲ. 끝 맺음말 (5:11)

우리는 주님의 부르심에 대하여 서둘러 순종하는 베드로의 행동에 관심을 모아야 합니다. "저희가 배들을 육지에 대고 모든 것을 버려 두고 예수를 좇으니라.".

지금까지 생명줄이었던 배도 그물도 그리고 그토록 감격적으로 잡아 올린 그 많은 고기들을 버려 두고 오로지 주님의 뒤를 따랐습니다. 진정 베드로는 "모든 것을 버렸습니다. 정든 바다 갈릴리도 그리고 어부라는 그의 직업도 버리고 오로지 주님의 제자로 살아갈 첫발을 내딛게 되었습니다." 할렐루야!

너희 중에 있는 하나님의 양 무리를 치되 부득이함으로 하지 말고 오직 하나님의 뜻을 좇아 자원함으로 하며 더러운 이를 위하여 하지 말고 오직 즐거운 뜻으로 하며
맡기운 자들에게 주장하는 자세를 하지 말고 오직 양 무리의 본이 되라
그리하면 목자장이 나타나실 때에 시들지 아니하는 영광의 면류관을 얻으리라 <벧전 5:2~4>

누가의 인격과 신앙

〈The Person and faith of Luke〉

[골로새서 4장 14~18절]

서울등불교회 권석우 목사 임직예배 설교

본 문

⑭ 사랑을 받는 의원 누가와 또 데마가 너희에게 문안 하느니라
⑮ 라오디게아에 있는 형제들과 눔바와 그 여자의 집에 있는 교회에 문안하고
⑯ 이 편지를 너희에게서 읽은 후에 라오디게아의 교회에서도 읽게 하고 또 라오디게아로서 오는 편지를 너희도 읽으라
⑰ 아킵보에게 이르기를 주 안에서 받은 직분을 삼가 이루라고 하라
⑱ 나 바울은 친필로 문안하노니 나의 매인 것을 생각하라 은혜가 너희에게 있을찌어다.

내용 개요

Ⅰ. 서 론

＊내용으로 인도하는 말

(1) 사도 바울의 문안 인사
(2) 사랑받는 사람 누가

Ⅱ. 본 론

A. 누가는 "훌륭한 지성인"이었습니다.
(1) 뛰어난 그의 지성
(2) 위대한 작가로서의 지성

B. 누가는 "진정한 신앙인"이었습니다.
(1) 신앙에 사로잡힌 그의 지성
(2) 기도와 성령의 사람 누가

C. 누가는 "충성스러운 전도자"였습니다.
(1) 충성을 다한 협력자
(2) 전도 일선에서 끝가지 자리를 지킨 사람

Ⅲ. 결 론

누가의 인격과 신앙

〈The Person and faith of Luke〉

골로새서 4장 14~18줄

Ⅰ. 서 론

* 내용으로 인도하는 말

A. 사도 바울의 문안 인사

사도 바울은 그의 서신들에서 마지막 부분을 할애하여 성도들 이름을 하나하나 열거하면서 문안을 주고받는 형식을 취하고 있습니다(롬16:1~23, 고전16:15~20, 골4:7~17).

문안을 전하는 사람들은 바울의 편지에 편승하여 문안하는 사람들이 있고 또 그와 반대로 수신자 편에서 문안을 받는 사람들도 있습니다. 누가와 데마는 바울의 편지에 편승하여 문안을 전하는 사람들이고(골4:14), 라오디게아에 있는 형제들과 눔바와 아킵보 등은 문안을 받는 사람들입니다(골4:15~17).

B. 사랑받는 사람 누가

바울은 골로새교회 성도들에게 누가를 소개하면서 "사랑을 받는 의원 누가"(Luke, the Beloved Physician, KJV)라고 간단하게 표현하였습니다. 그러나 이 간단하고 간결한 바울의 표현 속에는 가장 적절하고 심오한 의미가 포함되어 있습니다.

바울은 누가를 사랑했고 또 누가는 많은 사람들에게 사랑을 받는 사람이었다는 것입니다. 사람들은 누구나 사랑 받기를 원합니다. 그러나 사랑받는 사람이 그리 많지도 않으며 또 사랑받기가 쉬운 것도 아닙니다. 특별히 그리스도인들은 이웃을 사랑해야 하고 또 그 증거로 이웃으로부터 사랑을 받아야 할 것입니다.

그러나 사랑 받기보다 서로 싫어하고 증오하고 시기 질투하는 경우가 많습니다. 그런데 어떻게 누가는 사랑받는 사람이 될 수 있었을까요? 왜 사람들이 누가를 사랑했을까요? 우리는 이제 사랑받을 수 있는 또 실제로 사랑을 받았던 누가의 인격과 신앙을 묵상하면서 우리도 사랑받는 그리스도인들이 되기를 바랍니다. 말씀을 듣는 동안에 성령께서 여러분과 함께하셔서 은혜되시기를 기원합니다.

Ⅱ. 본 론

A. 누가는 훌륭한 지성인이었습니다

(1) 뛰어난 그의 지성

사람들은 옛날이나 지금이나 지성(Wisdom and Knowledge)을 사랑하고 지식인을 사랑합니다.

유명한 哲人 소크라테스(Socrates)는 자기 자신을 애지자(愛知者), 즉 지혜를 사랑하는 사람이라고 불렀습니다. 이 말이 나중에 "哲學"(Philosophy)이라는 말이 되었습니다. 사람들은 지식에 관심을 가진 동물입니다. 그래서 그들은 지성을 사랑했고, 또 지식인을 사랑했습니다.

여러 가지 역사적 정황을 미루어 볼 때 누가는 당대의 으뜸가는 지성인이었음이 틀림없습니다. 우선 그는 의사였고 옛날이나 지금이나 의사들은 지식이 많았습니다. 공부를 많이 해야 하고 책을 많이 읽어야 하며 깊이 있게 연구하는 사람들입니다.

뿐만 아니라 어렵고 긴 정규 학습과정을 거쳐야 하고 평소에도 항상 관찰하고 연구하는 기질과 생활습성을 가져야 합니다. 의사의 판단은 사람의 생명을 좌우하는 아주 중요한 것이기 때문에 그의 지성은 항상 명확하고 또 옳아야만 합니다.

누가는 의사인 동시에 또 다른 의미에서 그는 역사가(Historian)였습니다. 그가 기록한 신약성경의 사도행전은 초대교회의 역사를 아주 진솔하게 기록하였습니다. 만약에 그의 기록(사도행전)이 없었다면 우리는 초대교회의 역사적 사실들에 대하여 접근이 어려웠을 것입니다.

그는 역사에 대하여, 또 역사를 기술하는 방법에 대하여 역사가적 일가견을 가지고, 당시의 역사를 조명할 줄 아는, 놀라운 역사안목을 가진 지성인이었습니다.

그리고 또 누가는 역사기록은 반드시 객관적이어야 한다는 사실도 알고 있었습니다. 그래서 초대교회의 역사를 일목요연하게 수록한 사도행전을 후세의 우리들에게 물려주어 진주처럼 가치 있는 책으로 선물해주었습니다.

(2) 위대한 작가로서의 지성

어학과 文學에 있어서도 누가는 뛰어난 실력가였습니다. 그는 수준 높고 수려한 희랍어 문장을 유효적절하게 구사하였고 복음서로서 누가복음과 역사서인 사도행전을 저술하였습니다. 책의 분량 면에서 신약기자들 중에 누구보다도 많은 양의 글을 남겼습니다. 사도요한의 요한복음과 요한 1, 2, 3서, 그리고 계시록을 모두 합한 것보다도 더 많고, 사도 바울의 모든 서신을 다 합친 것보다도 더 많은 양의 글을 후세에 전해주었습니다.

또 누가는 의사요, 역사가요, 문학가일 뿐만 아니라 전설에 의하면 예술에도 소질이 있어 그림을 잘 그리는 화가였다고 합니다. 그는 기억을 살렸는지 아니면 상상을 했는지 알 수 없지만 성모 마리아의 상을 그렸습니다. 그리고 그 그림은 한동안 콘스탄티노플에 보존되어 있었다고 합니다.

누가는 수리아 안디옥 태생으로 다재다능한 지성인이었으며, 사랑받고 존경받는 진정한 그리스도인이었으며, 신약 기자로, 또 역사가로 그의 저술은 교회 역사와 함께 영원한 불후의 대작이라 할 것입니다.

B. 누가는 "진정한 신앙인"이었습니다

(1) 신앙에 사로잡힌 그의 지성

누가는 그의 지성 못지않게 믿음이 강한 사람이었습니다. 원래 인간의 지성은 양날선 검과 같아서 신앙의 손에 붙잡히지 않고 마구 휘두르면 살인적 위력을 발휘합니다. 신앙을 뺀 지성은 얼음처럼 차고 가혹한 것입니다.

그래서 성경은 "여호와를 경외하는 것이 지식의 근본"이라고 말씀하셨습니다(잠1:7) 신앙과 지성을 겸비한 사람, 이런 사람을 하나님은 크게 쓰시고, 또 이런 사람이 현대가 요청하는 사람입니다.

누가의 뛰어난 지성은 온전히 그의 신앙에 사로잡힌바 되었습니다. 누가의 저작들을 살펴보면 그의 지성 못지않게 강한 신앙을 접하게 됩니다. 그는 진정한 믿음의 사람이었습니다. 그는 하나님께서 그에게 주신 모든 지성과 소질들을 모두 신앙을 위해서 쏟았습니다. 그의 지성은 그의 신앙에 잡힌 의의병기였습니다.

역사가 유세비우스(Eusebius)는 "의사인 누가는 영혼을 치료하는 책으로 누가복음과 사도행전을 우리에게 남겨주었다."고 증언하였습니다. 누가의 책들은 그리스도교 2000년 역사에서 믿음이 넘치는 작품으로 우리에게 감동과 감격을 주고 있습니다.

사람들은 자기를 도와준 사람에게 감사하며, 경제적으로 이익을 준 사람을 좋아합니다. 그러나 그리스도인들은 자기에게 믿음을 넣어주고, 신앙적 감동과 감화를 준 사람을 누구보다 오래 기억하며, 존경하고 또 사랑하게 됩니다. 이런 의미에서 모든 성도들은 누가를 사랑합니다.

(2) 기도와 성령의 사람 누가

누가는 지성과 신앙을 겸비했을 뿐만 아니라 또한 성령의 사람이었습니다. 사도행전은 물론 누가복음에서도 강조된 것은 "성령충만"에 대한 이야기입니다. 그래서 이들 책에는 "성령복음" 혹은 "기도의 복음"이라는 별명들이 붙어 있습니다.

누가는 성령충만에 대해서, 성령 세례에 대해서, 또 성령으로 기뻐하심에 대해서 기술하였고 주님께서 기도하신 사건에 대해서 열한번이나 언급하였습니다. 이것만 보아도 누가가 얼마나 성령과 기도를 중시한 사람이었는가를 알 수 있습니다.

사도행전도 "성령행전"이라는 별명이 있습니다. 누가는 성령께서 강림하신 오순절 사건에 대하여 세밀하게 증언하였고 계속해서 성령께서 어떻게 역사하셨는가를 진솔하게 기록하였습니다.

또 사도들의 기도하는 모습과 기도문의 내용들이 많이 수록되어 있습니다. 이것은 누가 자신도 기도를 좋아했고 또 기도의 사람임을 뜻하며, 그가 가슴이 뜨겁고 열심 있는 사람이었다는 것을 입증하고 있습니다.

누가는 일생동안 성령으로 충만하였고 84세를 장수하였으며 마지막에도 성령이 충만한 가운데 하나님의 부름을 받았다고 역사가들은 증언하였습니다.

우리가 만약 누가와 같은 다양한 소질과 지성을 갖추었다 할지라도, 또 완벽하고 훌륭한 인격을 갖추었다 할지라도 성령께서 역사하지 않으시면, 성령충만한 사람이 아니라면 무슨 소용이 있겠습니까? 누가는 진정한 지성인인 동시에 성령의 사람이었습니다. 그러므로 그는 많은 사람에게 존경받을 수 있었고 또 모든 사람들에게 사랑받을 수 있었습니다.

C. 누가는 "충성스러운 전도자"였습니다

(1) 충성을 다한 협력자 누가

바울 주위에는 많은 사람들이 있었습니다. 그 중에도 바울은 특별히 디모데와 누가를 사랑한 것 같습니다. 왜냐하면 이들은 온갖 어려움을 참고 인내하면서 바울을 도운 사람들이기 때문입니다.

누가는 디모데와 달리 바울의 전도로 믿게 된 사람이 아닙니다. 아마 그는 바울보다 먼저 예수를 믿게 되었을 것입니다. 워낙 조용하고 겸손한 성품이었으므로 바울과 버금가는 실력과 자기 신학을 가진 인물이었지만 바울을 사랑했고 또 존경하였으므로 바울의 전도단에 합류하여 수많은 시간을 바쳐 바울에게 그의 조수처럼 충성스럽게 협력하였습니다.

바울은 디모데에게 "사랑하는 아들", "믿음의 아들"이라고 표현하였습니다. 그러나 누가에게는 이런 표현을 하지 않았습니다. 아마 디모데는 바울의 전도로 믿게 된 사람이지만 누가는 그렇지 않기 때문으로 사료됩니다.

디모데는 희랍인 아버지와 유대인 어머니 사이에서 태어난 혼혈아로 루스드라 출신입니다. 그는 바울의 모든 고난을 시종 목격한 사람입니다. 유대인들의 방해와 박해, 중상, 모략, 체포, 구금, 채찍으로 맞고 돌에 맞는 등 인간의 체력으로는 힘겨운 모든 수난들을 디모데는 직접 목격한 사람입니다.

사람들이 신앙을 수용할 때는 여러 가지 이유가 있을 것입니다. 내세를 위해서, 축복을 위해서, 병이 낫기 위해서 등등…… 그러나 디모데는 온갖 수모와 고통을 직시하면서 그러나 포기하지 아니하고 진정한 전도자로 신실한 목회자로 성장한 사람이었습니다.

누가도 그런 사람이었습니다. 누가가 목격한 바울의 생애는 세상적으로 보면 비참하기 짝이 없는 사람이었습니다. 계속되는 박해, 증가만 되는 핍박, 어려워만 가는 입지조건들, 그럼에도 불구하고 누가는 바울의 전도활동을 충성스럽게 협조한 사람이었습니다. 디모데와 누가는 바울의 좌우 양팔처럼 그에게 충성을 다한 훌륭한 협력자였습니다.

(2) 전도 일선에서 끝까지 자리를 지킨 사람

디모데 후서 4장 10~11절에서 바울은 "데마는 세상을 사랑하여 나를 버리고 세상으로 갔고 그레스게는 갈라디아로, 디도는 달마디아로 갔고, 누가만 나와 함께 있느니라"고 기술하였습니다.

전도에 꼭 필요한 것은 인내하는 것입니다. 누가는 그의 지성이나 인격에 걸맞게 인내심 또한 대단한 사람이었습니다. 도중에 포기하는 사람은 처음부터 아니감만 못합니다.

누가는 바울을 드로아에서 만났고 바울의 제2차 전도 순방에 합류했습니다. 그때부터 이들의 파란만장한 대 전도여정은 시작되었고 누가는 끈질기게 그림자처럼 바울 가까이서 그를 도왔습니다. 빌립보로 밀레도까지, 또 예루살렘까지 그리고 바울이 체포되어 로마로 호송될 때에도 누가는 거기 바울 곁에 있었습니다. 바다를 여행하며 유라굴로라는 광풍을 만나 생명이 풍전등화와 같을 때도 있었고, 오랫동안 태양을 볼 수 없이 파도에 밀려다니기도 했습니다. 그때에도 누가는 자기 위치를 지켰고 그 자리에 있었습니다.

이제 우리는 누가가 왜 사람들의 사랑을 받을 수 있었는지 충분히 짐작이 갑니다. 이런 사람을 어떻게 사랑하지 않을 수가 있겠습니까? 역사의 모든 그리스도인들은 충성스러운 전도자를 사랑했고 그러므로 우리는 누가를 사랑합니다.

우리는 일생을 살아가면서 하나님은 물론이고 또 많은 사람들의 신세를 지고 삽니다. 그래서 우리는 그 분들에게 진심으로 감사를 드립니다. 우리가 감사해야 할 수많은 사람들! 그중에서도 특별히 머리에서 지울 수 없이 고마운 사람이 있을 것입니다. 누구일까요? 만약 우리가 확실히 구원받은 진정한 그리스도인이라면, 그 분은 우리를 그리스도에게 인도해 준, 나를 전도한 사람일 것입니다.

누가는 충성스러운 전도자였습니다. 전도일선에서 흔들림없이 자리를 지킨 전도자였습니다. "지혜 있는 자는 궁창의 빛과 같이 빛날 것이요 많은 사람을 옳은 데로 돌아오게 한 자는 별과 같이 영원토록 비취리라"(단12:3) 누가는 그런 사람이었습니다.

Ⅲ. 결 론

지성은 사람을 사람으로 살아가게 합니다. 그러나 이 지성은 반드시 신앙에 잡혀 있어야 합니다. 그럴 때에 누가처럼 훌륭한 전도자, 뛰어난 봉사자, 그리고 모두에게 사랑받는 사람이 될 수 있을 것입니다.

너는 어서 속히 내게로 오라
데마는 이 세상을 사랑하여 나를 버리고 데살로니가로 갔고 그레스게는 갈라디아로, 디도는 달마디아로 갔고
누가만 나와 함께 있느니라 네가 올 때에 마가를 데리고 오라 저가 나의 일에 유익하니라 <딤후 4:9~11>

극히 값진 진주 하나

[마태복음 13:45~46]

본 문

45. Ⓐ 또 천국은 마치 좋은 진주를 구하는 장사와 같으니

46. Ⓐ 극히 값진 진주 하나를 만나매
Ⓑ 가서 자기 소유를 다 팔아 그 진주를 샀느니라

내용 개요

Ⅰ. 서 론

A. 천국에 대한 여러 가지 용어들 (마13:45, 눅9:2)
B. 천국에 대한 여러 가지 비유들 (마13:3~50)

Ⅱ. 본 론

A. “좋은 진주를 구하는 장사” (마13:45)
(1) 진주 장사는 부지런하고 열심이 있어야 함 (롬12:11)
(2) 진주 장사는 자신감과 인내심이 있어야 함 (계2:2, 19)

B. “극히 값진 진주 하나”— 예수그리스도 (13:46A)
(1) 세상 가짜 진주로는 만족하지 못함
(2) 극히 값진 진주 하나를 만남 (13:46A)

C. 소유를 다 팔아 그 진주를 삼 (13:46B)
(1) 다(All) 보다 귀한 하나(One)
(2) 다(All) 팔아 그 하나(One)를 삼 (13:46B)

Ⅲ. 끝맺는 말

극히 값진 진주 하나

마태복음 13:45~46

Ⅰ. 서 론(Introduction)

A. 천국에 대한 여러 가지 용어들(13:45, 눅9:2)

마태는 기록하기를 "또 천국은 마치 좋은 진주를 구하는 장사와 같으니 극히 값진 진주 하나를 만나매 가서 자기의 소유를 다 팔아 그 진주를 샀느니라"고 하셨습니다.

여기서 마태는 "천국"이라는 용어를 썼습니다. 성경 중에서 마태만 특별히 이 용어를 많이 사용했습니다. ①"회개하라 천국이 가까웠느니라"(마3:2), ②"마음이 가난한 자는 복이 있나니 천국이 저희 것임이요"(마5:3), ③"부자는 천국에 들어가기가 어려우니"(마19:23) 등 그의 복음서 전반에서 이 용어를 사용했습니다. 마태가 사용한 이 말은 "하늘"이라는 낱말과 "나라"라는 두 단어를 사용한 句로, 그대로 번역하면 "하늘나라"가 됩니다. 영어성경은 희랍어처럼 두 단어를 사용하여 "the Kingdom of heaven"으로 번역되었습니다.

그러나 마태를 제외한 다른 신약 기자들은 천국 혹은 하늘 나라를 사용하지 않고 대부분이 "하나님의 나라"라는 말을 사용했습니다. 특히 누가는 그의 복음서와 사도행전에서 "하나님 나라"에 대하여 누누이 언급했고 사도바울도 ①"하나님의 나라를 유업으로"(고전6:9, 15:50), ②"하나님 나라를 위하여"(골4:11), ③"하나님 나라에 합당한"(살후1:5) 여러번 사용했습니다.

두 낱말의 의미는 서로 차이가 있겠으나 성경 기자들은 서로 별다른 차이를 두고 사용하지는 않은 것 같습니다. 다만 마태는 "천국"을, 마가, 누가, 바울은 "하나님의 나라"라고 기록했습니다. 그리고 한국성도들은 천국이라는 말을 사용하고 천당을 잘 쓰지 않으며 또 "하나님의 나라"라고 하지 "하늘 나라"라는 말은 잘 쓰지 않습니다. 그 이유는 천당은 다른 종교에서 많이 사용하고 하늘 나라는 非기독교권에서도 많이 사용하기 때문인 것 같습니다.

B. 천국에 대한 여러 가지 비유들(마13:3~50)

마태복음 13장은 전반적으로 주님께서 가르치신 천국 비유로 가득차 있습니다. 13장 3절에서 50절 사이에 일곱 개의 천국 비유가 나오는데 ① 씨 뿌리는 비유(13:3~9), ② 곡식과 가라지 비유(13:24~30), ③ 겨자씨 한알 비유(13:31~32), ④ 가루 서 말의 누룩 비유(13:33), ⑤ 밭에 감추인 보화 비유(13:44), ⑥ 좋은 진주 비유(13:45~46), ⑦ 물고기를 모는 그물 비유(13:47~48)로 되어 있습니다. 주님은 될 수 있으면 비유의 소재를 여러 곳에서 다양하게 발취하셨는데 여기서도 ① 농사 문제가 3, ② 가정주부의 요리 문제 1, ③ 장사 문제 2, ④ 어업비유 1로 되어 있습니다. 농업, 상업, 어업 및 가정사를 고루고루 비유하시면서 우리의 생활 전반을 소재로 하셨습니다. 주님의 가르치심이 얼마나 폭 넓고 다양한가를 보여줍니다.

주님께서 가르치신 천국은 셋, 혹은 세 단계로 이해할 수 있습니다. 첫째는 그리스도인들은 믿음으로 마음의 평화와 성령의 임재를 체험하는 ① 심령 천국이요(눅17:20~21), 둘째는 교회의 경건한 信仰生活을 체험하는 ② 지상천국, 그리고 마지막 ③ 내세 천국으로 되어 있습니다. 마태복음 13장의 일곱 가지 천국비유는 대충 보면 산발적으로 보이지만, 본 장은 확실히 교회를 통한 지상천국을 짜임새 있게 설명하려는 시도를 알 수 있습니다. ① 교회의 생성과 믿음의 시작은 씨뿌리는 비유에서, 주님의 복음을 받아 드리는 마음의 정돈, 옥토 같은 심령에서 출발하여, ② 복음이 자랄 때에 곡식과 가라지, 즉 선과 악이 공존하는 교회의 현실적 상황을 언급하시고, ③ 그러나 이 교회의 질적, 양적 성장을 겨자씨에 비유하시고, ④ 모든 지역 누룩처럼 번져 나가며, ⑤ 천국을 마음속에 누리는 즐거움을 감추인 보화와, ⑥ 값진 비유로 설명하셨으며, ⑦ 교회에서 함께 자라는 알곡과 가라지에 대한 종국적 심판을 그물로 잡은 물고기의 나누임으로 비유하셨습니다. 참으로 조직적이고 질서정연한 표현입니다.

Ⅱ. 본 론 (Main Subject)(마13:45~46)

A. 좋은 진주를 구하는 장사 (마13:45)

(1) 진주 장사는 부지런하고 열심이 있어야 함(롬12:11)

"천국은 마치 좋은 진주를 구하는 장사와 같으니" 주님께서 진주 비유를 말씀하시면서 진주 장사를 등장 시키셨습니다. 주석가들은 여기서 누가 진주 장사인가 하는 문제를 제시했습니다. 여러 가지 내용이 있지만 진주 장사는 크리스챤들, 즉 우리 성도들이라는 설이 유력합니다. 우리를 좋은 진주를 구하려는 장사로 비유했습니다. 금이나 은이나 금강석은 모두 땅속에서 나지만 진주는 바다 속에 있는 생물에서 나오는 아주 귀한 보물입니다. 그래서 마치 살아 있는 보물처럼 느껴집니다. 우리는 지금이 세상에서 가장 크고 값진 진주를 찾으려는 사람들입니다.

그럴려면 우리는 아주 열심히 진주를 찾아다녀야 합니다. 가만히 앉아서 진주가 찾아오기를 기다리면 나보다 더 활동적인 사람에게 빼앗기게 됩니다. 예수님 당시는 파사만의 진주가 유명했다고 합니다. 그러면 파사만으로 가야 할 것입니다. 우리 나라 사람들은 남양진주를 좋아한다고 들었습니다. 그러면 남양으로 찾아가야 할 것입니다. 장사를 잘하려면 정보에 빨라야 하고, 정보를 수집하여 대책이 서면 또 곧바로 이것을 실행해야 합니다. 장사는 5분 늦어서 실패하는 수가 있습니다.

세상 모든 일이 장사와 같습니다. 열심히 장사해서 이익을 남기고 성공하는 사람이 있는가 하면 게을러서 있던 재산도 없애고 실패하는 사람도 있습니다. 물론 장사를 잘하려면 돈도 있어야 하고 아는 사람도 많아야 하고 지식도 경험도 있어야 합니다. 그러나 어떤 사람은 돈이 있어도 장사를 못하고 많은 지식으로도 맞지 않는 시세라는 것이 성패를 좌우할 때가 있습니다. 그러나 계속 열심인 사람은 꼭 성공하게 됩니다. 언젠가는 일어설 때가옵니다.

그러므로 믿는 사람들은 세상 장사꾼과 같이 아니 그 이상으로 열심이 있어야 합니다. 예수 믿는 사람들의 제일 특성은 “극성맞은 열심”이라 하겠습니다. 계시록 3장19절에 “그러므로 네가 열심을 내라 회개하라 볼지어다 내가 문밖에 서서 두드리노니 누구든지 내 음성을 듣고 문을 열면 내가 그에게 들어가 그로 더불어 먹고 그는 나로 더불어 먹으리라”고 하였습니다. 사도 바울도 "열심을 품고 주를 섬기라"고 하였으며(롬12:11), 요한은 "주의 전을 사모하는 열심이 나를 삼키리라"고 기록했습니다(요2:17). 이 세상 재물을 얻기 위해서 열심이 필요하거든 하물며 천국의 축복을 유업으로 물려받으려면 더 큰 열심이 있어야 할 것입니다.

(2) 진주 장사는 자신감과 인내심이 있어야 함(계2:2, 19)

진주 장사는 진주 장사를 천직으로 알아야 합니다. 그 사람은 아주 진주 장사로 소문이 나야 합니다. 아무나 진주가 생기면 그 사람에게 가지고 올만큼 이름이 나 있어야 합니다. 만약에 진주 장사가 자기 신분 밝히기를 꺼려한다면 장사 못합니다. 우리는 누가 보아도 성도라야 합니다. 진주는 귀한 보석이므로 진주 장사는 부끄러운 게 아니지요, 우리 주님은 아주 귀한 분이시므로 그리스도인이라는 직분이 부끄러운 게 아닙니다. 진주 장사가 큰 소리를 외치는 것처럼 우리도 복음을 담대히 전해야 합니다. 때를 얻든지 못 얻든지 전해야 합니다. 주님은 "사람들 앞에서 나를 시인하면 나도 하나님과 천사들 앞에서 너를 시인할 것이요, 만약 사람들 앞에서 나를 부인하면 나도 하나님과 그의 천사들 앞에서 너를 부인하리라"고 하셨습니다(마10:33, 요13:38).

장사하는 사람은 인내심이 강해야 합니다. 좋은 진주를 구하려면 아침 일찍 일어나고, 잠도 못 자고 많은 사람을 만나고, 이야기하고, 계속 찾아가서 마침내 그 집 장롱 깊숙이 넣어둔 값진 진주가 나오게 해야 합니다. 남보다 크게 성공한 사람들은 많은 온갖 어려움을 참아낸 사람들입니다. 재벌도 어려운 고비를 무수히 참고 넘어야 재벌이 됩니다. 우주인이 달을 정복하는데도 숨막히는 위험과 고비를 참고 넘겨야 합니다.

그리스도인들은 그들이 지금까지 젖어온 온갖 구습을 버리고 자신과 싸워 자기를 극복하려면, 계속 말씀으로 먹고 씻어야 하고, 기도로 눈물로 참고 이겨야 합니다. 성경은 "너희의 인내로 너희 영혼을 얻으리라"(눅21:9)고 하였고, "인내는 연단을 연단은 소망을 이루는 줄" 안다고 바울은 말하였습니다. 주님은 두아디라 교회에 "내가 네 사업과 사랑과 믿음과 섬김과 인내를 아노니 네 나중 행위가 처음 것보다 많도다" 하셨습니다(계2:19). 장사하는 사람들이 이익을 위해서도 아니꼽고 치사해도 참고 어렵고 눈물나도 참거늘, 하물며 우리도 참아야 하지 않겠습니까?

B. "극히 값진 진주하나" — 예수그리스도 (13:46)

(1) 세상 가짜 진주로는 만족하지 못함

45절에서 우리말에는 "좋은 진주를"이라고 번역되었는데 영어성경은 "좋은 친구들을"(Goodly pears)이라고 복수로 번역되었습니다. 희랍원어 말가리타스는 복수로 되어 있습니다. 그러나 그 다음 46절에 "극히 값진 진주하나"(One pearl of great price)는 말가리테엔으로 단수가 나옵니다. 장사는 부지런히 열심히 물건을 찾아 싸게 사드리고, 또 이익을 남기고 파는 일을 반복하는 것입니다. 진주 장사는 많은 진주를 사고 또 팔았습니다. 그러나 그는 더 좋은 진주를, 이 세상에서 제일 좋은 진주를 만나고 싶었습니다. 가장 좋은 진주를 가질 수 있는 사람이 가장 행복한 진주 장사입니다.

사도 바울은 길리기아의 수도 다소에서 출생하였습니다. 그는 희랍 文明권에 살았지만 히브리말을 배우고, 베냐민지파 사람으로 당시의 석학 가말리엘에게서 율법을 전수 받아 모든 율법에 통달하고 유대인 중에 유대인, 바리새인 중에 바리새인이 되었습니다. 그는 지식과 명성과 로마 시민권을 가졌습니다. 그러나 그는 이 모든 것을 분토와 같이 여기고 버린다고 하였습니다. 지금까지의 모든 것이 그에게 아무런 만족을 주지 못했기 때문입니다.

두 아들 비유에서 둘째 아들은 아버지의 재산을 허랑 방탕하게 써버리고, 향락을 즐겼지만 만족이 없었습니다. 그리고 돼지치는데 가서 쥐엄 열매를 먹었지만 주려죽게 되었습니다. 세상 사람들은 향락, 지식, 재산, 명예, 예술, 술, 마약 이런 것에 미쳐보지만 역시 사막을 여행하는 사람처럼 갈증을 느끼고 만족이 없습니다. 마치 진주 장사가 어디 가서 가짜 진주를 잘못산것처럼 불만만 생깁니다. 어거스틴은 청년시절 웅변기술을 배우고, 마니교에 들어갔습니다. 그러나 그곳에서 만족을 얻지 못했습니다. 그는 예수 그리스도를 만날 때까지 방황하는 생활을 했습니다.

(2) "극히 값진 진주 하나를 만나매"(마13:46)

이 말씀에서 강조한 것은 ① 극히 값진, 더 이상 없는 최고의, ② 진주 하나, 여러 개가 아닌 유일한 하나라는 것입니다. 최고는 두 개가 아닙니다. 일등은 한 사람이 합니다. 이 세상에서 최고로 값진 보물은 하나입니다. 진주 장사는 진주의 가치를 재빠르게 알아차려야 합니다. 그 값을 모르면 장사에 실패합니다. 가짜를 진짜로 오인해도 안되고 아주 귀한 것을 귀한 것인 줄 못 알아봐도 장사 자격이 없습니다. 더 이상의 것은 있을 수 없는 최고의 진품을 만나서 더 이상 팔지 말고 자손 대대로 물려줄 가보로 삼아야 할 것이 있습니다.

아프리카의 흑인들은 조개만 까먹고 진주는 버렸습니다. 영국인들이 초콜릿을 주면서 진주를 모아 오라고 했습니다. 아프리카 원주민들은 진주의 귀한 것을 몰랐습니다. 임시 입에 단 과자를 좋은 것인 줄 알았습니다. 소련 사람들은 몇백년 전에 알라스카를 아주 싼값으로 미국 사람들에게 팔았습니다. 알라스카는 눈과 얼음과 불모지로 덮여 있어서 겉으로는 못 쓰는 땅입니다. 그러나 알고 보면 알라스카는 보물창고나 다름없습니다. ① 주위 바다와 강속에는 고기들로 가득 차 있고 고래, 연어, 게, 새우가 무진장에 가까울 정도로 많습니다. ② 물개, 사슴, 녹용, ③ 석유, 낙엽송 그리고 ④ 전략적으로 요충지대였습니다. 소련 사람들은 그 진가를 몰랐습니다.

"극히 값진 진주 하나" 아무리 많은 진주를 소유해도 만족이 없었으나, 오직 이 하나로 만족할 수 있는 극히 값진 진주, 오직 하나뿐인 진주는 예수 그리스도 하나님의 외아들, 유일하게 세상을 구원하신 분이십니다. 세상의 모든 진주는 정밀검사에서 크고 작은 흠이 발견된다고 합니다. 사람도 그럴 것입니다. 그러나 오직 주님만이 점도 흠도 없으신 유일하신 진주시라 할 수 있습니다.

사도 베드로는 갈릴리 바다에서 어부로 있다가 주님을 만났습니다. 고기잡이 그물을 씻고 있던 베드로는 주님 말씀에 순종하여 고기를 많이 잡았습니다. 밤새도록 잡히지 않던 고기가 같은 날, 같은 그물을 같은 사람이 던졌는데 그물이 찢어지도록 잡혔습니다. 그는 즉시 예수님이 보통 분이 아니심을 직감했습니다.

그는 배와 그물을 내버려두고 예수님을 좇았습니다. 사도 바울도 敎會를 박해하던 핍박 자였으나 다메섹 도상에서 주님과 맞부닥쳤습니다. 주님의 강압적 위엄 앞에 바울은 무릎을 꿇었습니다. 그 후 그는 일평생을 받쳐서 주 예수의 사도로서 혼신을 다하여 일했습니다. 베드로나 바울, 그들은 주님은 "극히 값진 진주 하나"이시며, 더 이상 다른 무엇을 찾아 헤맬 필요가 없다는 것을 깨달은 진주 장사라 하겠습니다.

C. "자기의 모든 소유를 다 팔아 그 진주를 삼"(마13:46 B)

(1) 다(All) 보다 귀한 하나(One)

본문으로 돌아가서 그 진주 장사는 "자기의 모든 소유를 다(all) 팔아", 그 하나(one)의 진주를 샀습니다. 왜냐하면 그 하나(one)가 다(all) 보다 귀했기 때문입니다. 성도들은 주님을 알고나면, 자기가 가진 모든 것을 합친 것보다 주님이 더 귀하다는 것을 뼛속까지 사무치게 절감하고 또 그것을 고백하는 사람들입니다. 그래서 우리는 이런 찬송을 즐겨 부릅니다. "주 예수보다 더 귀한 것은 없네 이 세상 부귀와 바꿀 수 없네 영 죽을 내 대신 돌아가신 그 놀라운 사랑 잊지 못해 세상 즐거움 다 버리고 세상 자랑 다 버렸네 주 예수보다 더 귀한 것은 없네 예수밖에는 없네"94(102)장

주님께서 직접 말씀하시기를 "내가 곧 길이요 진리요 생명이니 나로 말미암지 않고는 아버지께로 올 자가 없느니라"(요14:6) 고 하셨습니다. 본문에 나오는(마13:46) 이 "하나의 진주", 즉 천국으로 통하는 길이며, 이 길만이 천국으로 갈 수 있는, 더 쉬운 말

로 풀이하면 천국으로 갈 수 있는 유일한 길은 예수 그리스도를 믿는 길밖에 없다는 뜻입니다. 많은 사람이 다른 이름, 다른 종교, 다른 방법으로 구원받는 길을 찾았으나 모두 실패하고 말았습니다. 그 이유는 "다른 이로서는 구원을 얻을 수 없나니 천하 인간에 구원을 얻을만한 다른 이름을 우리에게 주신 일이 없음"이라고 성경은 말씀하셨습니다(행4:12). 그러므로 주님은 오직 하나밖에 없는 유일한 길이시며 최고의 진주이십니다.

또 주님은 "내가 …… 생명"이라고 말씀하셨습니다. 또 죽은 나사로를 살리시기 직전에 "나는 부활이요 생명이니 나를 믿는 자는 죽어도 살겠고 무릇 살아서 나를 믿는 자는 영원히 죽지 아니하리라"고 하셨습니다(요11:25). 또 "내 말을 듣고 또 나 보내신 이를 믿는 자는 영생을 얻었고 심판에 이르지 아니하나니 사망에서 생명으로 옮겼느니라"고 하셨습니다(요5:24). "극히 값진 진주"이신 예수님은 우리에게 새 생명을, 영생을 주신 분이십니다. 그러므로 그 분은 우리가 가진 모든 것보다 귀중한 분이십니다.

주님은 "사람이 만일 온 천하를 얻고도 제 목숨을 잃으면 무엇이 유익하리요 사람이 무엇을 주고 제 목숨을 바꾸겠느냐"(마16:26)고 말씀하셨습니다. 목숨, 즉 생명은 人間에게 있어서 가장 귀중한 것입니다. 그러므로 생명은 아끼고 조심해야 합니다. 함부로 생각하면 큰 일입니다. 어떤 의사는 소화가 잘 안되고 속이 거북하다고 느꼈습니다. 그러다 어느 날 자기 병원에서 X-Ray사진을 찍어 보았습니다. 며칠이 지난 후 그 의사는 자기 책상 위에 놓여 있는 X-Ray사진 한 장을 보았습니다. 전깃불에 그것을 비춰보고는 "굉장한 암이다" 그러고는 다시 책상 위에 내려놓고 회진하고 새 환자 만나고 전화 걸고 바쁜 하루를 보냈으며 그의

X-Ray사진은 치워졌습니다. 그러나 그것은 중대한 문제입니다. 생명문제는 소홀히 지나치면 안됩니다. "온 천하를 얻고도 제 목숨을 잃으면" 무엇이 유익하겠느냐? 무엇을 주고 제 목숨을 바꾸겠느냐? 주님의 물음이십니다. 주님은 우리에게 생명을, 영생을 주신 생명의 진주십니다. 그러므로 "자기의 소유를 다 팔아 그 진주를 샀느니라"고 하신 것입니다.

(2) **다 팔아 그 하나를 삼**(13:46 B)

神學者 키케고르는 아브라함의 信仰을 분석하면서 ① 순종과, ② 단념과, ③ 결단이라고 말했습니다. 아브라함이 하나님의 말씀을 듣고 아들이 이삭을 데리고 모리아 산으로 간 것은 순종입니다. 결박하여 제단 위에 놓고 죽이기로 결심한 것은 자기의 모든 것을 단념한 것이며, 아들을 찌르려고 칼을 들고 결행한 것은 마지막 결단이라는 것입니다. 그래서 그리스도인들의 믿음의 실천은 ① 말씀에 순종, ② 자신의 단념, ③ 마지막 결단이라 하겠습니다.

진주 장사(신자)는 그가 마지막 찾은 극히 귀한 진주 하나(예수)의 값을 잘 알았기 때문에 자기의 소유를 모두 팔아 그 진주를 사기로 결단을 내렸습니다. 진주 장사에게 있어서 최후로 가장 중요한 것은 이 결단입니다. ① 장사를 잘하기 위해서 부지런하고 열심 있는 것도 물론 중요하고, ② 적극적이고 인내심이 있는 것도 중요하며, ③ 그 진주가 얼마나 값비싼 것인지 아는 것도 중요하지만 문제는 ④ 이 마지막 결단에 달려 있습니다. 모든 일을 매우 잘 수행하며 90%를 완수했다 할지라도 결단을 내리지 못하면 소용이 없고 수포로 돌아갑니다. 너무 망설이고 주저

하면 기회를 잃을 수도 있습니다. 생명의 진주이신 주님이 우리에게 영생을 주시는 분이심을 알았으면 그 영생을 믿음으로 소유해야 합니다. 길 되신 주님이 하나님의 나라로 인도하는 유일한 길이심을 믿으면, 우리는 그 길에 발을 들여놓고 전진하는 결단을 내려야 할 것입니다.

Ⅲ. 끝맺는 말

좋은 진주를 찾는 진주 장사가 이 세상에서 가장 귀한 진주를 만났을 때는 참으로 기뻐할 것입니다. 우리는 우리 일생 중에 예수 그리스도를 만난 것이 생애 최고의 축복이며 기쁨입니다. 예수님은 우리를 천국으로 인도해주실 길(ὁδος)이시며 영생과 구원을 주시는 분이십니다. 그 분은 우리가 가진 모든 것보다 귀한 분이십니다. 그러므로 우리는 선택의 결단을 내려야 할 것입니다. 여러분 선택하십시오 예수를 선택하십시오 예수를 가지는 것은 이 세상 전부를 가지는 것보다 귀한 것입니다.

구레네 시몬과 그리스도의 십자가

〈 Simon a Cyrenian and the Cross of Christ 〉

[마가복음 15장 21~23절]

본 문

21. Ⓐ 마침 알렉산더와 루포의 아비인, Ⓑ 구레네 사람 시몬이, Ⓒ 시골에서 와서, Ⓓ 지나가는데, Ⓔ 저희가 그를 억지로 같이 가게 하여, Ⓕ 예수의 십자가를 지우고
22. 예수를 끌고 골고다(Golgotha)라 하는 곳(번역하면 해골의 곳)에 이르러
33. 몰약(Myrrh) 탄 포도주를 주었으나 예수께서 받지 아니 하시니라

내용 개요

Ⅰ. 서 론: 내용으로 안내하는 말
〈The Entering Word〉

A. 현실과 우리의 위치에 대한 성찰

B. 역사적 배역에 대한 성찰

Ⅱ. 본 론(Main Body)

A. 십자가 주위에 있던 사람들
(1) 십자가 곁에서 악을 행하는 사람들
(2) 십자가 곁을 지나가는 사람들(15:21D)

B. 십자가를 대신 진 사람들
(1) 억지로 진 십자가 — 구레네 시몬(15:21E)
(2) 스스로 져야 할 — 너와 나의 십자가(막8:34)

C. 십자가를 진 사람들이 받은 축복
(1) 시몬과 그의 가족들이 받은 축복
(2) 그리스도의 십자가, 그 영욕의 길

Ⅲ. 맺는 말(Conclusion)

구레네 시몬과 그리스도의 십자가

〈Simon a Cyrenian and the Cross of Christ〉
마가복음 15장 21~23절

예장중앙총회 창립 33주년 기념예배 설교

Ⅰ. 서 론: 내용으로 안내하는 말
〈The Entering Word〉

A. 현실과 우리의 위치에 대한 성찰

오늘이 무슨 날이냐고 물었더니 체육대회 하는 날이라고 대답하는 사람들이 많았습니다. 물론 체육대회도 합니다. 그러나 그보다 오늘은 중앙총회 교단창립 33주년을 기념하고 그 외에 교단산하 여러 기관의 창립을 기념하는 날입니다.

그러므로 우리는 교단의 지나간 역사를 더듬으면서 서른개 성상을 훌쩍 넘긴 지금 우리의 좌표는 어떤 그래픽을 그려가고 있는지 엄숙한 성찰이 있어야 할 것입니다.

그리고 지금, 이 시점에서 교단의 한 모퉁이를 딛고 서 있는 우리가 하고 있는 일이 무엇이며 또 해야 할 일이 무엇인지 깊이 생각해 봐야 할 것입니다.

뿐만 아니라 앞으로 우리가 ① 어떤 정신으로, ② 어떻게 힘을 합하여, ③ 어떤 역사를 창출해 나갈 것인지 도전 받는 하루가 되어야 할 것입니다.

B. 역사적 배역에 대한 성찰

최근 세계는 노한 파도처럼, 성난 사자처럼 몸부림치고 있습니다. 우리나라 월드컵 경기장의 일곱배나 되는 대통령궁을 소유했고 수 100정의 총들을 순금으로 만드는 호화와 사치의 극치에 가려졌던 이라크 바트당 정권이 불과 3주만에 붕괴와 침몰을 직시하면서, ; ―

그리고 역사의 뒤안길로 소리없이 사라져 가는 저들의 쓸쓸한 뒷모습을 바라보면서, 에이브라함 링컨 대통령의 명언 "그 누구도 역사에서 도피할 수는 없다"(No one can escape from history)는 명제가 생각납니다.

존경하는 선후배 그리고 동역자 여러분! 지금도 씌어지고 있는 중앙총회의 역사에서 여러분들은 어떤 배역을 맡아오셨습니까? 또 어떤 배역을 맡을 것입니까. 묻노니 무엇을 할 수 있습니까? 우리는 무엇을, 어떻게 해야 하나요?

Ⅱ. 본 론

A. 십자가 주위에 있던 사람들

(1) 십자가 곁에서 악을 행하는 사람들

주님께서 십자가에 돌아가실 때에 이것과 연관된 많은 사람들이 주위에 있었습니다. 그들은 크게 두 종류로 나눌 수 있는데 첫째는 주님을 괴롭히는 악한 사람들이었고, 둘째는 주님을 위로

하고 동정한 착한 사람들이었습니다. 이들 모두는 자기 방식대로 살아갔고 하나님의 역사는 그들을 가차없이 심판할 것입니다.

그러면 우리는 주님의 십자가 밑에서 어떤 배역을 맡았나요? 이것을 신중히 생각하면 등골이 송연할 만큼 심각하고 절박함을 느낍니다. 보십시요, 가룟유다는 3년 동안 주님을 따르던 그의 제자였습니다. 그가 주님을 은 30에 팔고 십자가와 죽음으로 밀어 넣었습니다. 참으로 그는 이 세상에 태어나지 않음만도 못한 생을 살았습니다.

또 총독 빌라도를 보십시요, 그는 손을 여러 번 씻으면서 주님 처형의 책임을 회피했지만 끝내 벗어나지 못했습니다. 누가 감히 역사를 벗어날 수 있겠는가? 그는 2천년이 지나도록 수십억의 성도들 입에서 "본디오 빌라도에게 고난을 받으사 십자가에 못 박혀 죽으시고"라는 오명을 듣고 있습니다.

마치 영국의 어느 백작이 아프리카에서 가지고 온 담배 잎사귀를 의사에게 선물했는데 그 의사가 이것을 연구하다가 여기에서 아주 독한 독약이 검출되는 것을 알았습니다. 의사는 그 독의 이름을 알지 못해서 그 잎을 선물한 백작의 이름인 니코친이라고 했습니다. 니코친 백작은 담배잎을 선물한 죄로 역사와 학계에서 두고 두고 독약의 이름인 니코친으로 불리게 되었습니다.

가야바, 그도 모든 이스라엘 민족이 애타게 기다리던 대망의 메시아를 십자가에 처형하기 위하여 이방인 총독에게 사형언도를 요청한 엄청난 과오를 범하고 말았습니다. 가야바는 온 국민이 존경해야 할 대제사장이었습니다. 그러나 그가 수행한 일은 역사에 역행하는 저주스러운 일을 자행한 것입니다.

그 외에 자기도 십자가에 매달려 있으면서도 주님을 조롱한 강도, 창으로 옆구리를 찌른 사람, 망치질을 한 사람 등 악역을 자행한 사람들이 많이 있습니다.

(2) 십자가 곁을 지나가는 사람들

마가는 마태나(마27:32) 누가보다(눅23:26) 좀 더 구체적으로 구레네 시몬에 대하여 기록했습니다(막15:21). 시몬에게는 ① 두 아들이 있었고(막15:21A), ② 시골사람이며(15:21C), 별 의미 없이 십자가 행렬 곁을, ③ 지나가는 사람이었습니다(15:21D).

구레네(Cyrene)는 북아프리카에 있는 도시이며 지금은 이곳을 트리폴리(Tripoli)라고 부르고 큰 도시로 발전했습니다. 시몬이란 이름은 유대인 이름이므로 아프리카 구레네에 사는 디아스폴라 유대인이었을 것으로 추측됩니다.

구레네 시몬은 먼 시골에서 유월절을 지키기 위해서 예루살렘에 올라온 순례자 중에 한 사람이었습니다. 그는 여관이나 친척 집에서 자고 사람들에게서 예수 그리스도에 대한 소문을 들었을 것이며 또 오랫만에 예루살렘에 왔으므로 구경을 나선 것 같습니다. 그는 별다른 계획도 없이 군중들 틈에 끼어서 지나가는 구경꾼일 뿐이었습니다.

오늘날도 이런 종류의 사람들이 얼마든지 있습니다. 십자가를 조롱의 대상으로, 비난의 대상으로 생각하고 또 그리스도교를 싫어하고 박해하는 사람들이 있을 것입니다. 또 이와 반대로 예수님을 영접하고 그의 고난을 안타까워하며 동정하는 사람들도 있을 것입니다(눅23:27). 그러나 역시 구레네 시몬처럼 별다른 의미 없이 구경하거나 관심 없이 지나치는 사람도 있을 것입니다.

B. 십자가를 대신 진 사람

(1) 구레네 시몬의 억지로 진 십자가

주님의 십자가 처형을 집행하던 로마군들은 구레네 시몬을 붙잡아(눅23:26) 그에게 주님의 십자가를 지우고, 억지로 같이 가게 하였습니다(마27:32, 막15:21EF). 구레네 시몬은 아침에 집을 나설 때까지, 아니 로마 군인에게 잡히기 전까지만 해도 자기가 주님의 십자가를 대신 지리라고 생각하지 못했을 것입니다.

그것은 너무나 갑작스럽게, 인간적인 생각으로는 우연히, 닥쳐온 일이었습니다. 그러나 그것은 인간적, 사람의 생각입니다. 우리 하나님의 역사에는 우연이란 없습니다. 반드시 하나님의 필연적 계획이 숨겨져 있습니다. 하나님 없이 하나님 모르게 진행되는 일은 역사에 없습니다. 하물며 그의 아들 예수 그리스도의 십자가 사건과 관련된 문제라면 단연코 하나님의 작정에 포함되었을 것이 분명합니다.

비록 구레네 시몬은 억지로 주님 대신 십자가를 지고 갔지만 하나님은 이 놀라운 일에 시몬을 선택하신 것이며 차라리 그에게 봉사와 축복의 통로를 배려하신 것입니다. 그리고 그리스도교 2천년 역사에서 온 세계 성도들은 시몬의 배려와 수고에 대하여 아낌없는 감사와 찬사를 보내며, 그의 선행이 세계 곳곳 강단에서 설교되어지는 축복을 받고 있습니다.

구레네 시몬은 비록 억지로 십자가를 지긴 했지만 그것은 주님을 위하여, 주님 대신에, 주님을 도와 드린 행동이었습니다. 사형 집행장으로 가는 길에서, 사형당할 죄수가 지고 가야할 십자가를 대신 지고 간다는 것은 달가운 일이 아닙니다. 그러나 힘이 남는 젊은 청년들에게는 한번 봉사할 수 있는 기회라고 생각할 수도 있습니다. 성경에는 구레네 시몬이 불평했거나 거부했다는 어떤 단어도 삽입하지 않았습니다.

당시 로마제국의 식민지 통치법에는 로마인들은 자기가 지고 가야할 짐을 피식민지 국민들에게 지울 수 있는 권리가 법적으로 보장되어 있었습니다. 그러므로 로마인이 요구하면 식민지 백성들은 이유 없이 그 짐을 날라다 주어야 했습니다. 그러나 그 거리가 제한되어 있어서 로마인은 5리까지만 짐을 지울 수가 있었습니다. 유대인들은 그래서 로마인들을 위하여 5리까지 짐을 지고 가서 내려놓고는 뒤도 돌아보지 않고 제 갈 길을 갔습니다. 주님께서 누가 너희더러 오리를 동행하자고 하면 십리라도 가라는 말씀도 이런 맥락에서 하신 말씀입니다(마5:41).

사람들은 ① 자기 자신을 위하여 짐을 집니다, ② 또 남을 위하여 짐을 지기도 합니다, ③ 그런데 구레네 시몬은 예수님을 위하여 십자가를 대신지고 갔습니다. 처음 시작은 비록 억지로 지게 되었지만 결론적으로 그는 주님을 위하여 십자가를 진 것입니다.

주님께서 십자가를 지시고 골고다(Golgotha)로 가실 때에는(막15:22) 많이 지치셨고 허약하셨습니다. 주님은 정신적으로도 너무 많이 시달리셨고 또 육체적으로도 매를 맞으시고 가시관을 쓰셨으며 주리고 주무시지도 못하셨습니다. 그때에 구레네 시몬은 주님을 대신해서 십자가를 져주었습니다. 참으로 귀한 일을 한 것입니다. 후세의 그리스도인들은 그의 이러한 공적을 결코 과소평가 하지 않는 것입니다.

(2) 스스로 져야 할 우리들의 십자가

총회산하 동역자 여러분, 우리는 같은 교단이라는 하나의 울타리 안에 이미 들어와 있습니다. 왜? 어떻게 들어왔는가 하는 문제는 모두 개인적인 문제입니다. 그러나 하나님은 우리 모두가 각각 메고 가야 할 십자가가 있기 때문에 이미 그것을 작정하시고 우리를 부르셨습니다.

이 세상에는 수 많은 사람들이 태어나고, 자라고, 늙고, 아프고, 죽어갑니다. 바람처럼 살다가 이슬처럼 사라집니다. 그들이 사는 동안에 어떤 역할을 하다가 갈까요? 가룟유다? 빌라도? 가야바? 창으로 찌른 사람? 망치로 못을 박는 사람? 모두가 악역입니다. 그러나 구레네 시몬이 되십시오, 주님을 위하여 십자가를 지는 사람, 그리스도교 신도들의 미말 한 자리를 맡아 내가 져야 할 십자가가 있다면, 힘들다고 불평하기에 앞서 감사의 눈물을 흘려야 할 것입니다. 주님은 말씀하시기를 "흘러가는 시냇물이라도 내 이름으로 어린 소자에게 떠주는 자는 결단코 상을 잃지 않으리라"고 하셨습니다. 그러므로 우리는 무슨 일을 하든지 주님을 위해서 해야 합니다.

아라비아 사막에는 모래 태풍이 불어 없던 산이 생기기도 하고 있던 모래언덕이 없어지기도 합니다. 이 사막을 건너다니는 대상들은 모래가 눈, 코, 입, 귀로 들어가 눈이 멀고 기도가 막히면 쓰러지고 기절한다고 합니다. 그러면 태풍은 더 많은 모래를 불어와 그들이 그토록 아끼고 애써 모았던 상품도 재물도 또 그들의 시체까지 묻어 버립니다. 세상의 부귀와 영화와 생명들이 풀잎에 맺힌 이슬 같아 풀은 마르고 꽃은 떨어져 그 모양의 영롱함이 없어지나니 세상일이 다 이처럼 허무하고 그림자가 지나가는 것 같습니다.

그러나 이 세상 끝까지 가고 죽음 건너편까지 가는 것이 있습니다. 그것은 우리가 주 예수를 위하여 십자가를 지는 것입니다.

그러므로 이제 우리는 사나 죽으나 주님을 위해서, 먹으나 주리나 주님만을 위해서 앉으나 서나 주님을 위해서 사는 것입니다.

원래 십자가는 로마제국이 반역자와 노예들을 처벌하기 위해서 만든 잔혹한 형틀입니다. 그러나 주님께서 십자가를 지신 이후로 수많은 사람들의 흠모의 대상이 되었고 이 십자가를 바라보면서 눈물을 흘리며 죄를 회개하였고 엄숙한 마음으로 옷깃을 여미게 되었습니다.

주님은 "누구든지 나를 따라 오려거든 자기를 부인하고 자기 십자가를 지고 나를 좇으라"고 말씀하셨습니다(막8:34). 구레네 시몬이 억지로 십자가를 진 것처럼 내게 주어진 십자가는 피할래야 피할 수도 없습니다. 그러므로 차라리 우리 스스로 자원하는 마음으로, 즐거운 마음으로 내 몫에 태인 십자가를 집시다.

주님께서 돌아가실 때 사도 요한을 제외한 다른 사도들은 살기 위하여 모두 도망쳤습니다. 그러나 그들은 모두 어김없이 자기가 가야 할 길을 갔습니다. 베드로는 제국의 박해를 피하여 로마시를 빠져나오다 환상중에 주님을 만나고 "주여 어디로 가시나이까?"(Quovadis Domine)라고 물었다가 "나는 네가 버린 로마를 위하여 다시 십자가에 못 박히려 로마로 들어간다"는 말씀을 듣고 베드로는 깊이 깨달은 바가 있어 다시 로마로 들어가 꺼꾸로 십자가에 달려 순교합니다.

일제시대 때에 한국 목사 세 명이 감옥으로 들어가라는 일본 형사의 말을 듣고 서로 앞다투어 뛰며 감옥으로 들어갔다고 합니다. 형사가 뒤따라와 뛰어간 이유를 물었더니 목사님들은 주님을 위하여 고난을 당하려 감옥에 들어가는데 서로 일등하기 위하여 먼저 들어가려고 뛰어 들어갔다는 것입니다. 정신이 이런 사람은 천하가 당하지 못합니다. 세상이 저들을 이길 수 없습니다. 주님을 위하여 십자가를 즐거운 마음으로 질 수 있는 사람, 스스로 자원하는 마음으로 질 수 있는 사람은 두려울 것도 없고 도 이런 사람은 당할 자가 없습니다.

존경하는 동역자 여러분! 사도바울은 골로새교회에 보낸 편지에서 "내가 이제 너희를 위하여 받는 괴로움을 기뻐하고 그리스도의 남은 고난을, 그의 몸된 교회를 위하여 내 육체에 채우노라"고 하셨습니다(골1:14). 우리는 이 말씀을 마음에 새기면서 교단 창립 33주년을 기념하는 오늘을 기점으로 십자가를 지는 삶을 사시기 바랍니다.

C. 십자가를 진 사람들이 받는 축복 (15:21A)

(1) 시몬과 그의 가족들이 받은 축복

구레네 시몬은 주님을 위하여 십자가를 진 후 큰 축복을 받았습니다. 주님을 빌라도 법정에서 골고다까지 가시는 동안에 열네 번을 멈추셨는데 다섯 번째부터 시몬이 십자가를 지고 갔습니다. 우선 시몬은 그동안 하나님의 아들이시요 만인의 구주이신 예수 그리스도와 동행하는 큰 축복의 시간을 가졌습니다. 아마 본인은 미쳐 다 알지 못했을 수도 있겠지만 주님과 동행한 것이 얼마나 큰 축복인지 우리는 압니다. 그도 그 때 큰 감화를 받은 것이 분명합니다. 왜냐하면 그 후 그의 아내와 자녀들이 모두 기독교인이 되었고 특별히 교회의 중진 인물로 성장했기 때문입니다.

사도 바울은 로마서에서 "주 안에서 택하심을 입은 루포와 그의 어머니에게 문안하라 그의 어머니는 곧 나의 어머니라"고 기술하였습니다(롬16:13). 여기서 바울이 말하는 "루포"는 구레네 시몬의 아들입니다(막15:21A). 그러므로 루포의 어머니는 구레네 시몬의 아내입니다. 로마서에서 구레네 시몬의 언급이 없는 것을 보면 아마 시몬은 이때 이미 소천한 후였을 것입니다. 그러나 그의 아들 루포는 로마교회에 알려진 교회의 중진 인물이었고 그의 아내는 사도바울이 "곧 나의 어머니"라고 할 만큼 존경받는 여성도였다는 것입니다.

구레네 시몬의 온 가족이 구원 받았을 뿐 아니라 교회의 중진으로, 또 사도바울과 가까운 친분으로, 존경받는 어머니로, 축복을 받은 것입니다. 또 아들들도 로마서, 디모데서, 복음서 등에 나와 성경에 기록되는 명예롭고 영광스러운 축복을 받았습니다.

(2) 그리스도의 십자가, 그 영욕의 길

주 예수께서 못 박히신 십자가는 로마제국이 만든 가장 큰 고통의 극치였습니다. 4복음서 기자들은 모두 십자가 사건을 특필하고 있습니다(마27:32~44, 막15:21~32, 눅23:26~49, 요19:17~24).

이 사형법은 고대 중동, 아프리카, 희랍, 로마 등지에서 시행되었고 로마제국은 이런 형틀을 만들어만 놓고 자국민들에게는 절대로 십자가 처형을 집행하지 않았습니다. 오로지 식민지 백성들이나 노예들에게만 이 형틀을 사용했습니다. 십자가에 달린 죄수들은 일찍 죽지도 않았고 죽을래야 죽을 수도 없어서 극도의 고통에 시달리면서 혹독하게 죽어갔다고 합니다.

주님의 십자가가 세워진 곳은 골고다(Golgotha)[1]였습니다. 그리고 이 말의 의미는 "해골"이라는 뜻입니다(마27:32, 막15:22, 눅

23:33, 요19:17) 이런 이름이 생긴 유래에 대하여 교부 제롬(Jerom)은 그곳에서 사형집행이 잦아 죽은 사람들의 해골이 많이 있었기 때문이라고 했고 오리겐(Origen)은 아담의 유골이 묻힌 곳이라고 하였습니다. 또 신학자 벵겔(Bengel)은 골고다의 지형이 민둥산이고 중간에 구멍이 두 곳 있어서 해골처럼 보인다고 지적하였습니다.

주님의 십자가 위에는 죄패가 붙어 있었는데 마태와 마가와 누가는 짧게 요약하여 "유대인의 왕"(The King of the Jews)이라고 기술하였고(막15:26, 눅23:38) 요한은 그 전문을 소개하여 "나사렛 예수 유대인의 왕"(Jesus of Nazareth, the king of the Jews, NIV)이라고 기술하였으며 이 말은 총독 빌라도의 제안으로 각 나라 사람들이 다 알아 볼 수 있도록 히브리(Aramaic), 로마(Latin), 헬라(Greek) 말로 기록되었었다고 증언하였습니다(요19:19~22).

주님께서 십자가에 못박힌 시간은 그 당시 현지 시간으로는 제 3시였고 현재 우리 시간으로는 오전 9시입니다. 그 후 세 시간이 지난 제 6시 즉 정오가 되어 어두움이 뒤덮히기 시작했고 마가는 온 땅에 어두움이 임하였다고 기술했습니다(막15:33).

가경인 "베드로의 복음서"에는 그 때 한밤중처럼 어두워 사람들이 등불을 가지고 다녔다고 진술하였습니다. 유월절이었으므로 일식은 일어날 수 없었고 어떤 자연적 현상으로도 설명은 불가능하였습니다. 오직 하나님의 아들, 예수 그리스도께서 십자가에 달려 돌아가시는 엄청난 비극의 결과라고 밖에는 설명이 불

---

1) 골고다는 영어로 Golgotha, 히브리어로 Gulgoleth(삿9:53), 아람어로 Gulgoltha, 희랍어로 γολγοΘα이며 라틴어로 Calvaria이므로 "갈보리"라고 하기도 한다.

가능하였습니다.

이제 우리는 갈보리(골고다) 언덕에 서 있는 그리스도의 십자가를 진지하게 묵상해 보겠습니다. 이 십자가는 성경의 가장 중심부에 우뚝 서서 세계를 향하여 선포되어지고 인류 역사의 최고 중심 봉에서 빛나고 있습니다.

왜 그토록 많은 사람들이 이 십자가 앞에서는 무릎을 꿇어야 했을까요? 왜 그들의 가슴을 찢어야 했고, 왜 그들의 눈물을 쏟으며 죄를 자복해야만 했을까요?

기독교의 어떤 교리도 십자가 없이 성립될 수 없으며 십자가의 깃발 없이 어떤 영적 싸움도 승리할 수 없습니다. 십자가가 빠진 역사는 소망도 생명도 없는 역사이며, 십자가에서 과거를 돌아보면 에덴동산이 보이고 또 십자가상에서 미래를 바라보면 하나님 나라의 새 하늘과 새 땅이 보일 것입니다.

Ⅲ. 맺음 말

주님은 제자들에게 "아무든지 나를 따라 오려거든 자기를 부인하고 자기 십자가를 지고 나를 좇을 것이니라"(마16:24)고 말씀하셨습니다.

존경하는 동역자 여러분! 하나님께서 우리를 부르신 것은 우리가 지고 가야할 십자가가 있기 때문입니다. 우리는 이미 총회라는 울타리 안에 들어와 있고 노회나 교회에 소속이 되어 있습니다. 어떻게? 왜? 그렇게 되었는가 하는 것은 인간적 문제입니다. 그러나 중요한 것은 하나님 편에서 우리가 메고 가야할 십자가가 있기 때문에 우리를 부르신 것입니다.

지금도 진행되고 있는 역사의 첨단에서 우리는 지금 누구의 배역을 맡고 있습니까? 주님을 판 가룟유다입니까? 아니면 빌라도나 가야바? 주님의 얼굴에 침을 뱉는 사람? 못을 박기 위하여 망치든 사람? 이와 같은 악역을 수행하는 사람도 얼마든지 있을 것입니다.

그러나 축복받은 자여— 우리는 주님의 십자가를 지고 그의 뒤를 따르는 구레네 시몬과 같은 사람이 되어야 하겠습니다. 인간들은 누구나 태어나고 자라고 늙고 죽습니다. 바람처럼 왔다가 이슬처럼 사라지는 것입니다. 그러나 그리스도교의 미말에서 내가 져야할 십자가가 있고 또 그것을 진다는 것은 힘든다기에 앞서 눈물이 앞을 가릴 정도로 감사하고 또 감사해야 할 것입니다.

무리와 제자들을 불러 이르시되 아무든지 나를 따라 오려거든 자기를 부인하고 자기 십자가를 지고 나를 좇을 것이니라
누구든지 제 목숨을 구원코자 하면 잃을 것이요 누구든지 나와 복음을 위하여 제 목숨을 잃으면 구원하리라
사람이 만일 온 천하를 얻고도 제 목숨을 잃으면 무엇이 유익하리요

<막 8:34~36>

광풍과 물결 일어날 때

[마가 4:35~41]

본 문

35. Ⓐ 그날 저물 때에 제자들에게 이르시되 Ⓑ 우리가 저편으로 건너가자 하시니
36. Ⓐ 저희가 무리를 떠나 Ⓑ 예수를 배에 계신 그대로 모시고 가매 Ⓒ 다른 배들도 함께하더니
37. Ⓐ 큰 광풍이 일어나며 Ⓑ 물결이 부딪혀 배에 들어와 배에 가득하게 되었더라
38. Ⓐ 예수께서는 고물에서 베개를 베시고 주무시더니 Ⓑ 제자들이 깨우며 가로되 Ⓒ 선생님이여 우리의 죽게 된 것을 돌아보지 아니하시나이까 하니
39. Ⓐ 예수께서 깨어 바람을 꾸짖으시며 Ⓑ 바다더러 이르시되 잠잠하라 고요하라 하시니 바람이 그치고 아주 잔잔하여지더라
40. Ⓐ 이에 제자들에게 이르시되 어찌하여 이렇게 무서워하느냐 Ⓑ 너희가 어찌 믿음이 없느냐 하시니
41. Ⓐ 저희가 심히 두려워하며 서로 말하되 Ⓑ 저가 뉘시기에 바람과 바다라도 순종하는고 하였더라

내용 개요

Ⅰ. 서 론 : 내용으로 안내하는 말

A. 바다와 풍랑
B. 본문 배경

Ⅱ. 본 론 : 본문 말씀 속으로

A. 광풍은 언제, 누구에게 오는가?
(1) 광풍은 언제 오는가? (막4:35A)
(2) 광풍은 누구에게 오는가? (막4:35B~37)

B. 광풍은 어떻게 대처해야 하는가?
(1) 주님부터 불러 깨울 것 (4:38)
(2) 광풍을 주시는 목적을 찾을 것 (4:40)

Ⅲ. 결 론

C. 광풍이 지나간 후 어떤 결과를 얻었는가?
(1) 주님의 크신 능력을 체험하였음 (4:39)
(2) 주님이 누구신지 바로 알게 됨 (4:41)

광풍과 물결 일어날 때

마가 4:35~41

Ⅰ. 서 론

A. 바다와 풍랑

지구는 삼분의 일만 땅이고 삼분의 이 가량이 바다입니다. 땅보다 두 배나 되는 바다는 사람의 힘보다 위대해 보이고 한없이 넓고 광대해 보입니다.

비행기를 타고 태평양을 건너다보면 주위는 온통 물뿐이고 가도 가도 끝나지 않아 바다의 광대함에 압도당하는 기분이었습니다. 또 설교자는 알라스카의 알류산 열도 근처에서 크지 않는 배를 타고 가다가 북태평양의 풍랑을 만난적이 있습니다. 그때는 정말 바다의 위력과 공포를 실감할 수 있었습니다.

성경에는 풍랑을 만난 이야기가 여러번 나옵니다.

구약성경에서 하나님의 명령을 어기고 니느웨로 가지 아니하고 다시스로 도망가던 요나가 큰 풍랑을 만났습니다. 사람들은 평소에 소중하게 여기던 짐봇다리들을 바다에 던지고 배를 가볍게 했지만 소용이 없었습니다. 선장은 지금까지 모든 사람들이 섬겨온 각자의 신들에게 기도할 것을 요청했습니다. 그러나 역시 소용이 없었습니다. 그 풍랑은 하나님께서 보내신 것이었습니다.

신약성경에서 바울이 로마로 가던 도중 지중해에서 유라굴로라는 큰 풍랑을 만났습니다. 바울은 미리 광풍이 올 것을 예견하고 출발하지 말자고 했으나 선주와 선장 그리고 백부장이 마침 불어오는 순풍에 속아서 출발했다가 큰 변을 당한 것입니다. 선주는 경제인, 선장은 기술자, 백부장은 정치적 대표자였고 바울은 하나님의 사람이었습니다. 하나님의 말씀에 청종하는 것이 풍랑을 피하는 길입니다.

B. 본문 배경

본문 마가복음 4장 35절~41절 말씀은 예수님과 제자들이 배를 타고 갈릴리 바다를 건너가다 광풍을 만난 이야기입니다. 같은 내용의 기사에서 마태는 바다에 큰 지진(놀)이 일어나서 바다에 물결이 일어났다고 했습니다(마8:24).

지정학적으로 갈릴리는 해면보다 200m가량 낮고 또 주위에는 높은 산들이 둘려 있어서 갑자기 광풍이 일어날 때가 있다고 합니다. 이 시간 마가복음의 증언을 자세히 분석하면서 이 기사가 오늘의 우리에게 주는 위대한 교훈을 묵상하도록 하겠습니다.

또 성경이 말하는 광풍과 물결은 자구적(字句的)으로 바다에서 만날 수 있는 풍랑을 말하지만 이 말씀은 또 다른 의미도 포함하고 있을 것입니다. 세상 자체가 바다와 같고 인생은 고해(苦海)라는 말도 있습니다. 그러므로 우리가 살다가 만나는 여러 가지 어려운 일들, 환난과 시험, 불의의 사고와 질병도 풍랑으로 간주할 수 있습니다.

사실 바다와 연관이 없는 사람이라면 바다에서 만나는 풍랑보다 현실 생활에서 시시각각으로 다가오는 어려운 일들이 더욱 진지하게 극복해야 할 풍랑일 것입니다. 바다에서 그리고 생활에서 광풍과 물결이 일어날 때 우리는 이것을 현명하게 그리고 믿음으로 극복해야 할 것입니다.

Ⅱ. 본 론

A. 광풍은 언제, 누구에게 오는가?

(1) 광풍은 언제 오는가? (막4:35A)

마가는 이번 사건을 좀더 상세하게 기록했습니다.

제자들이 광풍을 만난 시일에 대하여 "그 날 저물 때에"(And the Same day, When the even was come, KJV)(막4:35A)라고 증언했습니다.

"그 날"은 겨자씨 비유를 배운 날이었습니다(마13:31~32, 막4:30~32, 눅13:18~19) 주님 말씀은 놀랍고 진지했고 흥미 있었습니다. 특별히 제자들에게만 비밀스러운 비유들을 말씀하셨고 또 해석도 해주셨습니다(막4:34B).

제자들은 매우 기분이 좋고 만족스러운 날이었습니다. 특별대우를 받은 기분이었고 주님의 교훈 자체도 심오한 것이어서 훌륭한 스승을 모신 것을 자랑스럽게 생각하고 흡족한 자부심과 기쁨도 가졌을 것입니다. 그래서 그들은 잠시 후에 불어닥칠 광풍에 대해서 전혀 예기치 못했고 아무런 염려도 대비도 하지 않았습니다.

태풍 전의 고요한 저녁이 지나가고 해가 질 때에 그들은 평화스럽게 배들을 띄웠습니다. 그날 배운 씨 뿌리는 비유에 대해서 돌짝밭에 떨어진 씨, 가시밭에 떨어진 씨, 옥토에 떨어진 씨, 이야기를 오순도순 나눌 수도 있었을 것입니다.

그러나 그때에, 편안할 때에, 방심하고 있을 때에, 아무도 예기치 못했을 때, 홀연히, 갑자기 광풍은 몰아쳤습니다. 바다는 성난 사자처럼 날뛰기 시작했고 큰 물결이 일어나 배를 때렸습니다. 그리고 배에는 물이 가득하게 되었다고 성경은 증언하고 있습니다(4:37A,B).

그렇습니다. 우리가 살아가는 일상생활에서도 예상치 못했던 어려운 일들이 너무나 갑작스럽게 일어납니다. 설교자는 미국 로스안젤레스 공항 대합실에서 어떤 젊은 한국여성이 아기를 업고 울고 있는 것을 본적이 있습니다. 꽤 큰소리로 울고 있었고 지나가는 외국인들이 의아하게 생각하는 것 같아서 혹시 도와드릴 것이 있느냐고 물었습니다. 그 여자는 일년쯤 전에 아는 사람의 소개로 재미교포 청년과 결혼을 했습니다. 남편은 성격이 좋은 젠틀맨이었고 얼마전 첫 딸도 낳았습니다. 그러나 누가 예측이나 했으리요 웃는 얼굴로 출근한 남편이 고속도로에서 대형사고를 당했습니다. 그리고 시체가 되어 돌아왔습니다. 황망히 장례를 치르고 눈물도 마를 만큼 울었답니다. 그리고 미국에는 아무도 없고 더 이상 살 수가 없어서 한국으로 돌아가는 중입니다. 이 여자는 3개월 된 딸을 업고 어디로 가야 하나요, 친정인가요, 시가인가요? 딸은 어떻게 키울까요? 아무리 생각해도 정답이 없습니다. 그래서 울 수밖에 없다는 것입니다.

구약에서 욥도 물질이 넉넉하여 수많은 양과 낙타와 소, 나귀들이 있었고 열 자녀들이 맏아들의 집에서 잔치를 열고 즐거워할 때에(욥1:3, 13) 갑자기 스바 사람들이 쳐들어와서 종들을 죽이고 재물을 모두 약탈하여 갔습니다. 뿐만 아니라 다음 순간 전혀 예기치 못했던 태풍이 불어 집이 무너지고 그 집에서 즐기던 열 자녀가 모두 압사당하는 엄청난 비극이 왔습니다.

광풍은 언제 오는가? 갑자기 옵니다. 예기치 못했을 때에 옵니다. 평안하다고 생각할 때에, 안전하다고 생각할 때에 아무런 준비가 없을 때에 홀연히 올 수 있습니다. 이것이 광풍이 오는 시간입니다.

(2) 광풍은 누구에게 오는가? (4:35B~37)

다음 문제는 광풍은 누구에게 오는가 하는 문제입니다. 어려운 일은 불신자나 믿음이 없는 자들에게 오는가? 성경 본문을 상고해 보면 이것은 정답이 아닙니다. 성경에서 광풍을 만난 사람들은 모두 예수님의 제자들이었습니다. 후일 교회 역사에서 사도로 존경받는 분들이었습니다.

차마 직시할 수 없을 만큼 비참한 고난을 당한 욥도 악한 사람이 절대로 아니었습니다. 성경은 그가 순전하고 정직한 사람이었으며 하나님을 경외하고 악에서 떠난 의인이었다고 증언하였습니다(욥1:1). 그러므로 광풍을 만났다고 악인도 아니며 순조롭다고 의인도 아닙니다. 즉 고난의 유무로 선악을 구별하는 것은 신빙도가 희박하다고 할 수 있습니다.

더욱 분명한 것은 "예수님을 배에 모신 그대로 출항했고(4:36B) 또 예수님께서 베개를 베시고 주무셨다고 소상하게 묘사하여(4:38A) 주님께서 함께 승선하여 계셨음"은 분명합니다. 그런데도 그들은 광풍을 만났습니다.

예수님을 멀리해서, 예수님을 잃어버려서 광풍을 만난 것은 아닙니다. 모시고 같은 배를 타고 가는데도 광풍을 만난 것입니다. 그러므로 시험에 들었거나 어려움을 당하는 교우를 보고, 또 갑자기 재난을 당하거나 사고로 고생하는 형제나 자매를 보고 무조건 신앙수준을 격하시키거나 범죄를 의심하는 것은 좋은 생각이 아닙니다.

세상 자체가 풍랑심한 바다와 같고 바다처럼 변화무쌍해서 누구에게나 분별없이 어려운 일이 생기고 고난이 닥쳐올 수 있다는 것입니다. 물론 진실하고 지혜로운 사람들은 항상 조심해서 어려운 역경들을 사전에 피하거나 지혜롭게 해결하기도 합니다. 그러나 이런 경우라도 선인이나 악인의 차별이 없습니다.

주님의 제자들은 일생을 바다에서 살면서 생계를 이어온 어부들이 많았습니다. 바다와 풍랑에 대해서는 각각 일가견이 있는 사람들이었습니다. 그런데도 그들은 풍랑을 만났습니다.

이것은 전문가라 할지라도 속수무책으로 어려움을 당할 수 있다는 것을 의미합니다. 오늘 내가 안전하다고 지금 어려움에 빠진 사람을 비웃는다면 내일은 어떻게 될지 아무도 장담할 수 없다는 것입니다. 풍랑은 모두에게 공평합니다. 그러므로 풍랑 앞에서 겸손한 것이 우리의 태도일 것입니다. 그리고 어려움 당하는 사람을 적극적으로 도와야 할 것입니다.

B. 광풍은 어떻게 대처해야 하는가?

(1) **주님부터 불러 깨우라** (4:38)

제자들은 갑자기 일어나는 광풍을 보고 저으기 당황했을 것입니다. 때마침 예수님은 피곤하셨는지 베개까지 하시고 주무시고 계셨습니다(4:38A). 그러나 그들은 자신들이 어부 출신이고 또 갈릴리 풍랑에는 경험도 많았으므로 스스로 해결하려고 시도한 것 같습니다.

그러나 자신들을 믿은 것은 착오였습니다. 과신은 금물입니다. 자연은, 특히 바다는, 광풍은 사람의 힘을 능가할 때가 있습니다. 노한 바다 앞에 작은 인간의 힘은 중과부적입니다. 자신들이 어부 출신이라는 명분과 평생에 쌓아온 기술을 총동원 했겠지만 그 결과는 비관적이었습니다. 마침내 "우리가 죽게 되었나이다"라는 결론에 도달하였습니다(4:38C).

그들은 만능의 주님께서 그들과 한 배에 타고 계셨는데 왜 그토록 헛수고를 했을까요? 왜 주님을 깨우자는 생각을 그토록 늦게 했을까요? 그것은 주님보다 먼저 자신을 믿었기 때문입니다. 자신을 과신한 것입니다.

광풍과 마주 싸우기에 앞서 우리는 먼저 자신의 신앙을 점검하는 것이 중요합니다. 주님보다 자기를 먼저 내세우는 것은 아주 위험한 발상입니다. 차라리 광풍을 극복하기 위해서는 자기 자신을 먼저 극복해야 합니다.

내 기술을 믿고, 내 경험을 믿고, 나를 자랑하는 자아(自我)가 깨어져야 주님을 깨우려는 생각이 떠오릅니다. 자기 자존심, 자기 명예, 자기 고집, 주장 이런 것들이 깨어지지 않는다면 주님은 우리 곁에 계시지만 아직까지 주무시고 계실 것입니다.

모세는 젊은 시절에 애급왕궁에서 공주의 아들로 학문을 배우고 부족한 것이 없는 왕자로 자랐습니다. 그러나 40세가 되어 자신만만했던 그의 젊은 시절은 비참하게 깨어졌습니다. 그의 동족 히브리인을 학대하는 애급인을 쳐죽이고 살인자가 되어 미디안으로 도망치는 신세가 되었습니다(출2:12~15).

그는 80세가 되도록 광야에서 양을 치는 촌부로 늙어갔습니다. 그가 호렙산에서 하나님을 만났을 때 그가 얼마나 철저히 깨어졌는지 알 수 있습니다. 하나님께서 그에게 민족을 인도해 내라는 소명을 주셨을 때 그는 "내가 누구관대(Who am I, KJV) 바로에게 가며 이스라엘 자손을 인도해 내리이까"라고 극구 사양하였습니다. 즉 내가 누굽니까? 살인자, 도망자, 촌부, 80노인 등 철저히 깨어진 자신을 본 것입니다(출3:11).

그러나 하나님은 "내가 정녕 너와 함께 있으리라"고 하셨습니다(출3:12). 모세가 깨어졌을 때 하나님께서 대신해 주셨고 어느 풍랑보다도 격동하는 민족의 대탈출과 해방이라는 위업을 이룩할 수가 있었습니다.

바울은 다메섹에서 깨어졌습니다. 그는 히브리인 중에 히브리인이요 바리새인 중에 바리새인이었으며 율법을 혼에 새기고 열심으로는 교회를 박해하는 자로 내 세울 것이 너무나 많았습니다. 로마의 시민권자요 희랍문명에 통달한 자였습니다.

그러나 다메섹 도상에서 주님과 맞닥드렸습니다. 주님은 그에게 사울아 사울아 왜 네가 나를 핍박하느냐? 주여 뉘시오니이까 "나는 네가 핍박하는 예수라" 주님 말씀은 단연코 힐난조였습니다. 바울은 꺼꾸러졌고 눈이 멀었으며 그가 소유했던 모든 강점들이 순식간에 무너져 내렸습니다.

주님은 바울을 "택한 나의 그릇"(Chosen Vessel Unto me, KJV)(행9:15)이라고 말씀하였으며 바울은 일생동안 주님의 일을 하면서 이제 내가 사는 것이 아니오 내 속에 주님께서 살아계시는 것이라고 하였습니다.

그리스도교는 여호와 하나님을 부르는 종교입니다. 갈멜산에서 엘리야는 수많은 바알선지들과 숙명적 대결을 하고 있었습니다. 그는 제단을 마련하고 번제물을 준비한 다음 "여호와여 내게 응답하소서, 내게 응답하소서" 하고 하나님을 불렀습니다(왕상18:37).

하나님은 엘리야에게 응답하였고 이 대결에서 엘리야가 크게 승리하게 하였습니다. 우리는 어려운 시험과 고난 가운데서, 힘겨운 대결과 싸움을 놓고 먼저 하나님을 찾고 주님을 찾는 신앙을 가져야 할 것입니다.

(2) 광풍을 주시는 목적을 찾아라 (4:40)

제자들은 주님을 깨우면서 자기들이 죽게 되었다고 이야기하였습니다. 또 그들은 그 바람을 최고 수준으로 "큰 광풍"(A Great Storm of Wind, KJV)으로 묘사하였습니다. 제자들은 우선 자기들의 힘으로 해결하려고 했지만 풍랑은 점점 더 거세져갔습니다. 마침내 자신들의 능력이나 기술은 한계점에 도달했습니다. 그래서 그들은 주님을 깨우려 했습니다.

구약 요나서에서 요나가 탄 배도 대풍을 만났습니다. 선원들은 자기들의 기술과 수단을 다 동원해서 그 바람을 이겨보려고 노력했으나 불가항력이었습니다. 결국 요나를 바다에 던진 다음에야 바다는 조용해졌습니다. 그 바람을 주신 목적은 요나를 다시스에서 니느웨로 돌려 놓는 것이었습니다.

그러므로 광풍이나 어려운 시험을 만나면 이것들의 의미나 이유를 알려고 할 필요가 없습니다. 이런 형이상학적 생각들은 복잡한 이론만 나오고 인간적 불필요한 해석만 난무하게 됩니다.

그래서 하나님은 이 어려운 역경을 통해서 나에게 어떤 교훈 주시기를 원하시는지 그 목적을 찾는데 주력해야 합니다. 시험에는 반드시 목적이 있습니다. 야고보는 "너희가 여러 가지 시험을 만나거든 온전히 기쁘게 여기라 이는 너희 믿음의 시련이 인내를 만들어 내는 줄 너희가 앎이라"(약1:2~3)고 하였습니다. 이때 시험의 목적은 인내였습니다. 또 "시험을 참는 자는 복이 있도다 이것에 옳다 인정하심을 받은 후에 주께서 자기를 사랑하는 자들에게 약속하신 생명의 면류관을 얻을 것임이니라"고 하였습니다(약1:12). 이 시험의 목적은 생명의 면류관을 주시는 것이었습니다.

드디어 주님이 깨셨습니다. 주님은 풍랑을 잠재우시고 제자들에게 "어찌하여 이렇게 무서워하느냐? 너희가 어찌 믿음이 없느냐"고 하셨습니다(4:40). 이번 광풍의 목적은 제자들에게 보다 더 강한 믿음을 주시는 것이었습니다.

풍랑과 시험은 우리의 나약한 믿음을 강하게 해주고 연약한 무릎을 일으켜 세우는 강한 훈련의 목적이 있습니다. 베드로는 "그러므로 너희가 이제 여러 가지 시험을 인하여 잠간 근심하게 되지 않을 수 없었으나 오히려 크게 기뻐하도다. 너희 믿음의 시련이 불로 연단하여도 없어질 금보다 더 귀하여 예수 그리스도의 나타나실 때에 칭찬과 영광과 존귀를 얻게 함이라"고 하였습니다(벧전1:6~7).

성경에는 우리의 믿음을 금과 비교한 곳이 많이 있습니다. 금은 순금이 되기 위하여 여러 번 깨어지고 뜨거운 용광로에 들어가서 타고 녹음으로 여러 가지 불순물들이 제거되어야 값진 순금이 됩니다.

우리에게 광풍이 오는 것도 이런 목적이 있습니다. 혹독한 어려움과 온갖 시련을 겪으면서 성도들의 믿음은 순수하게 되고 더욱 빛나고 값진 것으로 성숙되는 것입니다. 그래서 우리의 믿음을 "금보다 귀한 믿음"이라고 표현하는 것입니다. 욥도 폭풍보다 더 거센 온갖 시험을 겪으면서 “나의 가는 길을 오직 그가 아시나니 그가 나를 단련하신 후에는 내가 정금같이 나오리라”(욥 23:10)고 하였습니다.

요한 웨슬레는 미국 선교에 실패하고 절망스런 심정으로 배를 타고 영국으로 돌아가다가 대서양 한복판에서 큰 풍랑을 만났습니다. 그는 바람과 파도가 너무 무서워서 쫓기듯 아래층 대합실로 내려갔는데 마침 그곳에는 모라비안 성도들이 찬송을 부르고 있었습니다. “큰 풍파 일어나는데 세상 줄 끊음일세 주께서 오라 하시면 내 고향 찾아 가리 요단강가에 섰는데 내 친구 건너가네 저 건너편의 빛난 곳 내 눈에 확실하다.” 그들의 얼굴에는 두려운 빛이 전혀 없고 은혜가 충만해 보였습니다.

웨슬레는 그들 중 한 사람에게 물었습니다. “지금 바깥에는 풍랑이 대작하고 있는데 당신들은 두렵지 않습니까?” 그랬더니 그 사람은 “지금 죽으면 천국 갈 것이고 살면 하나님 일을 할 것인 즉 살아도 죽어도 은혜인데 무엇이 두렵습니까”라고 대답했습니다.

웨슬레는 목사이면서도 풍랑이 두려웠는데 그 사람은 평신도였는데도 담대한 믿음을 가진 것을 보고 자신을 부끄럽게 생각하고 자기의 신앙을 되돌아보는 기회를 가졌다고 합니다.

그렇습니다. 풍랑은 우리의 신앙을 재점검하고 강한 믿음으로 도약하는 기회일 수 있습니다. 온갖 불순물로 뒤섞인 우리의 믿음을 순도 높은 금처럼 순수한 믿음으로 만드시려는 하나님의 목적일 수 있습니다. 야고보와 베드로는 시험을 만나면 기뻐하라고 하였습니다(약1:2, 벧전1:6). 옛날 용감한 장수는 전쟁에서 자기와 맞수되는 적장을 만났을 때 진정으로 기뻐했다고 합니다. 풍랑은 믿음으로 이기는 것입니다.

Ⅲ. 결 론

A. 광풍이 지나간 후 어떤 결과를 얻었는가?

(1) 주님의 크신 능력을 체험하였음 (4:39)

마침내 주님께서 깨셨습니다.

마가는 예수님께서 "바람을 꾸짖으셨다"(Rebuked the Wind KJV)고 표현하였습니다. 이것은 주님께서 성자 하나님으로서 초인간적이고 초자연적 전능자이심을 나타내고 있습니다. "꾸짖는다"는 표현은 말귀를 어느 정도 알아 듯는 성숙한 인간에게 표현하는 말이거나 아니면 영리한 동물들에게 사용할 수 있는 표현입니다. 그러나 식물이나 무생물에게는 사용되지 않는 표현입니다.

다만 "전능하신 하나님"(Almighty God)만이 하실 수 있으며 주님만이 그렇게 하심으로 주님은 성자 하나님이심을 입증하신 것입니다. 제자들은 하나님께서 홍해를 꾸짖어 마르게 하셨다는 시편을 읽었을 것입니다(시106:9). 그러나 지금 그들의 눈 앞에는 바람과 파도를 꾸짖어(Ἐπιτιμάω) 잠잠하게 하시는 주님의 신적 능력이 나타나고 있었습니다. 주님의 말씀의 능력은 생명력이 없는 자연까지도 수용할 수밖에 없는 절대적이고 무한하신 능력이십니다.

주님은 사람들이 도저히 할 수 없는 대화의 대상들과도 거침없이 대화를 하셨습니다. 귀신을 꾸짖어 나가게 하셨고(마17:18, 막9:25, 눅9:42) 열병을 꾸짖어 열병이 나가게 하셨습니다(눅4:39).

베다니에는 나사로와 두 여동생 마르다와 마리아가 사는 곳이었습니다. 그런데 나사로가 병들어 죽었고 이미 장사 지낸지 나흘이 지났습니다(요11:17). 더운 지방이라 벌써 시체는 부패가 진행되었고 마르다에 의하면 썩는 냄새가 난다고 했습니다(요11:39).

그러나 만능의 우리 주님께서는 무덤을 가로막은 돌문을 열게 하시고 죽은 지 나흘이 지나 썩어 냄새가 나는 시체를 향하여 말씀하셨습니다. "나사로야 나오라"(요11:43) 이것은 보통사람으로서는 할 수 있는 일이 아닙니다. 결과에 따라서 미친 취급이나 정신병자 대접을 받을 수도 있습니다(요11:43).

그러나 우리 주님의 목소리는 산천초목도 죽은 시체도 듣고 순종할 수밖에 없는 목소리입니다. 다음 순간 모여 있던 유대인들과 마르다 자매는 장사 지내 수족이 묶이고 얼굴이 수건에 싸인 시체가 무덤에서 나오는 기절초풍할 역사적 현장에 있게 되었습니다(요11:44).

주님은 이런 기적을 행하시는 목적이 모두 그들로 믿게 하기 위해서라고 말씀하셨습니다(요11:15, 26~27, 40~42). 이적과 기사도, 광풍과 풍랑을 잠재우심도, 모두 제자들과 후세의 우리들의 믿음을 위해서 있었던 것입니다.

주님은 깨시자마자 바람을 꾸짖으시고 바다에게 말씀하시기를 "잠잠하라 고요하라"(Peace, be Still, KJV)(요4:39) 하셨습니다. 그리고 곧 바람은 그치고 바다도 아주 잔잔하여졌습니다. 마가는 "큰 광풍"(Great Storm)이였는데, "아주 잔잔"(Great Calm)하게 되었다고 증언하였습니다(막4:37, 39).

제자들은 큰 광풍을 만나 많이 놀랐지만 그들은 광풍을 통해서 주님의 크신 능력을 체험할 수 있었습니다. 이것이 광풍으로 얻은 결과요 또 광풍의 효과였습니다.

(2) 주님이 누구신지 바로 알게 됨 (4:41)

광풍이 멎고 바다가 조용해지자 제자들은 "심히 두려워" 했다고(Feared Exceedingly, KJV) 마가는 증언하였습니다. 사실 광풍이 몰아쳤을 때도 제자들이 두려워했다는 기록은 없습니다. 그냥 우리가 죽게 되었다고만 했습니다.

그러나 바다가 조용해진 지금 바다에 일던 풍랑은 제자들의 가슴에서 불기 시작했습니다. 도대체 이런 일이 있을 수 있는 일인가? 지금이 꿈인가 생시인가? 어떻게 사람의 말을 듣고 바람이 멎으며, 파도가 조용해 질 수 있는가? 그건 상식으로 통하지 않는 아주 특별하고도 괴이한 일이 그들의 목전에서 일어난 것입니다.

그들은 주님을 똑바로 쳐다볼 수도 없었습니다. 두려웠다고 했습니다. 그래서 서로 서로 묻기를(Asked Each Other, NIV) 저 분이 누구신가?(Who is this? NIV), 영국 번역은 더 구체적으로 "저 분이 어떤 류의 사람인가?"(What Manner of Man is this, KJV)라고 했습니다.

역사적으로 주님에 대하여 궁금해 하는 사람은 많았습니다. 세례 요한도 제자들을 보내어 "오실 그이가 당신이오니이까?"라고 물어서 주님께서 그리스도이신가를 확인하려 했고 총독 빌라도도 네가 유대인의 왕이냐고 물었습니다. 그리고 수많은 사람들이 주님을 놓고 갑론을박 했고 역사적으로 많은 연구도 진행되었습니다.

그리고 주님에 대한 고백도 다양했습니다. 사도 베드로의 고백은 가장 대표적인 것으로 "주는 그리스도시요 살아계신 하나님의 아들"이라고 했으며(마16:16) 나다나엘은 "랍비여 당신은 하나님의 아들이시요 당신은 이스라엘의 임금이로소이다"(요1:49) 하였고 도마는 부활하신 주님의 손과 옆구리에서 못 자국과 창 자국을 확인하고 "나의 주님이시요 나의 하나님"이시라고 하였습니다(요20:27~28).

본문으로 돌아가서 제자들은 말씀 한마디로 광풍과 파도를 잠재운 주님을 향하여 "저가 뉘기에 바람과 바다라도 순종하는고"(막4:41)라는 탄식과 감탄을 쏟았습니다. 바람이 순종하고 파도도 순종하는 주님을 사람들은 알지 못하고 불순종하고 배척하고 십자가에 못 박지 않았습니까? 이런 사실을 생각하면 지금 우리도 우리의 가슴이 저려옴을 느낍니다.

주님은 누구십니까? 어째서 주님 앞에는 파도도 순종합니까? 주님은 창조의 근본이십니다. 모든 만물이 그로 말미암아 지음 받았습니다. 그래서 주님은 우주의 주인이십니다. 세상 모든 것이 그분의 것이 아닌 것은 하나도 없습니다.

어느 정치가가 광풍을 꾸짖을 수 있습니까? 별을 몇 개나 단 군인이 바람에게 명령할 수 있습니까? 과학자가 바다를 꾸짖을 수 있습니까? 아닙니다. 오직 주님만이 하실 수 있습니다. 우리는 풍랑의 끝자락에 섰을 때에 주님을 바로 볼 수 있고 주님을 바로 알 수 있습니다. 그 분의 능력엔 한이 없다는 것을 – 그 분의 무한하신 인품과 지위를 – 그리고 그 분의 의미가 우주보다 넓다는 것을 –.

선척을 바다에 띄우며 큰 물에서 영업하는 자는
여호와의 행사와 그 기사를 바다에서 보나니
여호와께서 명하신즉 광풍이 일어나서 바다 물결을 일으키는도다
저희가 하늘에 올랐다가 깊은 곳에 내리니 그 위험을 인하여 그 영혼이 녹는도다
저희가 이리 저리 구르며 취한 자 같이 비틀거리니 지각이 혼돈하도다
이에 저희가 그 근심 중에서 여호와께 부르짖으매 그 고통에서 인도하여 내시고
광풍을 평정히 하사 물결로 잔잔케 하시는도다
저희가 평온함을 인하여 기뻐하는 중에 여호와께서 저희를 소원의 항구로 인도하시는도다

<시편 107:23~30>

제4부

행사와 절기

1. 땅에 대신 주님 얼굴(고난주간 설교)
2. 무덤으로 가는 길(부활절 설교)
3. 어린아이 같은 사람(어린이 주일 설교)
4. 별을 따라 가는 길(성탄절 설교)
5. 하나님께서 축복하신 결혼(결혼식 설교)
6. 축복받은 부르심(장례식 설교)

땅에 대신 주님 얼굴

〈고난주간 설교〉

[마태복음 26장 36~39절]

본 문

36. 이에 예수께서 제자들과 함께 겟세마네라 하는 곳에 이르러 제자들에게 이르시되 내가 저기 가서 기도할 동안에 너희는 여기 앉아 있으라 하시고
37. 베드로와 세베대의 두 아들을 데리고 가실새 고민하고 슬퍼하사
38. 이에 말씀하시되 내 마음이 심히 고민하여 죽게 되었으니 너희는 여기 머물러 나와 함께 깨어 있으라 하시고
39. 조금 나아가사 얼굴을 땅에 대시고 엎드려 기도하여 가라사대 내 아버지여 할만하시거든 이 잔을 내게서 지나가게 하옵소서 그러나 나의 원대로 마옵시고 아버지의 원대로 하옵소서

내용 개요

Ⅰ. 서 론(Introduction)

A. 들어가는 말(The entering word)
B. 역사적 배경(Historical Background)

Ⅱ. 본 론: 말씀 속으로

A. 무엇이 문제셨는가? (마26:37~38)
(1) 제자들의 배신 (마26:14~16, 69~75)
— betrayal of disciples —
(ㄱ) 주님을 팔아넘긴 가룟유다 (마26:14~16)
(ㄴ) 베드로의 부인과 동족의 배신 (마29:69~75)
(2) 골고다의 십자가 (마27:32~36)
— cross on golgotha —

B. 어떻게 하셨는가? (마26:39)
(1) 얼굴을 땅에 대심 (마26:39A)
— with his face to the ground —
(2) 피땀을 쏟으심 (눅22:44)
— his sweat was like drops of blood —

C. 어떻게 되셨는가? (마26:39B)
(1) 자기 자신을 극복하심
(2) 십자가를 지시고 인류를 구원하심

Ⅲ. 결 론

땅에 대신 주님 얼굴

〈 With his face to the ground, NIV 〉

〈고난주간 설교〉

마태복음 26장 36~39절

Ⅰ. 서 론

A. 들어가는 말 (The entering word)

고난주간입니다.

"땅에 대신 주님 얼굴"이란 제목으로 말씀드리겠습니다.

본문 말씀 29절에 있는 말씀입니다.

우리 주님의 귀하신 얼굴이 지금 땅에 닿았습니다.

여러분들은 얼굴을 땅에 대어 본 적이 있습니까?

큰 실수로 넘어지든지, 유도선수나 씨름선수가 상대 선수에게 졌을 때를 제외하면 사람들은 얼굴을 땅에 대는 일은 없을 것입니다. 그런데 주님은 지금 얼굴을 땅에 대셨습니다. 왜 그러셨을까요? 무슨 일일까요?

주님께서 얼마나 마음이 비통하셨으면, 얼마나 고통스러우셨으면 얼굴을 땅에 대고 몸부림을 치셨을까요? 우리 스스로를 돌아보며, 주님을 생각하며, 말씀을 묵상하실 때에 성령께서 역사하여 주셔서 우리 심령 속에 감동과 감화 주시기를 기원합니다.

B. 역사적 배경 (Historical Background)

역사적으로 이때가 언제쯤인지 정확히는 알기 어렵습니다. 그러나 학자들이 애써 연구하여 근사치에 접근을 시도하고 있습니다.

일설에 의하면 예수님께서 나귀 타시고 예루살렘으로 들어가신 것이 오늘날 우리가 사용하는 양력으로는 주후 33년 3월 27일(음력 2월 11일)이었고 유대인 종교력으로는 창조기원 3793년 니산(Nisan)월 9일(1월 9일) 요일로는 주일(일요일)날이었습니다.

월요일에는 성전에 들어가셔서 장사하는 사람들을 쫓아내시고 교권주의자들과 충돌하셨으며 베다니에서 향유를 받으셨고 가룟 유다가 배신을 계획하는 등 바쁜 일정을 보내셨습니다.

목요일, 주후 33년 3월 31일(음력 2월 15일, 유대력 니산월 13일) 주님은 최후의 만찬을 베푸셨고 제자들을 데리고 감람산의 일부인 겟세마네(Gethsemane)로 들어가셔서 기도하셨습니다.

유대인들은 해만지면 그 다음날로 계산하기 때문에 해진 다음에 일어난 일은 금요일(33년 4월 1일) 사건으로 간주했을 것입니다. 주님은 목요일과 금요일 사이를 기도로 보내신 것 같습니다.

기도하신 장소인 겟세마네는 예루살렘 성벽에서 기드론 시내를 건너 1.2km 지점에 있는 감람산 서쪽 기슭의 이름입니다. 감람산에는 감람나무(올리브나무)가 많이 있고 감람열매 기름을 짜는 기름틀이 있었다고 합니다. 겟세마네는 기름틀, 혹은 기름을 짠다는 의미가 있는데 주님은 바로 이곳에서 피와 땀을 쏟는 기도를 드리셨습니다.

Ⅱ. 말씀 속으로

A. 무엇이 문제셨는가? (마26:37~38)

(1) 제자들의 배신 (마26:14~16, 69~75)

– Betrayal of disciples –

우리 주님의 마음을 그토록 아프게 한 것들은 크게 두 가지로 나누어 생각할 수가 있습니다. 첫째는 정신적 고통으로 주님께서 사랑하시던 제자들이 그를 배신하고 또 부인하는 것이었으며 그의 동족들이 주님을 저주하고 이방인에게 넘겨주는 것이었습니다.

다음 두 번째의 고통은 육신적인 수난으로 주님 앞에는 온갖 조롱과 채찍과 가시관, 그리고 인류역사상 최고의 악형인 십자가가 놓여 있었던 것입니다. 그래서 주님은 정신적으로도, 육신적으로도 견딜 수 없는 고난이 매 순간마다 다가오고 있었습니다. 진정 이 주간은 고난주간이었습니다.

(ㄱ) 주님을 팔아넘긴 가룟유다

가룟유다(Judas, karioth)는 참으로 불행하고 불쌍한 사람이었습니다. 주님의 제자들은 절대다수가 북쪽 갈릴리지방 출신이었는데 유다만 남쪽 가룟지방 출신이었습니다.

그는 단체의 재무를 맡고 있었는데 욕심이 커져서 도적이란 소리도 들었으며(요12:6) 지역적 고독감도 있어 중심에서 점점 멀어졌습니다.

유다(Judas)라는 이름은 “찬송하다”라는 좋은 이름이었고 야곱의 네 번째 아들이었습니다(창29:35). 그러나 가룟유다가 주님을 배신하고 그를 팔아넘긴 이후로는 가장 악명 높은 배신자의 이름으로 전락하고 말았습니다.

가룟유다가 결정적으로 멀어지기 시작한 것은 베다니 시몬의 집에서 마리아가 아주 값비싼 향유인 나드 한 근을 가지고 와서 예수님의 발에 붓고 머리털로 그 발을 씻은 사건에서 발단했습니다(요12:3).

가룟유다는 즉시 불평을 토로했습니다. 그는 그 향유가 300데나리온의 가치가 있음도 알고 있었고 어찌 이것을 팔아 가난한 자들에게 주지 않느냐고 따졌습니다(요12:5).

데나리온(Denarius)은 로마제국의 화폐단위로 한 데나리온이 장정 하루 품값이며 300데나리온은 일년 연봉에 해당하는 거액이었습니다.

그러나 성경은 그가 가난한 자를 생각하는 척하는 도적이었다고 지적하였고(요12:6) 자선을 빙자해서 사욕을 채우는 사람으로 지목되었습니다.

유다의 주장은 거절당했고 유다는 자기가 정직한 전대 맡은 자가 아님을 누구보다 잘 알고 있었습니다. 그러나 그의 이러한 마음은 반발심으로 이어갔고 마침내 주님을 배반하는 쪽으로 몰아갔습니다.

가룟유다는 주님을 팔기 위하여 대제사장을 찾아갔고 종교계의 최고 지도자와 배신자는 살인을 모의하게 되었습니다. 향유값을 계산하던 유다가 스승을 팔기 위하여 흥정을 했습니다. 계산에 밝은 그의 재주가 화근이었습니다. 돈을 사랑한 것이 그에게는 일만악의 뿌리가 된 것입니다.

이미 오래전에 스가랴선지가 예언한대로 유다는 은 30세겔

(shekel)을 받고 주님을 잡아주기로 했습니다. 이 돈은 노예 한 사람 값이며(출21:32) 메시아가 노예 값에 팔린 것입니다.

유대 화폐단위로 한 세겔은 노동자 4일 품값이며(출30:24, 삼하24:24) 로마 화폐 4데나리온에 해당하여 30세겔은(30×4) 장정 120일 품값입니다.

영국의 석학 브루스(F.F. Bruce)는 300데나리온에 해당하는 향유를 아낌없이 바친 마리아와 120데나리온에 스승을 판 유다를 비교하면서 사람의 신앙은 큰 차이를 만들고 그 신앙의 결과는 더 엄청난 차이를 만든다고 지적하였습니다.

(ㄴ) 베드로의 부인과 동족의 배신

주님 마음을 슬프고 아프게 한 것은 여러가지였습니다.

그 중에 하나는 수제자 베드로가 주님을 모른다고 부인하는 것이었습니다. 주님은 만찬을 나누시고 감람산으로 가시면서 "오늘밤 너희가 다 나를 버리리라"(마26:31)고 하셨습니다. 그러나 베드로는 "다 주를 버릴찌라도 나는 언제든지 버리지 않겠나이다"(마26:33)라고 자신있게 대답했습니다.

그는 "다"(All)와 "나"(I)를 비교하고 자기를 과신했습니다. 그러나 주님은 단호하게, 그리고 구체적으로 "오늘밤 닭 울기 전에 네가 세 번 나를 부인하리라"(마26:34)라고 하셨습니다. 주님은 우회적으로 말씀하지도 않으셨고 주저할 필요도 없었습니다. 주님은 항상 분명히, 구체적으로 알고 계셨습니다.

겟세마네에서 내려오시다가 주님은 체포되셨고 산헤드린 공회로 끌려가셨으며 매를 맞으시고 조롱을 당하셨습니다. 사정은 급박하게 변해갔고 베드로는 멀리 바깥 뜰에서 지켜보고 있었습니다(마26:65~69).

그 때 비자 하나가 다가왔는데 비자는 "여자 종"(Servant girl, NIV)이란 뜻이며 그가 베드로를 보고 당신도 갈릴리 사람 예수와 함께 있었다고 말했습니다. 그러나 베드로는 여러 사람 앞에서 황망히 그 여자 종의 말을 부인했습니다. 즉 예수님을 부인한 것입니다.

베드로는 대문까지 쫓기듯이 나갔고 그곳에서 또 다른 여종 하나를 만났는데 그도 "이 사람은 나사렛 예수와 함께 있었다"고 증언했습니다. 이번에는 맹세까지 하며 베드로가 주님을 모른다고 부인했습니다(마26:72).

잠시 후 두 번째 여종과 베드로의 대화를 엿들은 사람 하나가 "당신은 진실로 그 당이라 당신 사투리가 그것을 증명한다"고 단정적으로 말했습니다. 베드로는 다급하여 맹세와 저주까지 하며 주님을 부인하였습니다.

우발적 부인이 아니라 세 번씩이나 분명히 부인하였고 주님 예언은 내용만 아니라 자구적(字句的)으로 적중하였으며 곧 이어 닭이 울었습니다.

주님은 이스라엘 민족을 사랑하셨습니다. 그래서 민족이 그를 배신하는 것을 슬퍼하셨습니다. 유대인들은 주님을 붙잡아 이방인에 넘겨주고, 빌라도가 놓아주자는 제안을 거절하였습니다. 뿐만 아니라 살인자와 주님 중에 누구를 놓아주겠느냐고 물었을 때 그들은 주님이 아닌 살인자를 선택했습니다.

그리고 주님을 십자가에 못 박으라고 소리소리 질렀습니다. 이 모든 것들이 주님의 마음을 아프게 했고 큰 고통을 주었습니다.

대문호 단테가 쓴 「신곡」에 보면 마지막 부분에서 지옥 맨 아랫 층에는 브루타스와 가룟유다가 갇혀있다고 썼습니다. 왜냐하면 이 두 사람은 배신자들이며 배신의 죄가 가장 무겁다는 것입니다. 브루타스는 정치적 배신자라면 가룟유다는 종교적 최악의 배신자라는 것입니다.

겟세마네 동산에서 피같은 땀을 흘리시며 얼굴을 땅에 대시고 기도하신 주님을 그토록 고통스럽게 하신 것은 이들의 배신이었습니다.

(2) 골고다의 십자가 (마27:32~36)

– Cross on Golgotha –

정신적 고통 다음은 육신적 고통이었습니다. 주님 앞에 놓인, 주님께서 가셔야 할 길은 제자들의 배신에 뒤이어 체포, 조롱, 채찍, 가시관, 이방인의 재판, 십자가의 길이었습니다.

십자가 처형은 인간이 만든 형법 중에서 가장 처참하고, 가장 혹독한 사형법입니다. 로마인은 이런 잔인한 형법을 만들어 놓고 자국민에게는 절대로 십자가형을 시키지 않았습니다. 힘없고 불쌍한 피지배 국가 국민들에게만 이런 혹독한 처형이 자행되었습니다.

주님의 십자가가 세워진 곳은 골고다(삿9:53)라는 곳으로 그 의미가 해골이라는 뜻입니다(마27:32, 눅23:33, 요19:17). 이런 이름이 생긴 유래에 대해서 교부 제롬(Jerom)은 그곳에서 사형집행이 잦아 죽은 사람들의 해골이 많이 있었다고 증언하였고 오리겐(Origen)은 아담의 유골이 묻힌 곳이라고 하였으며 신학자 벵겔(Bengel)은 그 산의 모양이 민둥산이고 중간에 구멍이 두 개 있어서 해골처럼 보인다고 하였습니다.

십자가 위에는 죄패가 걸려 있었는데 마태와 누가는 "유대인의 왕"이라고 보도하였고 요한은 "나사렛 예수 유대인의 왕"이라고 하였습니다. 아마 마태와 누가는 축소해서 일부를 썼고 요한은 전문을 기록한 것으로 보입니다.

주님께서 십자가에 못 박히신 시간은 현지 시간으로 제3시, 현재 우리 시간으로는 오전 9시이며 3시간이 지난 제6시, 즉 12시 정오에는 태양이 빛을 잃고 온 세상에 어두움이 임하였다고 기술하였습니다(막15:33).

주님은 십자가상에서 일곱 번 말씀하셨는데 마지막으로 "다 이루었다"(요19:30), "아버지여 내 영혼을 아버지 손에 부탁하나이다"(눅23:46)라고 말씀하시고 제9시, 현재 시간으로 오후 3시에 운명하셨습니다.

이런 엄청난 고통의 십자가를 바라보면서 주님은 겟세마네 동산에서 기도하시면서 할 수만 있으면 이 잔을 내게서 지나가게 해 달라고 하셨습니다.

주님의 이런 고통스러운 말씀 가운데서 우리는 우리 자신과의 투쟁에 대한 방법을 교훈하고 있습니다. 사람이 하나님의 뜻과 자기 생각 사이에 갈등이 있을 때 주님은 어떻게 결정해야 하는가를 우리에게 보여주고 계십니다.

B. 어떻게 하셨는가? (마26:39)

(1) **얼굴을 땅에 대심** (마26:39A)

– With his face to the ground, NIV –

주님은 체포되시기 전 겟세마네에서 최후의 간절한 기도를 드렸습니다. 그가 얼마나 간절한 기도를 드렸으며 문제가 얼마나 심각했는가 하는 것은 주님의 기도 모습에서 알 수 있습니다.

유대인들은 보통 서서 기도를 드렸고(막11:25) 죄를 자복할 때에는 엎드려 기도했으며(눅18:13) 무엇을 구할 때에는 무릎을 꿇고 기도를 드렸습니다(행7:60, 엡3:15).

그러나 겟세마네 기도하시는 주님은 "얼굴을 땅에 대시고 엎드려"(fell with his face to the ground - NIV) 기도하셨다고 마태는 서술하고 있습니다(마26:25). 주께서 얼마나 절박하고 간절히 기도하셨는지 짐작이 가고도 남습니다.

주님의 얼굴 – 어떤 얼굴이십니까? 귀하고 거룩하신 얼굴, 하나님의 아들의 얼굴이십니다. 세상 모든 인류의 소망이신 주님 얼굴, 태양처럼 빛나실(계1:16) 얼굴을 주님은 땅에 대셨습니다. 주님 마음이 얼마나 아프셨으면…

> 겟세마네 동산에서 기도하실 때
> 주님의 땅방울은 피로 변했네
> 아~ 주의 사랑 깊고 크셔라
> 내 영혼에 파도처럼 메아리쳐 온다

사람이 얼굴을 땅에 대었을 때는 몇 가지 의미가 있을 것입니다. ① 첫째는 참을 수 없는 고통, 아픔을 뜻할 것입니다. 너무 아파서 참을 수 없으므로 얼굴을 땅에 대는 것 아닐까요? ② 두 번째는 극심한 슬픔일 것입니다. 너무 슬퍼서 견딜 수 없으므로 얼굴을 땅에 대었을 것입니다. ③ 그리고 이제 완전히 항복하고 종이 되어 복종하겠다는 뜻으로 굴복의 표시라고 할 수 있을 것입니다.

주님은 제자가 배신하고, 부인하고, 다 떠나고, 사실 주님께서 십자가에 달리셨을 때엔 사도 요한을 제외한 모든 제자들이 도망쳤습니다. 그리고 동족이 저주하고 이방인 총독에게 사형을 강요하는 실정이었습니다. 그리고 십자가의 형극이 그를 기다리고 있었습니다.

이럴 때 주님은 얼굴을 땅에 대시고 하나님께 진솔한 기도를 드리셨습니다. 우리는 일년마다 보내는 고난주간에 주님의 고난과 아픔을 뼛속 깊이 묵상하면서 얼굴을 땅에 댈 만큼 진정한 기도를 드려야 할 것입니다.

(2) **피땀을 쏟으심** (눅22:44)

— His sweat was like drops of blood —

복음서 기자들 중에 의사였던 누가는 같은 겟세마네 기도사건을 보도하면서 남다른 표현방법으로 주님께서 얼마나 간절한 기도를 드리셨으며, 또 얼마나 혹독한 고통을 느끼셨는가를 나타내고 있습니다.

누가는 주님께서 "힘쓰고 애써 더욱 간절히 기도하시니 땀이 땅에 떨어져 핏방울 같이 되더라"(눅22:44)라고 기록하였습니다. 누가는 의사로서 어떤 경우를 설명하기 위하여 이런 표현을 사용했을까요? 피처럼 진한 땀을 흘리셨을까요? 땀이 피로 변했을까요? 너무 애쓰시니까 땀에 피가 섞여 흘렀을까요?

주님께서 기도하신 곳이 감람산 서쪽 기슭에 있는 겟세마네라는 곳입니다. 이곳은 감람열매를 모아 기름을 눌러 짜는 기름틀이 있었습니다. 주님은 이런 곳에서 피와 땀과 눈물을 짜는 간절한 기도를 드리신 것입니다.

영국의 명재상 처칠은 "내가 영국을 위하여 할 수 있는 것은 내가 가지고 있는 피와 땀과 눈물을 다 받치는 것이다. 사람이 피를 받쳐야 할 때가 있다면 그것을 받쳐야 한다. 만약 그렇게 못한다면 그는 노예가 될 것이다. 그리고 땀을 받쳐야 할 때가 있다면 그것을 받쳐야 할 것이다. 만약 그렇게 못한다면 그는 가난하게 살아야 할 것이다. 그리고 눈물을 흘려야 할 때가 있을 땐 아낌없이 눈물을 흘려라. 만약 그렇게 못한다면 짐승 대접을 받을 것이다"라고 말했습니다.

겟세마네에서 드린 주님의 기도는 피를 쏟고 땀을 받치며 눈물과 감정까지 받치는 기도의 모범을 보이셨습니다. 고난주간은 이런 기도를 배우고 또 이런 기도를 드릴 기회입니다.

C. 어떻게 되셨는가? (마26:39B)

(1) 자기 자신을 극복하심

주님은 "내 아버지여 만일 할만하시거든 이 잔을 내게서 지나가게 하옵소서 그러나 나의 원대로 마옵시고 아버지의 원대로 하옵소서"라고 기도하셨습니다.

"만일 할만하시거든 이 잔을 내게서 지나가게 하옵소서"라고 기도하셨습니다. 주님 앞에 놓여 있는 고통이 얼마나 크고 힘겨운 것이었는가를 직감할 수 있는 대목입니다. 그러나 곧 이어 "내 원대로 마옵시고 아버지의 원대로 하옵소서"라고 하셨습니다.

주님은 성자 하나님이십니다. 그래서 주님의 이 기도는 여러가지 어려운 해석들을 많이 합니다. 그러나 이것을 결코 부정적이거나 욕되게 해석하면 안됩니다. 그것은 저 유대인들처럼 또 주님의 마음을 아프게 하는 작태가 될 수 있습니다.

우리는 이러한 주님의 기도에서 우리가 어떻게 우리의 주장을 양보하고 하나님의 뜻에 순종해야 하는가 하는 것을 배울 것입니다. 진정한 기도는 자기의 목적을 위하여 자기 고집을 내세우는 것이 아니라 하나님께서 무엇을 바라시는지, 하나님의 뜻을 찾고, 하나님의 뜻을 위해서 내가 무엇을, 어떻게 해야 하는가를 깨달아 하나님의 뜻에 순종하는 것입니다.

주님은 바리새인들과 사두개인들의 외식하는 기도를 싫어하셨습니다. 그들은 사람들이 많이 다니는 곳이나 길거리에 서서 자기의 기도하는 모습을 보이기를 좋아했고 자기의 선행을 자랑하기에 급급했으며 하나님의 뜻에는 관심도 없었습니다.

또 야고보는 믿음 없는 기도를 비판하면서 “마치 바람에 밀려 요동하는 바다물결 같으니 이런 사람은 무엇이든지 주께 얻기를 생각하지 말라”고 경고했습니다(약1:6~7). 그리고 사람이 정욕으로 쓰려고 잘못 구하는 기도는 응답받지 못한다고 하였습니다(약4:3).

주님은 배신의 아픔과 십자가의 고통을 직시하면서도 자신을 극복하시고 “내 원대로 마옵시고 아버지의 원대로 하옵소서”라고 기도하셨습니다. 밤새워 고통하시고 피같은 땀을 흘리신 주님의 기도가 어떻게 결론 내려지셨는가? 여기에 고난주간의 의미가 있습니다.

사도 바울은 빌립보 교회에 보낸 편지에서;

“너희 안에 이 마음을 품으라 곧 그리스도 예수의 마음이니 그는 근본 하나님의 본체시나 하나님과 동등 됨을 취할 것으로 여기지 아니하시고 오히려 자기를 비어 종의 형체를 가져 사람과 같이 되었고 사람의 모양으로 나타나셨으매 자기를 낮추시고 죽기까지 복종하셨으니 곧 십자가에 죽으심이라"(빌2:5~8)라고 하셨습니다.

(2) 십자가를 지시고 인류를 구원하심

바울은 계속해서 의미심장한 말을 했습니다;

"너희 안에 행하시는 이는 하나님이시니 자기의 기쁘신 뜻을 위하여 너희로 소원을 두고 행하게 하시나니"(빌2:13)

하나님께서 기뻐하시는 뜻과 우리가 소원하는 기도가 하나로 일치하고 같을 때, 하나님의 뜻이 이루어지고 우리의 소원도 이루어집니다. 그래서 하나님은 우리 속에서 역사하시고 감동과 감화를 주셔서 우리가 하나님의 뜻을 추구하고 소원하게 하시며 그 뜻을 이루도록 행동하고 실천하게 하십니다.

주님은 겟세마네 기도를 통해서 "아버지의 뜻대로 이루어지기를" 기도하셨고 그 뜻을 이루기 위해서 십자가의 고통을 참으시고 인류를 죄 가운데서 구원하시기를 결심하셨습니다. 주님께서 고통 가운데 드리신 간절한 기도가 결실을 맺어 우리를 구원하시려는 하나님의 원대한 경륜이 이루어지고 있습니다.

하나님은 사자를 보내셔서 주님께 힘을 주시고 도우셨습니다(눅22:43). 우리는 간절한 기도, 절박한 기도를 통해서만이 힘과 능력을 받을 수 있습니다. 고난을 통한 겸손한 기도가 하나님의 능력을 입게 하는 것입니다.

4복음서 기자들은 모두 십자가 사건을 특필하고 있습니다(마27:32~44, 막15:21~32, 눅23:26~49, 요19:17~24). 그리스도의 십자가는 성경의 가장 중심부에 우뚝 서 있습니다. 그것은 인류역사의 제일 높은 곳에서 빛나야 할 것입니다.

십자가를 빼면 기독교의 어떤 교리도 성립될 수 없고 십자가 없는 인간역사는 소망도 생명도 없는 흑암일 것입니다. 십자가 없는 어떤 영적 싸움도 승리는 없습니다. 십자가상에서 과거를 보면 에덴동산이 보이고, 또 거기서 미래를 보면 하나님 나라의 새 하늘과 새 땅이 보일 것입니다. 그러므로 모든 크리스챤들은 그들의 신앙 중심부에 십자가를 세워 두어야 하며 그러면 십자가는 그들의 길을 비추는 등불이 될 것입니다.

Ⅲ. 결 론 : 나가는 말

주님의 죽음은 그 성질상 법정에서 내린 사형선고와 그 집행입니다. 자연사나 사고나 살인에 의한 것이 아니라 엄연히 재판과정을 거치고 집행과정을 거친 것입니다.

주님은 당시 세계 최강국인 로마법정에서 최고 권력자인 총독에 의해서 재판을 받았습니다. 그들은 로마법이 공명정대하다고 자부하고 자랑스러워하는 사람들입니다.

그런데 재판결과가 이상하게 나왔습니다. 재판장인 총독은 "그에게서 아무런 죄도 찾지 못했다"고 공언하였습니다. 심지어 자기는 무죄한 자의 피를 흘리는 불명예를 책임지지 않겠다는 뜻으로 손까지 씻었습니다.

그러면 주님의 무죄가 명명백백하게 백일천하에 들어난 것입니다. 그런데 재판과정은 또 한 번 엉뚱한 과정으로 진행되었습니다. 재판장의 무죄 선언에도 불구하고 사형이 집행되는 엄청난 실수와 모순을 표출한 것입니다. 최강국, 최고의 법, 최고의 재판장은 명예와 빛을 잃었습니다.

그리고 전혀 다른 면에서 새로운 의미가 부상하게 되었습니다. 그것은 주님의 죄없는 죽음은 자신을 위해서가 아닌 다른 사람을 위한 대신 죽음이라는 것입니다. 재판을 진행한 모든 과정이 엄연한 하나님의 현존 앞에 주님의 죽음이 대속적 죽음이라는 것을 입증하고 말았습니다.

주님께서 돌아가시기 오래 전에 이미 이사야선지는 이러한 주님의 죽음에 대하여 정확한 표현을 했습니다. "그가 산 자의 땅에서 끊어짐은 마땅히 형벌 받아야 할 내 백성의 허물을 인함이라"고 하였습니다.

주님께서 그토록 저주를 받으신 것은 저주받아 마땅한 우리의 허물을 인함이요, 주님께서 그토록 아픈 치욕을 당하신 것은 치욕받아 마땅한 우리의 죄를 인함이라는 것입니다. 그는 우리의 마땅한 죽음을 대신해서 쓰라린 십자가의 고통에서 돌아가신 것입니다. 헤아릴 수도 없고 끝이 보이지 않는 이 세상의 모든 죄를 혼자서 담당하시려는 대속의 댓가를 주님은 십자가에서 죽으심으로 응수하신 것입니다.

고난주간을 맞이하여 주님의 십자가 앞에서 그의 죽음을 믿음으로 받아드립시다. 내 죄를 위하여, 내 대신 돌아가셨음을….

그가 찔림은 우리의 허물을 인함이요 그가 상함은 우리의 죄악을 인함이라 그가 징계를 받음으로 우리가 평화를 누리고 그가 채찍에 맞으므로 우리는 나음을 입었도다
우리는 다 양 같아서 그릇 행하여 각기 제 길로 갔거늘 여호와께서는 우리 무리의 죄악을 그에게 담당시키셨도다

<사 53:5~6>

무덤으로 가는 길

[마가복음 16:1~7]

부활절 설교

본 문

16:1. 안식일이 지나매 막달라 마리아와 야고보의 어머니 마리아와 또 살로메가 가서 예수께 바르기 위하여 향품을 사다 두었다가
2. 안식 후 첫날 매우 일찌기 해 돋은 때에 그 무덤으로 가며
3. 서로 말하되 누가 우리를 위하여 무덤 문에서 돌을 굴려 주리요 하더니
4. 눈을 들어 본즉 돌이 벌써 굴려졌으니 그 돌이 심히 크더라
5. 무덤에 들어가서 흰옷을 입은 한 청년이 우편에 앉은 것을 보고 놀라매
6. 청년이 이르되 놀라지 말라 너희가 십자가에 못 박히신 나사렛 예수를 찾는구나 그가 살아나셨고 여기 계시지 아니하니라 보라 그를 두었던 곳이니라
7. 가서 그의 제자들과 베드로에게 이르기를 예수께서 너희보다 먼저 갈릴리로 가시나니 전에 너희에게 말씀하신대로 너희가 거기서 뵈오리라 하라 하는지라

내용 개요

Ⅰ. 서 론

A. 부활의 종교
B. 여성도들의 과감한 신앙

Ⅱ. 말씀 속으로

A. 그들의 준비성 있는 신앙 (막16:1)
(1) 미리 향품을 준비하였음
(2) 여럿이 단합하여 서로 협력함

B. 어려움을 불사하는 신앙 (막16:2~3)
(1) 무덤까지 가려는 결단
(2) 온갖 난관이 기다리는 길

C. 마침내 무덤까지 가는 신앙 (막16:4~6)
(1) 그들은 거기서 무엇을 보았는가
(2) 그들은 거기서 무엇을 들었는가

Ⅲ. 나가는 말

〈막달라 마리아가 받은 축복〉

A. 부활의 현장을 제일 먼저 목격한 사람
B. 부활하신 주님을 제일 먼저 만난 사람
C. 주님 부활을 제일 먼저 전한 사람이 됨

무덤으로 가는 길

마가복음 16장 1~7절

부활절 설교

I. 서 론

A. 부활의 종교

부활절입니다.

주님은 우리를 죄에서 구원하시기 위해서 십자가에 못 박혀 돌아가셨습니다. 그리스도인들은 그가 분명히 죽으셨다고 주장합니다. 복음서 기자들도 분명히 주님께서 마지막 호흡을 내쉬고 숨을 거두셨음을 보도 했고 또 로마제국의 사형법은 한번 십자가에 못 박은 사람은 그가 확실히 죽기 전에는 절대로 그를 십자가에서 내리지 못했습니다. 그러므로 주님은 로마제국의 보증하에 분명히 죽으셨습니다.

그리고 장사지낸지 사흘만에 주님은 다시 사셨습니다.

이것이 온 인류를 경악케 하는 그리스도의 부활사건입니다. 인류의 전역사(全歷史)에서 사람들을 압박하고 위협하든 죽음의 권세가 무너지고 새 생명으로 승리하는 길이 열리는 장엄한 순간이었습니다.

세계의 많은 종교들은 교주를 사랑하고 존경하여 교주들의 무덤을 화려하게 꾸미고 장식합니다. 그리고 그 거대한 무덤들을 자랑으로 생각합니다. 그러나 그리스도교는 교주의 무덤이 비어 있습니다. 많은 종교가 교주의 화려한 무덤을 자랑하는 종교라면 그리스도교는 그리스도의 빈 무덤을 자랑하는 종교입니다.

이제 우리 주님은 세세토록 살아계셔서 사망과 음부의 권세를 주관하시며 지금도 우리 중에 항상 함께하시는 분이십니다. 그래서 그리스도교는 죽는 종교, 죽음의 종교가 아니라 사는 종교, 생명의 종교입니다.

B. 여성도들의 과감한 신앙

주님께서 탄생하실 때는 들판에서 양치는 목자들이 찾아 왔고, 먼 동방에서 박사들이 별을 따라 찾아왔습니다. 이들의 공통점은 모두 남자들이라는 것입니다.

그러나 주님께서 십자가에 못 박히실 때는 남자들은 모두 도망쳤습니다. 수제자 베드로까지 세 번씩이나 주님을 모른다고 부정하며 도망쳤습니다. 대부분이 여성도들만 십자가 밑에서 슬퍼하고 있었으며 남자는 사도 요한만 있었습니다. 그러나 돈을 받고 주님을 팔아넘긴 가룟유다가 제일 먼저 죽고 또 도망친 제자들의 절대다수가 순교했습니다. 도망치지 않고 십자가 밑에 있었던 사도 요한만 오래 장수를 누리고 할 일을 마친 후 편안히 소천되었습니다.

오늘 봉독한 마가복음 16장에는 막달라 마리아를 위시한 몇몇 여 제자들이 주님을 장사지낸 후 안식일 다음날 새벽 미명에 주님의 무덤을 찾아간 이야기가 있습니다.

그들이 정성을 다하여 섬긴 주님은 돌아가시고 장사까지 지냈으므로 큰 슬픔과 실망에 빠져 있었을 것입니다. 그들이 주님의 무덤을 찾아가는 용기, 충성, 신앙 그리고 그들이 받은 축복을 생각하므로 부활절의 은혜를 사모코저 합니다.

Ⅱ. 말씀 속으로

A. 그들의 준비성 있는 신앙(막16:1)

(1) 미리 향품을 준비하였음

안식일이 지난 후 첫날 즉 오늘날의 주일이었습니다. 주님을 사랑하는 여성도들이 모였습니다. 언제나 앞장을 섰던 막달라 마리아와 알패오의 아들 야고보의 어머니 마리아, 그리고 세베데의 아들 야고보의 어머니 살로메 등이 모였습니다.

이들은 멀리 갈릴리에서부터 좇아 온 여자들로 십자가까지 따라갔고, 또 장례 지낼 때 무덤까지 따라갔던 사람들입니다. 경우에 따라서는 여자들이 오히려 담대하고 두려움 없이 행동할 때가 많습니다.

이들은 주님을 위하여 향품과 향유를 준비하였습니다(마23:56). 중간에 안식일이 끼어 있으므로 모든 일이 급했을 것입니다. 유대인들은 안식일이 되면 물건을 팔지도 않았고 살 수도 없었습니다.

주님은 금요일 오후 3시에 돌아가셨고 금요일 오후 6시부터 안식일이 시작되므로 그 사이에 향유를 준비했든지 아니면 토요일 해진 후면 일요일의 시작이므로 그 후에 준비하였을 것입니다. 그들은 바쁜 일정과 큰 슬픔 중에서도 섬세한 준비를 놓치지 않았습니다.

또 주님의 장례가 너무 급하게 치루어졌고 시간이 없었으므로 미비했거나 소홀한 부분을 이들은 일일이 점검하고 보충하려 하였고 향품과 향유는 시체의 냄새를 제거하기 위하여 무덤 안에 뿌리거나 시체에 바르는 것이었습니다.

여성들의 이러한 협조는 주님 하시는 일에 언제나 큰 위안과 좋은 결과를 가져왔고 그리스도교 역사에서도 교회의 부흥과 복음 전도에 중요한 역할을 했습니다.

(2) 여럿이 단합하고 서로 협력함

이들이 얼마나 서로 가까이 지내면서 주님을 도왔는지는 서로 떨어지지 아니하고 항상 함께 있었다는 것으로도 입증됩니다. 주님께서 십자가 상에서 고통스러워 하시고 운명하시는 모습도 이들은 함께 지켜보고 있었고(마27:56, 막15:40) 향유를 바르려고 무덤을 찾아 갈 때도 함께 갔으며(마28:1, 막16:1) 주님께서 어머니 마리아를 요한에게 부탁할 때나 아리마대 요셉이 시신을 장례지낼 때도 이들은 늘 함께 지켜본 여성 동료들이었습니다(요19:25, 막15:47).

이들이 준비한 향유는 싼 것이 아닙니다. 상당히 비싼 것입니다. 또 여자들은 경제적으로 큰 여유가 있는 것도 아니었을 것입니다. 아마 서로가 뜻을 모아 향유를 준비했을 것입니다.

하나님은 성도들이 뜻을 모으고 서로 협력하는 것을 기뻐하십니다. 세상의 모든 부모님들도 자녀가 삼분오열하여 서로 다투는 것 보다는 서로 의좋게 지내고 협력하는 것을 원하지 않습니까? 사도 바울도 빌립보 교회에게 서로 마음과 뜻을 합하여 하나

되기를 힘쓰라고 당부하였습니다.

이들 가운데 늘 열심이었고 대표적인 인물이 막달라 마리아였고 베드로가 제자들 중에 수제자인 것처럼 그는 여성도들 중에 대표였습니다. 그는 일곱 귀신이 들렸다가 주님께 고침을 받고 그 후로 주님의 충직한 추종자가 되었으며 갈릴리 서해에 있는 촌락 막달라 출생으로 베다니 마리아나 다른 마리아와 구별하기 위해서 항상 막달라 마리아로 호칭되었습니다.

야고보의 어머니 마리아는 글로바라는 별명을 가진 알패오의 아내이며(요3:18, 19:25) 제자 중 두 명의 야고보가 있는데 그중 작은 야고보의 어머니였습니다.

살로메(Salome)는 세베데의 아내이며 야고보와 요한의 어머니요(마27:56) 성모 마리아의 동생으로 예수님의 이모입니다(요19:25).

이들이 항상 의기투합했고 마가는 이들이 갈릴리 전도 때부터 주님을 추종하고 섬겼으며 마침내 예루살렘까지 따라와 충성을 받친 여성도들임을 밝혔습니다(마15:41).

B. 어려움을 불사하는 신앙

(1) 무덤까지 가려는 결단

여자들이 무덤을 찾아 가려는 시간에 대하여 복음서 기자들은 한 목소리를 냈습니다. "안식 후 첫날이 되려는 미명에"(마태28:1), "안식 후 첫날 매우 일찌기"(막16:2), "안식 후 첫날 새벽에"(눅24:1), "안식 후 첫날 이른 아침 아직 어두울 때에"(요20:1) 등 아직 미명 어두운 새벽임을 강조하고 있습니다.

그들이 찾아가려는 곳은 살아 있는 사람이 있는 곳이 아닙니다. 누가 기다리거나 반겨주는 곳도 아닙니다. 죽은 시체를 둔 무덤이며 십자가에 못 박고 피흘린 처참한 사형집행의 현장이었습니다.

그러나 그들은 이미 주님의 무덤을 찾아 갈 계획을 미리 세우고, 이를 계획적으로 진행했으며 안식일이 지나 날이 밝기를 기다려오다가 마침내 이른 새벽 아직 어두울 때(요20:1) 길을 떠났습니다. 무덤으로 가는 길이었습니다.

믿음은 우유부단한 것이 아니라 분명한 결단입니다. 이들은 비록 여자들이지만 갈릴리에서 무덤까지 초지일관, 어떤 어려움도 감수하겠다는 각오로 이른 새벽에 무덤으로 가는 길을 선택한 것입니다.

(2) 온갖 난관이 기다리는 길

이들은 여자들끼리 새벽길을 가면서 서로 걱정을 했습니다. "누가 우리를 위하여 무덤 문에서 돌을 굴려 주리요?"(막16:3) 이들이 가는 길엔 어려운 일이 한두 가지가 아닙니다.

그중에 제일 먼저 떠오른 것이 예수님 무덤을 가로막은 무겁고 큰 돌이었습니다. 뿐만 아니라 마태의 증언에 의하면 유대 교권자들은 주님을 십자가에 못 박아 죽이고도 마음을 놓지 못하고 안절부절 하면서 빌라도를 찾아가 삼일동안 무덤을 굳게 지키게 하라고 졸랐습니다.

그들은 무덤의 돌을 밧줄로 튼튼히 묶고 또 그 밧줄을 접착제로 인봉하여 꿈쩍 할 수 없도록 고정시켰습니다. 처음부터 돌은 무거운 것이었지만 이제 웬만해선 움직일 수 없도록 고정시킨 것입니다. 하물며 여자들이 이 돌을 움직인다는 것은 불가능한 일일 것입니다.

또 유대교권자들은 절기 중에 가장 큰 절기인 유월절 중간에 낀 안식일 날 빌라도를 만났습니다(마27:62). 그리고 주님께서 살아계셨을 때에 사흘 후에 다시 살아나리라고 하신 말씀을 상기시키면서 주님의 제자들이 시체를 도적질하고 거짓으로 살아났다고 하여 백성들을 미혹할 수도 있을 것이라고 황당한 말을 했습니다.

그래서 빌라도는 그들에게 파수꾼으로 주님의 무덤을 굳게 지키도록 명하였습니다(마27:65). 파수꾼은 군인 4명을 1개조로 편성되어 아무도 접근할 수 없도록 지키는 것입니다.

주님의 무덤으로 가는 여자들의 앞길에는 이와 같이 난관들이 겹겹이 놓여 있었습니다. 여자들이 어떻게 돌의 인봉을 뜯으며, 또 인봉한 것을 파괴하는 것은 법적으로 처벌받는 것이고, 또 잘 훈련받은 군인들이 지키고 있는데 여자들이 무슨 힘으로 파수꾼들을 돌파할 수 있겠는가?

그들에겐 아무런 자신도 방법도 떠오르지 않았을 것입니다. 오로지 그리스도에게 바치는 충성과 애정으로 그들은 무덤을 향하여 행진하고 있었습니다. 흔히 여성들에게서만 볼 수 있는 맹목적 애정입니다. 그러나 때로는 이러한 순진한 애정이 통하는 수가 많습니다.

C. 마침내 무덤까지 가는 신앙(막16:4~6)

(1) 그들은 거기서 무엇을 보았는가?

마침내 그들은 주님 무덤 앞에 도착했습니다.

그들은 십자가 사건에서 무덤까지 하나도 빼놓지 않고 모두 직접 보고, 듣고, 경험한 사람들입니다. 그래서 신학자들은 복음서 기자들이 그리스도의 수난 부분에 대한 절대 다수의 자료들을 이 여인들에게서 제공받았을 것으로 의심치 않습니다.

또 신학자 크리소스톰(Chrysostom)은 —

"이 여인들의 용기를 보았는가?
그들의 애정을 보았는가?
그들이 재물을 쓰는 귀한 정신을 보았는가?
죽음까지 따라간 고귀한 정신을 보았는가?
우리 남자들이여 이 부인들을 본 받자
어떤 유혹을 받더라도 주님을 떠나지 말자"

라고 역설하였습니다.

주님 무덤에 도착한 그들은 제일 먼저 무엇을 보았을까요? 마가는 이렇게 진술하고 있습니다. "눈을 들어 본즉 돌이 벌써 굴려졌으니 그 돌이 심히 크더라"(막16:4)

아마 그들은 무덤에 도착하면서 돌문을 어떻게 열 것인가 걱정하면서 무덤의 입구 쪽을 응시했을 것입니다. 그런데 그들의 눈에는 놀라운 광경이 들어왔습니다. 오면서 걱정했던 돌문은 뜯겨지고 누군가의 강력한 힘에 의하여 그 돌은 내동댕이쳐 있었으며 다시보아도 그 돌은 엄청나게 컸습니다.

마태의 기록에 의하면 "주의 천사가 하늘로서 내려와 돌을 굴려내고 그 위에 앉았는데 그 형상이 번개 같고 그 옷은 눈 같이 희거늘 수직하던 자들이 저를 무서워하여 떨며 죽은 자 같이 되었더라"(마28:2~4)

첫날 새벽 그들은 주님께서 부활하신 흔적의 현장을 가감없이 목격했습니다. 아무리 큰 돌로도, 아무리 강력한 땜질로도 주님을 가두어 놓을 수 없음을 보았고 아무리 강력한 파수꾼으로 지킬 수 없음을 보았습니다. 원수들이 헛되이 봉했고 헛되이 지켰음을 직접, 그리고 분명히 보았습니다.

(2) 그들은 거기서 무엇을 들었는가?

마가와 누가는 여자들이 흰옷을 입은 사람을 만났다고 기술하였고(막16:5, 눅24:4) 마태와 요한은 그들이 천사를 만났다고 기술하였습니다(마28:2, 요20:12). 그러나 크게 문제될 것은 없으니 천사들이 사람의 모양으로 나타날 때는 너무나 사람과 똑 같아서 보통 사람으로 생각할 때가 구약에서도 가끔 있었습니다.

천사는 여자들에게 "놀라지 말라 너희가 십자가에 못 박히신 예수를 찾는구나 '그가 살아나셨고 여기 계시지 아니하니라'(He has risen, He is not here) 보라 그를 두었던 곳이니라"(막16:6)고 하였습니다.

천사는 그들에게 분명히 말했습니다. "그가 살아나셨고 여기 계시지 아니하니라" 이것은 우리 주님의 부활을 세상에 알리는 천사의 제일성이었습니다.

할렐루야! 이 신실하고 충성스러운 여성도들에게 천사는 제일 먼저 예수 그리스도의 부활을 알려주었습니다. 첫 부활절 아침 다시 사신 주님께 영광을 돌립니다.

> 주님께 영광 다시 사신 주 사망권세 모두 이기시었네
> 흰옷 입은 천사 돌을 옮겼고 누우셨던 곳은 비어 있었네
> 주님께 영광 다시 사신 주 사망권세 모두 이기시었네

천사는 그들에게 돌문이 열린 무덤을 가리키며 "그의 누우셨던 곳을 보라"고 했습니다(마28:6, 막16:6). 그곳에는 아무도 없었습니다. 빈 무덤이었고 복음서 기자들은 이 빈 무덤을 앞다투어 보도하고 있습니다.

그리스도교는 무거운 돌문 팽개쳐지고 텅텅빈 이 빈 무덤을 온 세계에 자랑스럽게 소개하는 종교입니다. 교주의 무덤이 빈 것은 성도들에게 근심이 아니요 큰 기쁨이요 만세의 자랑이요, 영광이요, 찬양할 주제입니다.

주님에게는 더 이상 무덤이 필요치 않습니다. 그의 무덤이 비어 있는 것처럼 이제 우리의 무덤도 비게 될 것입니다. 주님께서 부활의 첫 열매가 되셨으므로 주님 오실 때 주 안에서 죽은 모든 성도들도 부활에 동참할 것입니다. 그래서 그리스도교는 유일한 부활의 종교요 생명의 종교입니다.

Ⅲ. 나가는 말

〈막달라 마리아가 받은 축복〉

A. 부활의 현장을 제일 먼저 목격한 사람 (막16:4)

언제나 주님을 위하는 일이라면 앞장섰던 막달라 마리아가 받은 축복을 생각하면서 말씀을 끝맺겠습니다.

그는 갈릴리 서쪽 해안에 있는 조그마한 촌락 막달라에서 태어났습니다. 성모 마리아나 베다니 마리아와 혼돈되지 않기 위하여 언제나 막달라 마리아로 표기되었습니다.

그러나 그는 여자로서, 또 주님의 많은 제자들을 추월하여 가장 먼저 주님 부활의 현장을 목격한 사람입니다. 물론 다른 여자들도 있었습니다만 막달라 마리아가 늘 리더격이였습니다.

B. 부활하신 주님을 제일 먼저 만난 사람(막16:9)

뿐만 아니라 부활하신 주님을 제일 먼저 만난 사람도 막달라 마리아였습니다. 죽은 시신을 위하여 향유를 준비한 그에게 주님은 부활하신 산 몸으로 나타나셨습니다.

막달라 마리아가 찾아간 무덤의 현장은 돌문이 옮겨졌고 파수꾼들은 기절한 상태였으며 무덤은 비어 있었습니다. 그는 울음이 나왔습니다. 눈물을 흘렸습니다. 차마 되돌아 갈 수가 없어서 계속 주님을 찾고 있었습니다.

그때 주님께서 나타나셨습니다. 주님을 찾는 간절한 마음을 가진 사람이 주님을 만나는 축복을 받을 수 있습니다. 빈 무덤을 보는 것으로 만족하지 말고 다시 사신 주님을 만나야 할 것입니다.

C. 주님 부활을 제일 먼저 전한 사람(막16:10~11)

막달라 마리아는 주님께서 부활하셨다는 기쁜 소식을 주님을 장사지내고 슬퍼하는 사람들에게 제일 먼저 전했습니다(막16:10). 그러나 처음에는 그들도 믿으려 하지 않았습니다(막16:11). 막달라 마리아는 그가 직접 주님을 만났기 때문에 그들이 믿거나 말거나 그가 듣고 본 것을 힘을 다해서 전했을 것입니다.

그 후 주님은 열한 제자들에게 나타나서 자신을 보이시고 그가 다시 살아나셨음을 전했습니다. 그리고 주님 부활의 소식은 넓게 그리고 멀리 펴져 나갔습니다.

2000년이 지난 오늘, 부활절을 맞이하여 세계 도처에서는 수십억의 성도들이 주님의 부활소식을 즐거워하며 영광을 돌리며 환호하고 있습니다. 이 엄청난 소식을 최초로 전해준 사람이 바로 저 축복받은 막달라 마리아, 무덤으로 달려가던 사람입니다.

어린아이 같은 사람

[시편 131:1~3]

어린이주일 설교

본 문

1. 여호와여 내 마음이 교만치 아니하고 Ⓐ 내 눈이 높지 아니하오며 Ⓑ 내가 큰일과 미치지 못할 기이한 일을 힘쓰지 아니하나이다Ⓒ
2. 실로 내가 내 심령으로 고요하고 Ⓐ 평온케 하기를 젖 뗀 아이가 그 어미품에 있음 같게 하였나니 Ⓑ 내 중심이 젖 뗀 아이와 같도다Ⓒ
3. 이스라엘아 지금부터 영원까지 여호와를 바랄찌어다

내용 개요

Ⅰ. 서 론

A. 다윗의 시편
B. 예수님과 어린이

Ⅱ. 본 론

A. 마음이 교만치 아니하고 눈이 높지 않음 (131:1AB)
(1) 마음이 겸손한 사람 (131:1A)
(2) 눈이 높지 않은 사람 (131:1B)

B. 큰일과 기이한 일에 힘쓰지 아니함 (131:1CD)
(1) 작은 일에 충성하는 사람 (131:1C)
(2) 미치지 못할 기이한 일에 힘쓰지 않는 사람 (시131:1D)

C. 영원히 여호와 하나님을 바람 (131:2~3)
(1) 심령이 고요하고 평온한 사람 (131:2)
(2) 영원히 하나님만 바라는 사람 (131:3)

어린아이 같은 사람

시편 131:1~3

어린이주일 설교

I. 서 론

A. 다윗의 시편

오늘은 어린이 주일입니다.

다윗은 그의 시편에서 지금 그 중심이 어린아이와 같은 사람에 대해서 노래하고 있습니다.

시편 중에 절대 다수를 저작한 다윗은 위대한 시인이었습니다. 우리는 그의 시를 통하여 그가 얼마나 위대한 신앙인이였는가를 알 수 있게 됩니다.

하나님은 사람의 외모를 보지 아니하시고 그 중심을 보십니다 (삼상 16:7). 그리고 다윗은 하나님의 마음에 합한 사람이라고 하였습니다. 사람의 中心을 보시는 하나님께서 다윗의 中心이 어떠했기에 하나님께 합한 사람이 되었을까요? 다윗의 어떤 점들이 그렇게 하나님의 마음에 들었을까요?

다윗의 詩인 시편 131편은 총 3절로 구성된 짧은 시편입니다. 우리는 이 시편을 풀어보면서 하나님께서 좋아하시는 다윗의 중심이 무엇이었으며, 하나님께서 좋아하시는 타입의 사람은 어떤 사람인가를 생각해보겠습니다.

다윗은 자기 자신을 돌아보면서 "내 중심이 젖 뗀 어린아이와 같다"고 하였습니다(시131:2C) 그는 조그마한 돌멩이 몇 개로 골리앗을 쓰러뜨린 사람이었고, 이스라엘의 군왕들 중에 가장 위대한 대왕이었습니다. 그러나 그는 자신을 "젖 뗀 어린아이"에 비유하고 있습니다.

B. 예수님과 어린이

사람은 누구나 어린 시절의 과거를 가지고 있습니다. 그 때를 생각하면 그 때는 순진했고, 천진난만했습니다. 우리는 어린 시절을 회상하면서 그 때가 얼마나 좋았던가를 생각하게 되며 그 때는 아름답고 순결했었다고 생각할 것입니다.

한번은 제자들이 주님께 나아와 "천국에서는 누가 큰 자이니까?"라고 물었습니다(마18:1). 주님은 어린아이 하나를 불러 저희 가운데 세우시고(마18:2) "너희가 돌이켜 어린 아이와 같이 되지 아니하면 결단코 천국에 들어가지 못하리라"고 하시고 또 "누구든지 이 어린아이와 같이 자기를 낮추는 그이가 천국에서 큰 자"라고 말씀하셨습니다.

오늘 어린이 주일을 맞아 우리의 어린 시절을 회상하면서, 어린아이의 특성을 살펴보고 그들의 깨끗하고 순전한 믿음을 배우는 기회를 갖도록 하겠습니다.

다윗은 어린아이의 중심은 첫째 교만하지 아니하고 눈이 높지 아니하며, 다음으로 분수에 맞지 않는 큰 일과 미치지 못할 기이한 일을 힘쓰지 아니하고, 마지막으로 심령을 고요하고 평온하게 가진다고 갈파하였습니다.

Ⅱ. 본 론

A. 마음이 교만치 아니하고 눈이 높지 않음 (시131:1AB)

(1) 마음이 겸손한 사람 (131:1A)

교만의 반대는 겸손입니다. 그러므로 마음이 교만치 않다는 것은 곧 마음이 겸손하다는 뜻이며 하나님께 합당한 사람은 마음이 겸손한 사람이라는 뜻입니다.

우리는 어린이들에게서 교만할 줄 모르고 겸손한 마음을 오늘 배워야 하겠습니다. 어린이들은 어른들보다 배우려는 자세, 순종하려는 태도, 겸손한 마음이 있습니다.

이러한 마음이 오늘날 성도들이 가져야 할 하나님께 합당한 마음들입니다. 어린이들은 교만하지 아니하며 또 교만이 무엇인지 알지도 못합니다. 또 그들을 그렇게 자라도록 해야 할 것입니다. 그렇게 하려면 어른들이 먼저 겸손의 모범을 보여야 할 것입니다.

무엇이나 고루고루 갖추고 남들이 훌륭하다고 믿고 잘 믿는 사람이라고 인정하는 성도들이 특별히 삼가고 조심해야 할 것이 있습니다. 그것은 절대로 교만하지 말아야 한다는 것입니다. 교만은 그 사람의 모든 훌륭한 덕목들을 한꺼번에 망가뜨리고, 그가 쌓은 공적들을 허무하게 무너뜨릴 수 있기 때문입니다.

사람은 누구나 지식이나 재물이 많거나 권력의 배후에 있으면 쉽게 교만이라는 함정에 빠지기 쉽습니다. 그냥 자기의 괜찮은 위치를 인정하면서 맥놓고 있는 사이에 어느 듯 교만이라는 의자에 앉아 있는 자신을 발견하게 될 것입니다.

그러므로 성도들은 항상 자신을 살피고 반성하고 깨우치지 않으면 교만은 소리없이 들어와 내 마음의 중심에 자리를 잡게 될 것입니다. 그렇게 되면 우리는 하나님께 합당치 아니한 사람으로 전락하게 됩니다. 우리는 "내 마음이 교만치 아니하여 내 중심이 젖 뗀 아이와 같다"는 다윗의 시편이 주는 교훈에 귀를 기우리고 삼가 자신을 살펴야 할 것입니다.

나는 성경을 많이 안다고, 기도를 많이 한다고, 헌금을 많이 낸다고, 권사이기 때문에, 장로이기 때문에 교만하면 안됩니다. 이런 모든 장점들이 겸손하므로 완성되고 결실됩니다. 그렇지 못하고 교만하면 모든 것이 수포로 돌아갈 것입니다.

구약 잠언서 기자는 "교만이 패망의 선봉"이라고 하였고(잠16:18) 베드로는 젊은 청년들에게 교훈하기를 "장로들에게 순복하고 겸손으로 허리를 동이라"고 하였습니다(벧전5:5). 또 "하나님은 교만한 자를 물리치시고 겸손한 자에게 은혜를 주신다"고 하셨습니다(약4:6).

주님께서도 스스로 의인이라고 착각하고 살아가는 바리새인들이나 사두개인들을 배격하셨고 오히려 세리나 창기라도 겸손히 회개하는 자들을 영접하셨습니다.

(2) 눈이 높지 않은 사람 (시131:1B)

다음으로 하나님께 합당한 사람은 "눈이 높지 않은 사람"이라고 다윗은 갈파하였습니다. 여호와 하나님은 교만한 눈을 낮추십니다(시18:27). 또 잠언 기자는 "사람의 눈은 보아도 차지 아니한다."고 기술하였습니다(잠27:20. 전1:8).

이러한 성경말씀은 모두 인간의 욕심을 경고하는 말씀입니다.

어른에 비하여 어린이는 큰 욕심을 모릅니다. 그러므로 어린이들은 눈이 높지 않다고 표현할 수 있습니다. 어른들의 끝을 모르는 욕심을 자제하려면 어린아이의 청순함에서 배워야 할 것입니다.

눈이 높아서 높은 곳만 쳐다보는 눈을 세상 영화를 탐하는 눈이라고 한다면 눈을 낮추고 낮은 곳을 바라보는 눈은 불쌍하고 가난한 사람들을 이해하려는 동정과 사랑의 눈길이라고 할 수 있을 것입니다.

구약 사사기서에는 나무들이 왕을 뽑는 비유이야기가 있습니다(삿9:7~21). 나무들이 모여서 왕을 뽑는데 제일 먼저 감람나무가 왕으로 추대되었습니다. 그러나 감람나무는 내가 좋은 기름을 만들어 하나님과 사람들을 영화롭게 하는 큰 사명이 있는데 내가 어떻게 이런 사명을 버리고 왕이 되겠느냐고 하면서 왕 자리를 거절하였습니다.

다음으로 무화과나무가 추대되었지만 그도 역시 자기는 맛있는 무화과를 맺는 사명을 버릴 수 없다면서 왕 되기를 거절하였고 포도나무는 포도나무대로 포도주를 생산하는 일을 그만 둘 수 없다고 하면서 왕 되기를 거절하였다는 것입니다.

그러나 가시나무는 누가 기뻐하는 사람도 없고 자격도 없으면서 다른 나무를 협박해서 왕이 되었다는 이야기입니다. 아주 위험하고 헛된 욕심을 부린 것입니다. 이런 욕심은 모든 사람에게 해를 끼치며 또 자기 자신에게도 패망을 가져다주는 원인이 될 수 있습니다.

이 이야기는 선지자 요담이 자격없는 자로 왕이 된 아비멜렉을 책망하는 비유였습니다. 이와같이 아비멜렉은 자기 분수를 모르고 허욕을 부려서 왕이 되었지만 자신도 망하고 나라도 망치는 경과를 초래하고 말았습니다.

신실한 그리스도인들은 쓸데없이 눈이 높으면 안됩니다. 과욕을 부려서도 안되고 세상 부귀나 영화를 탐해도 안됩니다. 자기 분수에 맞지 않거나 역량을 초과하는 이를 탐하지 말아야 합니다.

우리는 감람나무처럼 기름으로 봉사하는 사람들입니다. 우리는 그리스도인들의 향기와 맛을 내는 아주 특별한 사명으로 부름 받은 자들입니다. 누구 위에 군림하거나 지배하는 자들이 아닙니다.

또 무화과나무처럼 열매의 맛과 영양을 공급하는 자들입니다. 포도나무처럼 기쁨을 선사하는 사람들입니다. 모든 교회의 모든 직분들은 겸손히 허리를 동이고 봉사하고 헌신하는 직분들이며 가시나무처럼 교만하거나 남을 찌르는 기능을 가진 직분은 하나도 없습니다.

중국의 哲人 노자는 "善은 물과 같은 것이라 결국 낮은 곳으로 흘러간다."고 하였습니다. 이와 같이 하나님의 은혜도 가장 낮은 자에게 가장 많이 베풀어집니다.

그러므로 성도들의 눈길은 낮은 곳을 바라보고 낮은 곳에 머물러 있어야 합니다. 가난하고 어려운 자들에게 관심을 가지고 마음에 상처가 있고 괴로워하는 자들을 돌보며 소외된 자들에게 대화의 대상이 되어 주는 것이 다윗이 말씀한바 눈이 높지 아니한 사람의 길입니다.

눈이 높지 아니한 사람은 쓸데없는 일에 까다롭지 않습니다. 괜히 상대방에게 높은 잣대를 들여대지 않고 상처 주는 비판도 하지 않아 많은 사람이 가까이 하기 쉬운 사람(Easy man)입니다.

또 눈이 높지 않은 사람은 많은 사람들 중에 자기를 높이려고도 하지 않으며 상대방을 비하시키지도 않습니다. 주님은 우리를 살리시려고 십자가를 지셨거늘 우리가 무엇을 더 바라겠습니까? 주님께서 채찍을 맞으시고 침 뱉음을 당하셨는데 우리가 무엇을 또 사양하겠습니까? 주님께서 골고다로 가셨는데 우리가 어떤 길을 사양할 수 있겠습니까? 우리 모두 눈을 낮추고 눈이 낮은 사람이 됩시다.

B. 큰 일과 기이한 일에 힘쓰지 아니함 (131:1CD)

(1) 작은 일에 충성하는 사람 (131:1C)

다윗은 당대의 역사적 영웅입니다. 그러면 참으로 크고 기이한 일을 획책할만한 인물이었습니다. 그러나 그는 자기는 큰 일과 기이한 일에 힘쓰지 아니함이 마치 어린아이 같은 사람이라고 술회하고 있습니다.

어린아이의 특징은 허영심이 없다는 것입니다. 이와 같이 자기 분수에 맞지 않는 허황한 일에 욕심을 갖지 말아야 합니다. 예레미야 선지는 "너는 너를 위하여 대사를 경영하지 말라고 하였습니다." (렘45:5)

이 말은 어린이들에게 "꿈을 가져라", "비죤을 가져라."는 말과 상충하지 않습니다. 사람은 꿈도 가져야 하고 비죤도 있어야 합니다. 다만 이 말은 사람이 무슨 일을 할 때에 그 "일하는 방법"을 가르쳐주고 있습니다.

어떤 사람은 큰 일을 욕심내다가 그 일을 맡아서 제대로 수행하지 못하고 그것을 작은 일로 만들어 용두사미로 끝장내는 사람이 있습니다. 이것은 실패한 사람입니다.

그러나 진정으로 일을 잘하는 사람은 작은 일부터 충성스럽게 차근차근 수행하고 배워 익히면서 그것을 큰 일로 만들어 마침내 성공하는 사람이 있습니다. 우리는 이런 사람을 "성공한 사람"이라고 부릅니다.

소인배들은 실현성 없고 허황한 일을 욕심내는 사람이라면, 진정한 대인(大人)은 작은 일부터 충성하는 사람이라 규정할 것입니다.

그리고 큰 일만 욕심내는 사람은 좀처럼 일을 시작하지 않습니다. 더 큰 일, 더 위대한 일을 해야 한다고 생각하지만 그런 일은 있지도 않고 또 있어도 그런 사람에게 주어지지도 않습니다. 그래서 이런 사람은 처음부터 아예 일을 시작하지도 못합니다.

설교자가 잘 아는 사람 하나는 우리나라에서 가장 좋은 대학을 우수한 성적으로 졸업했습니다. 참으로 그는 큰 일을 할 사람으로 자타가 공인했습니다. 그러나 세월은 수십 년이 흘렀고 이제 은퇴할 나이가 지났는데 분명한 사실은 그가 한평생 한 번도 직장을 가진 적이 없다는 것입니다. 그에게 주어진 모든 일들을 그는 너무 작다고 생각하고 아무일도 시작하지 못한 것입니다.

교회에서 해야 할 일은 모두 작은 일 뿐입니다. 그러므로 성경에는 큰 일을 탐내지 말고 작은 일에 충성하라고 말씀하고 있습니다(눅16:10). 사도 바울는 "맡은 자에게 구할 것은 충성"이라고 하였습니다.

그러므로 그리스도인들은 교회에서 맡은 작은 일부터 충성스럽게 수행하는 것을 배워야 합니다. 내가 맡은 일을 하찮은 것이라고 생각하지 말고, 해야 할 일은 반드시 하되 미루거나 남에게 전가하지 말고 스스로 책임지는 것이 충성입니다.

뿐만 아니라 충성하는 사람은 ① 다른 사람들이 하기 싫어하는 일, ② 또 남들이 알아주지 아니하는 일, ③ 하찮게 여기고 미루거나 버린 일들을 찾아서 깔끔하게 처리하는 것이 충성입니다. 모두가 칭찬하는 일, 쉽게 표가 나는 일, 누구나 하기 좋아하는 일을 하는 것만이 충성은 아닙니다.

어느 시골의 젊은 머슴이 아침마다 주인의 요강을 깨끗이 닦았습니다. 주인은 그의 충성심을 가상히 여겨 그를 오산중학교에 입학을 시켜 공부를 하게 했으며 나중에 그는 오산중학교 교사가 되었습니다. 그는 그의 제자들에게 "내가 이 학교 선생이 된 것은 주인의 요강에 손을 넣고 깨끗이 씻었기 때문"이라고 가르쳤습니다. 이런 가르침을 받은 그의 제자들은 나중에 조국의 독립운동가, 사상가, 성직자 등 훌륭한 인재들이 많이 배출되었다고 합니다. 하찮은 일에도 성의를 다하라는 그의 가르침이 크고 위대한 제자들을 육성한 것입니다.

주님은 작은 일에 충성하는 자에게 큰 일을 맡기시겠다고 하셨습니다(눅16:10, 19:17). 이 말씀의 대의는 어떤 큰 일도 작은 일부터 시작하는 것이며 또 작은 일을 성공적으로 수행할 수 있어야 큰 일도 이룰 수 있음을 시사하시는 것입니다.

(2) 미치지 못할 기이한 일을 힘쓰지 아니하는 사람 (131:1D)

그리스도교는 기적의 종교라 할 수 있습니다. 주님은 언제나 초자연적 능력을 소유하셨고 수많은 기적들을 행하였습니다. 그러나 우리가 일상생활에서 기적만 바라고 일확천금을 바라는 환상은 경건한 성도로서 가지지 말아야 할 생각입니다.

"미치지 못할 기이한 일에 힘쓰지 말아야" 한다는 말씀은 오늘날 "불건전한 신비주의"에 대한 경고의 말씀으로 생각할 수도 있습니다. 안수하면 환자가 일어나고, 기도하면 만사가 해결되며,

경제가 풀린다는 것은 참으로 기이한 일입니다.

기이한 일들은 하나님만 행하실 수 있습니다. 그러나 애매모호한 사람들이 낮은 확률임에도 헛소문을 내는 것은 참으로 조심해야 될 일입니다. 마술은 마술사들의 장난입니다. 종교는 마술이 아니며 억지로 마술을 배울 필요도 없습니다.

하나님은 우리의 병을 고치도록 의술을 주시고 의사를 두셨습니다. 그러므로 병을 고치는 것은 의사의 할 일입니다. 어떤 의사가 환자를 수술했는데 환자 뱃속에 바늘하나를 흘리고 봉합하는 실수를 했습니다. 그는 뱃속의 바늘을 끄집어내기 위하여 두 번째 수술을 받아야 했는데 그 다음에 또 다른 물건이 들어갔습니다. 세 번째 수술을 받으면서 환자가 의사를 보고 농담을 걸기를 "자주 열어보게 아예 지프를 달아주시오,"라고 했습니다.

의사는 수년을 공부하고 연구하고 실습하지만 그래도 실수합니다. 병은 아무나 고치는 것도 아니고 앉아서 부자가 되는 것도 아닙니다. 어떻게 손대는 일마다 잘되는 기적만 계속되기를 바라겠습니까? 성경은 미치지 못하는 기이한 일에 힘쓰지 말라고 충고하고 있습니다. 크리스챤들은 더 부지런하고 더 노력하는 사람들입니다.

성도는 마땅히 자신의 역량과 소질을 겸손히 평가하고 지나친 과욕을 품지 말며 허황한 일을 무리하게 시도하지 말 것을 가르치며, 뿐만 아니라 사도바울은 현재의 형편에 자족하기를 배우라고 권면하고 있습니다(빌4:11).

헛된 영화를 무리하게 추구하거나 분수에 맞지 않는 욕심을 부리거나 되지도 않을 일에 진력하는 것보다 성도는 정직하게 노력하고 인내심을 가지고 맡은 일에 충성하므로 하나님의 어린 자녀가 되어야 할 것입니다.

C, 영원히 여호와 하나님을 바람 (131:2~3)

(1) 심령이 고요하고 평온한 사람(131:2)

사람들은 마음의 평안과 안정을 추구합니다. 그러나 마음의 평안을 얻는 것은 쉬운 일이 아닙니다. 성경은 지금 우리에게 어떻게 하면 우리 심령의 평안과 안정을 얻을 수 있는지 그 방법을 제시해 주고 있습니다.

그것은 젖 뗀 갓난아이가 어머니의 품에서 어떻게 마음이 평온하고 고요한가를 생각해보므로 그 방법을 배울 수 있다는 것입니다. 그것은 어린아이가 어머니의 품을 느끼는 것처럼, 우리 그리스도인들은 하나님 아버지의 품을 항상 느끼는 것입니다.

첫째로 어머니 품에 안긴 어린아이의 심령이 고요하고 평온한 것은 그가 그의 어머니를 확실히 믿고 있기 때문입니다. 믿음은 모든 것을, 철저히 맡기는 것입니다. 이 아이는 어머니에게 모든 것을 그리고 자기 자신까지 어머니에게 맡기고 의지하기 때문에 마음이 고요하고 평온한 것입니다.

그러므로 우리의 마음이 평안을 누리려면 우리의 모든 것을 여호와 하나님께 맡겨야 합니다. 우리의 구원자가 되시고 인도자이시며 아버지이신 하나님께 맡기면 우리는 아무것도 근심할 필요가 없고, 걱정할 필요도 없으며, 두려움도 외로움도 없을 것입니다. 믿음이 이 모든 것들을 이기기 때문입니다. 우리도 어린아이가 자기의 모든 것을 어머니께 맡기는 것처럼 우리의 모든 것을 하나님께 맡기십시다.

마지막으로 어머니의 품에 안긴 아이의 마음이 평온하고 고요한 것은 그가 어머니 한 분으로 만족하기 때문입니다. 이 아이는 어머니 이외에 더 바랄 것이 없습니다. 더 이상 필요한 것도 없습니다. 비록 캄캄한 밤이라 할지라도, 들판이나 산이나 전쟁터라 할지라도 어머니의 품에 있으면 만족합니다.

이와 마찬가지로 우리는 하나님 한 분만 우리와 함께 계시면 그분만으로 만족하고 마음의 고요와 평온을 가질 수 있습니다. 시편기자는 여호와는 나의 목자시니 "내게 부족함이 없으리로다"(I Shall not want)라고 하였습니다(시23:1). 나는 여호와 이 외에 더 바랄 것이 없고 그분만으로 만족한다는 시(詩)입니다.

이 어린아이는 "젖 뗀 아이"입니다(시131:2C). 젖 뗀 아이는 어머니와 함께 있는 것으로 평온하고 만족해야 합니다. 만약 그렇지 못하고 자꾸 젖을 달라고 조르면 어머니는 쓴약 금계랍을 발라서 아주 쓰게 할 것입니다.

이것은 이 아이가 욕심을 부리고 즉 성도들이 세상적이고 육신적인 것을 계속 구하면 쓴 고난을 주신다는 뜻입니다. 욕심 많은 성도가 물질을 구하고 세상적 명예를 구하면 고난을 먹일 것입니다. 쓴맛을 주실 것입니다.

그러므로 우리는 하나님과 함께 하는 것으로 만족하고 하나님께 모든 것을 맡기고 그를 믿음으로 평온하고 고요한 심령을 가져야 할 것입니다. 그렇지 못하고 더 큰 것을 바라고 허황한 것에 욕심을 부리면 이것들이 우리의 심령의 평안과 고요를 빼앗아 갈 것입니다. 그러므로 우리는 이런 것들을 버리고 여호와 하나님 한 분만으로 만족하시고 고요와 평온을 누리십시다.

심령이 고요하고 평온한 사람(131:2), 이 사람이 큰 일을 할 수 있습니다. 마음이 들떠 있고 우왕좌왕, 안절부절, 허황한 일에 허욕을 부리는 사람은 오히려 아무 일도 할 수 없을 것입니다.

이스라엘 사람들이 애급에서 나올 때에 뒤에는 애급의 대군이 추격해 오고 앞에는 홍해가 가로 막고 있었습니다. 군중들의 민심은 돌변하여 원망과 비난을 쏟아내기 시작했고 아우성과 혼란이 일기 시작했습니다(출14:11~12). 그러나 지도자 모세는 "가만히(조용히) 있어라"고 일갈했습니다(출14:13~14).

그리고 뒤이어 바다가 갈라지는 큰 기적의 역사가 일어났습니다. 믿음이 동요와 혼란을 잠재울 때에 기적은 일어납니다. 태풍 앞에서도 조용할 수 있는 믿음의 사람만이 큰 일을 할 수 있습니다.

(2) 영원히 하나님만 바라는 사람 (131:3)

마침내 전체의 결론 부분에 도달했습니다. 다윗은 이스라엘 민족들에게 "지금부터 영원까지 여호와를 바랄찌어다"라고 당부하고 있습니다.

어린아이의 심중에 어머니가 확실하게 자리를 잡고 있는 것처럼 젖 뗀 어린아이가 더욱 간절히 어머니를 사랑하고 사모하는 것처럼, 다윗은 이러한 심정으로 이스라엘 민족은 여호와 하나님을 바라라고 당부하였습니다.

"이스라엘아 지금부터 영원까지 여호와를 바랄찌어다." 여호와 하나님을 바라되 지금부터, 계속해서 한없이 해바라기처럼, 영원히 바라라는 것입니다. 우리는 젖 뗀 어린아이의 심정처럼 영원히 어머니를 잊지 못하고 늘 사모하는 것처럼 영원히 여호와 하나님을 사모해야 할 것입니다(시131:3).

그 때에 제자들이 예수께 나아와 가로되 천국에서는 누가 크니이까
예수께서 한 어린 아이를 불러 저희 가운데 세우고
가라사대 진실로 너희에게 이르노니 너희가 돌이켜 어린 아이들과 같이 되지 아니하면 결단코 천국에 들어가지 못하리라
그러므로 누구든지 이 어린 아이와 같이 자기를 낮추는 그이가 천국에서 큰 자니라 <마18:1~4>

별을 따라 가는 길

[마태복음 2:1~11]

성탄절 설교

본 문

2: 1. 헤롯왕 때에 예수께서 유대 베들레헴에서 나시매 동방으로부터 박사들이 예루살렘에 이르러 말하되
2. 유대인의 왕으로 나신이가 어디 계시뇨 우리가 동방에서 그의 별을 보고 그에게 경배하러 왔노라 하니
3. 헤롯왕과 온 예루살렘이 듣고 소동한지라
4. 왕이 모든 제사장과 백성의 서기관들을 모아 그리스도가 어디서 나겠느뇨 물으니
5. 가로되 유대 베들레헴이오니 이는 선지자로 이렇게 기록된 바
6. 또 유대 땅 베들레헴아 너는 유대고을 중에 가장 작지 아니하도다 네게서 한 다스리는 자가 나와서 내 백성 이스라엘의 목자가 되리라 하였음이니이다
7. 이에 헤롯이 가만히 박사들을 불러 별이 나타난 때를 자세히 묻고
8. 베들레헴으로 보내며 이르되 가서 아기에 대하여 자세히 알아보고 찾거든 내게 고하여 나도 가서 그에게 경배하게 하라
9. 박사들이 왕의 말을 듣고 갈쌔 동방에서 보던 그 별이 문득 앞서 인도하여 가다가 아기 있는 곳 위에 머물러 섰는지라
10. 저희가 별을 보고 가장 크게 기뻐하고 기뻐하더라
11. 집에 들어가 아기와 그 모친 마리아와 함께 있는 것을 보고 엎드려 아기께 경배하고 보배합을 열어 황금과 유향과 몰약을 예물로 드리니라

내용 개요

Ⅰ. 이끄는 말

A. 성탄을 보도한 두 명의 기자 (눅2:1~20)
B. 성탄의 시기와 장소 (마2:1)

Ⅱ. 본 론

A. 그리스도의 별을 발견한 동방박사들 (마2:2)
(1) 동방박사, 그들은 누구인가?
(2) 동방박사와 그리스도의 별

B. 예루살렘으로 찾아간 동방박사들 (마2:2~3)
(1) 인간적 판단의 실수
(2) 듣고 소동이 일어난 예루살렘

C. 별을 따라 간 동방박사들 (마2:4~10)
(1) 베들레헴을 지목한 유대인들
(2) 그리스도에게 인도한 그리스도의 별

Ⅲ. 나가는 말

A. 아기예수님께 경배를 드림 (마2:11)
B. 헤롯을 피하여 다른 길로 돌아감 (마2:12)

별을 따라 가는 길

마태복음 2:1~12

성탄절 설교

Ⅰ. 이끄는 말

A. 성탄을 보도한 두 명의 기자(눅2:1~20)

성탄절입니다.

주님께서 이 땅에 오신 것에 대해서 보도한 신약성경의 두 기자는 마태와 누가입니다. 이들은 주께서 탄생하신 후 내방한 방문객에 대하여 서로 다른 사건들을 기록하고 있습니다. 마태는 동방박사들의 내방을(마2:1~12), 그리고 누가는 들판에서 양을 치던 목자들의 내방에 대해서 기술하였습니다(눅2:8~20).

오늘은 마태가 기록한 동방박사들이 아기예수님을 방문한 기록을 살피면서 성탄 때 있었던 한 사건을 음미해 보겠습니다.

마태는 그의 복음서 1장에서는 주로 주님께서 탄생하시기 이전의 일들을 기술하였고 2장에서는 탄생하신 이후의 사건을 기술하였습니다.

마태는 유대인들을 위하여 왕으로 오신 메시아의 탄생을 중점적으로 보도했는데 주님 탄생을 축하하러 온 방문객에 대해서는 먼 이방 타국에서 찾아온 동방박사들을 등장시키고 있습니다. 유대색채가 농후한 마태복음에 어울리지 않는 기사라 하겠습니다.

그러나 누가가 기록한 누가복음은 이방인들을 위하여 기록한 복음서로 알려졌습니다. 그러나 누가는 주님 탄생 때 찾아온 최초의 방문객이 유대 들판에서 가축을 치던 목자들, 즉 유대인들을 등장시키므로 대조를 이루고 있습니다.

그러나 이들의 서로 색다른 보도에도 뚜렷한 공통점이 있습니다. 그것은 하나님의 아들이신 주님께서 이 땅에 오실 때에 그를 환영한 사람들은 유대교권자나 선지자가 아니었다는 사실이며 들판에서 양치는 야인들이나 도외시 당한 이방인이었다는 사실입니다.

시간적으로는 누가가 기술한 목자들의 방문이 먼저 있었고 마태가 기술한 동방박사들의 방문은 그 다음에 있었을 것으로 학자들은 추측합니다.

B. 성탄의 시기와 장소 (마2:1)

마태는 그의 복음서 2장 벽두에서 "헤롯(Herod)왕 때에, 예수께서 유대 베들레헴(Bethlehem)에 나시매"라고 간략하게 소개하였습니다.

그러나 단순한 그의 이런 보도가 후대의 우리에게 아주 획기적이고 결정적인 매우 중요한 자료를 제공하였습니다. 그것은 주님께서 나신 시기가 헤롯왕 때였다는 것이고, 또 하나는 주님께서 탄생하신 곳이 베들레헴이었다는 것입니다.

주님께서 나실 때 유대를 통치하던 헤롯은 유대인이 아니라 에돔사람 안티파터(Antipater)의 아들로 태어났습니다. 그는 BC 40년 온갖 아부와 청탁을 넣어 로마 삼두정치의 명장들인 안토

니오(Antonio)와 시이자(Caesar)에 의해서 유대 분봉왕으로 지명된 사람이었으나 주민들의 저항과 반대로 3년이 지난 BC 37년에 왕으로 취임하였습니다.

헤롯은 정치적 지략과 수단이 뛰어나고 의심 많은 폭군으로 헤롯대왕이라 불리기도 하였으나 그의 부도덕과 왕권에 대한 집착은 역사에서 그 유래를 찾아보기 어려울 만큼 극에 달했습니다. 그는 열 명의 아내와 수많은 자녀들이 있었는데 자기 왕위를 유지하기 위해서 3명의 친아들들을 살해하는 병적 집착력을 가졌으며 주님 탄생 후 베들레헴 인근의 수많은 어린아이들을 살해하는 광태를 저지른 장본이었습니다.

문제는 주님께서 탄생하실 때 세상은 헤롯의 폭정이 극에 달해 있었고 이런 살벌한 세상에 아무런 준비도, 대책도 없이 마굿간 구유에 버려지듯 탄생하셨다는 것입니다.

주님께서 성탄하신 정확한 연대는 산출하기 어렵지만 마태에 의하면 헤롯대왕이 죽지 않고 살아 있을 때에 나셨으며, 주님 성탄을 기점으로 세계의 연대를 가늠하는 서력기원(서기)이 만들어졌습니다.

6세기경 로마의 신학자 디오니시우스(Dionysius)는 로마제국 기원 754년을 "주님 성육(成肉)하신 – 육신을 입으시고 탄생하신 – 해"(Abincarnatione Domini)로 규정하고 그 해를 서기 1년으로 정하여 오늘날 세계가 모두 역사의 연대로 사용하고 있습니다. 이 말의 약자가 오늘 우리가 사용하고 있는 AD입니다.

그러나 후대의 학자들은 연구를 거듭하여 헤롯의 죽음이 로마제국 기원 750년이라는 것이 밝혀졌고, 마태의 증언대로 헤롯 생전에 주님께서 탄생하셨기 때문에 서기는 4년 이상의 오차가 있음이 밝혀졌으며 주님의 성탄은 BC 4년경으로 추산하고 있습니다.

또 마태는 본문에서 "예수께서 유대 베들레험에서" 나셨다고 보도하였습니다(마2:1). 베들레헴(Bethlehem)은 그 어의(語意)적으로 "떡집"((House of Bread)이라는 뜻이며, 이곳은 구약 룻기서에 나오는 나오미와 보아스의 고향이고 효부 룻이 이삭을 줍던 곳이며 다윗대왕의 고향으로 메시아의 탄생지로 알려진 곳입니다.

구약 다른 곳에서는 에브랏(창48:7, 룻1:2, 삼상17:2) 혹은 에브라다(미5:2) 등 다른 이름으로 호칭되기도 하였습니다.

Ⅱ. 본 론

A. 그리스도의 별을 발견한 동방박사들(마2:2)

(1) 동방박사 그들은 누구인가

주님께서 나셨을 때 먼 동방에서 박사들이 찾아왔다는 마태의 보도에 신학자들은 많은 관심을 쏟았습니다. 이들은 과연 어디서 왔으며, 누구였을까 하는 것이 관심의 초점이었습니다.

마태는 단순히 "동방으로부터"(from the east)라고만 언급하였으며(마2:1B) 학자들의 추측은 다양하여 동방이 어디인가 의견들이 분분하였습니다. ① 메데, ② 파사, ③ 바벨론, ④ 발티아, ⑤ 인도, ⑥ 아라비아 심지어 ⑦ 중국까지 등장시켰습니다.

우리말로 "박사"라고 번역된 희랍어 마고이는 당시의 지성인 혹은 현자들을 지칭하는 말로 별들을 연구하는 점성술가였으며 오늘날 천문학의 원조였을 것으로 추측합니다. 영어 번역에는 희랍어 마고이의 음을 따서 그냥 매가이(magi)라고 번역하였습니다.

중요한 문제는 이 기사가 마태의 자작극이나 전설이 아니라 이들이 분명한 역사적 실존 인물이라는 것입니다. 초대 교회는 이들의 이름을 후세에 전해주고 있는데 그들은 모두 세 사람이며 ① 카스파르(Caspar), ② 메키오르(Mechior), ③ 발사사르(Barthasar)였고 사망 후 그들의 유골이 콘스탄티노풀에 있는 성 소피아(St. Sophia) 교회에 있다가 밀란으로 옮겨갔다고 합니다.

(2) 동방박사와 그리스도의 별

동방박사들은 "우리가 동방에서 그의 별"(his star)을 보고 왔다고 진술했습니다(마2:2). 그들은 점성술가들로 별에 대하여 관찰했으며 성경에 대해서도 상당한 지식이 있었을 것입니다.

이스라엘이 바벨론에 포로로 잡혀 갔을 때 그들은 분명히 동방에 성경을 전달했고 또 그들은 바벨론 탈무드를 집대성 하는 등 그들의 히브리 문학을 꽃피웠습니다.

그러므로 바벨론과 파사의 왕들, 혹은 고관대작들은 성경을 접할 기회가 많았고 또 다니엘을 위시한 고도의 성경학자들에게 심도 있는 성경지식을 전수 받았을 것입니다.

성경에는 별들에 관한 이야기들이 있습니다. 이스라엘의 해방자요 하나님의 큰 종인 모세는 민수기서에서 "하나님의 말씀을 듣는 자가 말하며 지극히 높으신 자의 지식을 아는 자, 전능자의 이상을 보는 자, 엎드려서 눈을 뜬 자가 말하기를 내가 그를 보아도 이 때의 일이 아니며 내가 그를 바라보아도 가까운 일이 아니로다 한 별이 야곱에게서 나오며 한 홀이 이스라엘에게서 일어나서 모압을 이편에서 저편까지 쳐서 파하고 또 소동하는 자식들을 다 멸하리로다"라고 언급하였습니다(민24:16~17).

구약성경은 메시아가 아브라함의 후손으로, 이삭과 야곱과 다윗의 후손으로 오실 것을 누차 암시하였습니다. 그리고 모세는 "한 별이 야곱에게서" 나온다고 기술하여 메시아의 별, 즉 그리스도의 별에 대하여 언급하고 있습니다.

예수 그리스도는 생명의 빛으로 세상에 오셨습니다(요1:4~5). 그래서 주님은 자신을 "광명한 새벽별"(the bright morning star)이라고 말씀하셨습니다(계22:16).

또 고대 사람들은 별과 사람의 운명을 연계하여 생각하는 사상의 철학을 발전시켰고 또 신화나 문학작품을 만들기도 하였습니다. 동방박사들은 점성술가로서 만약에 이 땅에 메시아가 탄생한다면 "한 별이 야곱에게서 나온다"는 말에 비추어 하늘의 변화나 별들의 동요가 있을 것으로 기대했을 것입니다. 아마 그들은 성경에서 메시아에 대한 예언을 읽고 하늘의 변화를 관찰하며 그의 탄생을 기다리는 신앙을 가진 사람들이였을 것으로 추측됩니다.

신학자들은 동방박사들이 보았다고 진술한 메시아의 별은 과연 어떤 현상이었을까? 하는 문제에 관심을 가졌습니다. 물론 여러 가지 이론과 추측들이 분분합니다.

대체적으로 성경말씀을 그대로 믿는 사람들은 실제적으로 동방의 어느 하늘에 메시아의 별이 나타났을 것으로 생각하였습니다. 대표적으로 신학자 크리소스톰(Chrysostom)은 동방박사가 발견한 별은 실제적으로 천체계에 나타난 기적적 현상이라고 주장하였습니다.

그러나 기적이나 이적을 믿지 아니하는 사람들은 이 말씀을 전혀 다른 각도에서 생각하였습니다. 대표적 학자로 스피노자(Spinoza)는 동방박사들이 말하는 메시아의 별은 자연계의 현상이 아니라 그들의 심리적 현상이었을 것이라고 주장하였습니다.

이러한 스피노자의 주장은 상당히 합리적인 것처럼 보일지 모르나 이것은 성경에 있는 모든 기적들을 받아드리지 아니하려는 처사로 생각할 수 있고 하나님의 능력을 믿기 어려워하는 생각으로 간주할 수 있습니다.

우주에는 수십억 개 아니 그 이상의 많은 별들로 가득차 있습니다. 철학자 임마누엘 칸트(Emmanuel Kant)도 대공의 별과 인간의 양심은 경이로운 것이라고 갈파하였습니다. 우리는 이 많은 별들을, 모두 하나님께서 만드신 것으로 믿습니다. 하나님은 만유의 창조주이십니다. 성탄은 창조주 하나님의 아들이 이 땅에 오신 날입니다. 그렇다면 우주의 어떤 기적이나 변화도 충분히 일어날 수 있고 우리는 그것을 믿지 못할 이유가 없습니다.

그런데 이번에는 자연과학계에서 쇼킹한 학설이 대두되었습니다. 17세기 초, 독일 출신 과학자 케플러(Kepler)는 인정받는 과학자로 명문 튀빙겐(Tübingen)에서 수학하고 코페르니쿠스의 지동설(地動說) 이론을 전수 받은 정통 천문학자요 대학교수며 궁중천문 대장이었습니다.

케플러는 로마기원 747년, 즉 BC 5년경에 태양계에서 가장 큰 별들인 목성과 토성이 나란히 교차되면서 지구서 보면 이상한 빛을 발산했을 것이며 이런 현상은 800년만에 한번 일어날 수 있을 정도의 확률이라고 지적하였습니다.

케플러의 주장대로라면 이런 현상은 시기적으로 그리스도 탄생의 직전에 일어난 현상이며 성경에서 메시아의 별을 읽은 사람들이 하늘에서 그 별을 찾으려 했다면 이런 현상을 묵과하지 않았을 것은 분명한 사실입니다.

그리고 주님 탄생 시점을 전후하여 하늘의 성군(星群)들이 어느 정도 이상한, 물론 정상적인 정황이라 할지라도 변화를 보였음도 알 수 있습니다. 하나님의 특별계시 성경에서 배우고 그의 일반 계시인 자연에서 그 응답을 찾는 것은 당연한 일입니다. 소련 사람들은 인공위성을 쏘아 올리고 그곳에서 천국을 찾지 못했다고 했지만, 미국 사람들은 인공위성에서 하나님께서 만드신 피조 세계의 아름다움에 감격했습니다.

B. 예루살렘으로 찾아간 동방박사들 (마2:2~3)

(1) 인간적 판단의 실수

별을 보고 그리스도 탄생의 징후로 생각한 동방박사들은 유대 땅을 향하여 길을 떠났습니다. 그리고 그들은 곧 바로 유대의 수도요 세계 종교의 중심 대도인 예루살렘으로 찾아갔습니다. 그리고 또 헤롯왕궁으로 들어갔습니다.

그들은 그리스도가 탄생하셨다면 그는 반드시 유대인의 왕으로 나셨을 것이고 그렇다면, 예루살렘 왕궁에서 탄생하셨을 것이라고 생각하고 전혀 의심치 않았기 때문입니다.

히브리어 메시아는 분사형으로 "기름 부음을 받은 자"라는 뜻이며 이스라엘 왕들은 머리에 기름을 부어 왕으로 삼고 그를 "여호와의 기름 부음을 받은 자"라고 지칭하였습니다(삼상 9:16, 왕하 19:15~16).

메시아는 여호와의 기름 부음을 받은 자로 이 세상에서 하나님을 대신 하는 자이며 하나님의 아주 특별한 은총을 받은 자요 하나님에 의해서 시작되는 신적기원을 가진 자로 그가 오시면 모든 열방들은 다윗의 나라를 섬길 것이며(렘30:8) 하나로 통일되어 영원히 다스려질 것이라고 생각하였습니다.

그래서 동방박사들은 예루살렘 왕궁으로 들어갔습니다. 그리고 "유대인의 왕으로 나신이가 어디 계시뇨 우리가 동방에서 그의 별을 보고 그에게 경배하려 왔노라"(마2:2)라고 의심 없이 물었습니다. 왕으로 오신다면 그는 분명 왕궁에서 나실 것이라 판단했기 때문입니다.

그러나 그것은 잘못된 인간적 오판이었습니다. 그들은 크게 실수한 것입니다. 그곳에는 왕권을 지키기 위해서 아내와 친아들들을 도륙한 헤롯을 위시한 타락한 정치가들과 열매 없는 가을 나무처럼 메마른 율법주의자들이 득실거리는 살얼음판이었습니다. 독사의 굴로 들어간거나 마찬가지였습니다.

성경예언에 완벽한 지식을 갖지 못한 그들은 하나님의 지시를 기다리기보다 자신들의 판단을 성급하게 좇은 것이 수많은 화살들이 장전된 적진 속으로 유유히 행군한 결과가 되었습니다.

(2) 듣고 소동이 일어난 예루살렘

새로 탄생한 왕에 대하여 동방박사들의 질문을 받은 헤롯왕의 반응을 마태는 "온 예루살렘이 듣고 소동"했다고 기술하였습니다(마2:3).

이때 헤롯이 얼마나 큰 충격을 받았을까 하는 것은 역사가 요세푸스(Josephus)의 기록으로 그 일면을 알 수 있습니다. 요세푸스는 로마제국 달력으로 750년 월식이 있었고 월식직후 헤롯은 첫째 부인 도리스(Doris)가 낳은 아들 안티파트(Antipater)를 왕위 문제로 살해했으며 그 후 5일이 지난 유월절 직전에 헤롯도 여리고에서 죽었다고 기술하였습니다.

월식에 대한 요세푸스의 기록은 일반 천문학사에서도 로마력 750년 즉 BC 4년 3월 17일에 월식이 있었다고 분명히 기록되어 있어 이것이 사실임을 입증해주며 이로 비추어 헤롯의 사망 시기는 3월 22일에서 4월 4일 어간으로 추정됩니다.

왜냐하면 요세푸스는 헤롯이 사망하자 그의 넷째 부인이 낳은 아들 아켈라오(Archelaus)가 왕위를 계승했으며 그가 아비의 죽음을 애도하기 위하여 그해 유월절(4월 4일)을 일주일간 연기하여 4월 11일에 지켰다고 증언했기 때문입니다.

문제는 헤롯은 죽기 5일전까지 자기의 왕위를 지키기 위하여 장자 안티파트를 죽일만큼 병적으로 왕위에 집착했다는 사실입니다.

이런 헤롯의 통치하에 주님은 어리고 여린 생명으로 이 땅에 태어나셨습니다. 아무런 대책도 또 무방비 상태에서 구유에 누어계셨습니다. 인간이 기록한 역사책에서 아기를 낳아 구유에 눕혔다는 기록은 우리 주님께서 처음이요 마지막일 것입니다. 예루살렘이 온통 뒤집혀졌지만 베들레헴에서 아기주님은 조용하셨습니다.

헤롯이 얼마나 놀라고 당혹해 했는지는 그가 주님을 찾지 못하자 베들레헴 지경내에 있는 두 살 아래의 어린아이들을 모두 살해한 것만으로도 충분히 납득할 수 있습니다. 그러나 얼마 후 그는 자기의 아들도 죽이고 또 자기도 죽어야 하는 운명임을 알지 못한 채 광기를 부렸습니다.

C. 별을 따라 간 동방박사들 (마2:4~10)

(1) 베들레헴을 지목한 유대인들 (마2;4~6)

이때 헤롯의 나이는 70세 정도였을 것이고 당시 헤롯의 왕권이 넘어 갈 것이라는 예언이 유포되어 헤롯은 극도로 긴장되어 있었다고 합니다. 이럴 때에 동방박사들이 찾아와서 유대인의 새로운 왕으로 메시아가 탄생했을 것이라고 소식을 전했으니 온 예루살렘이 얼마나 소동했을지는 짐작이 갑니다.

그러나 역시 헤롯은 지략 있고 노련한 정치가였습니다. 끓어오르는 속마음을 누르고 이빨과 발톱을 감춘 맹수처럼 태연을 가장했습니다. 그러나 그의 속마음에는 아기예수님을 찾아내어 살해하려는 무서운 계획을 세우고 있었습니다.

헤롯은 대제사장, 서기관 등을 불러 모았으며 이들은 모두 산헤드린(Sanhedrin) 회원으로 권력과 부귀에 집착하는 정치와 종교계의 지도자들이었습니다.

헤롯은 단도직입적으로 "그리스도가 어디서 나겠느뇨"라고 물었습니다(마2:4). 그리고 유대관료들은 거침없이 "유대 베들레헴"(In bethlehem in judea, 마2:5)이라고 직설적으로 대답하였습니다.

우리는 여기서 참으로 놀라운 사실을 발견하게 됩니다. 그들은 성경을 모르는 사람들이 아니라 성경을 상고하고 또 통달했으며 그리스도께서 나실 것은 물론 나실 장소가 베들레헴이라는 것도 모두 알고 있었다는 사실입니다.

그러나 그들의 놀라운 지식과 해박함에도 불구하고 그리스도의 성탄을 위하여 아무런 준비도 갖추지 않았고 대책도 세우지 않았다는 것입니다. 알고 있는 자, 지식인이란 사람들의 허점이 여실히 들어났습니다. 알았지만 행동하지 못한, 실천하지 못하는 지성의 맹점이 바로 이런 것입니다.

오늘을 살아가는 우리들 중에 누가 성탄의 의미를 모르나요? 그런데 문제는 잘 알고 있는 우리가 무엇을 했나요?

그리고 또 한 가지 더 엄청난 사실은 성경에 익숙한 그들의 지식이 주님을 해치려는 불의한 헤롯을 위하여 제공되었다는 사실입니다. 지식이란 날카로운 검과 같아서 유용할 수도 있지만 남을 해칠 수도 있으며 의의 병기로도 사용되지만 불의의 병기가 될 수도 있습니다. 마땅히 메시아의 탄생을 위하여 유용하게 쓰였어야 할 그들의 지식이 하나님의 뜻을 거스르는 헤롯에게 주어졌다는 사실은 경악을 금할 수 없는 일입니다.

그때 유대 지도자들이 메시아의 탄생지로 베들레헴을 지목한 성경적 근거는 미가서 5장 2절이었습니다. 구약 기자들 중에 이사야와 미가는 그리스도에 대한 예언의 대가들입니다. 이사야는 그리스도의 처녀 탄생(사7:14)을, 미가는 그리스도의 베들레헴 탄생을 예고했기 때문입니다.

미가는 "베들레헴 에브라다야 너는 유다 족속 중에 작을지라도 이스라엘을 다스릴 자가 네게서 내게로 나올 것이라 그의 근본은 상고요 태초니라"고 하였습니다(미5:2).

(2) 그리스도에게 인도한 그리스도의 별 (마2:9~10)

주님께서 탄생하신 곳이 베들레헴이란 것을 알아낸 헤롯의 태도가 아주 의기양양하고 교활한 것을 알 수 있습니다. 그의 행동을 요약하면, ① 가만히 박사들을 불러, ② 별이 나타난 때를 자세히 묻고, ③ 그들을 베들레헴으로 보내며, ④ 이르되 가서 아기에 대하여 자세히 알아보고, ⑤ 찾거든 내게 고하여, ⑥ 나도 가서 그에게 경배하게 하라고 하였습니다.

헤롯은 실로 용의주도하고 교활하기 이를 데 없는 악인이었음을 알 수 있습니다. ① 가만히 불러, ② 자세히 묻고, ③ 더 알아보도록 면밀하게 지시하고, ④ 나도 가서 경배할 것이니 꼭 내게도 알려야 한 다고 허무맹랑한 거짓말을 하여 왕위를 빼앗기지 않으려는, 그리스도를 제거하려는 음모를 철저히 은폐하였습니다.

그러나 이러한 헤롯의 계략도 하나님의 역사 진행에는 아무런 방해를 주지 못했습니다. 헤롯은 무사히 동방박사들을 베들레헴으로 출발시켰으며, 그들은 영영 되돌아오지 않았습니다. 악한 헤롯은 자기 꾀에 자기가 속았고, 자기가 판 함정에 자기가 빠진 것입니다.

그런데 동방박사들은 베들레헴으로 가다가 그들이 동방에서 보았던 그 별을 다시 만났습니다. 그들은 정말 기쁘고 반가웠습니다. 마태는 가장 크게 기뻐하고 기뻐했다고 표현했고 영어 번역에는 넘치는 기쁨(Overjoyed)이라고 표현했습니다.

자기 마음대로 판단하고 성급하게 예루살렘으로 쫓아 들어간 그들에게 하나님은 한 번 더 기회를 주셨습니다. 그러나 그들은 이제 다시 기회를 놓치지 않았습니다. 열심히 별을 따라 갔을 것입니다. 그 별은 마침내 아기예수님께서 계신 곳으로 그들을 인도해 주었습니다.

오늘날 성탄절의 의미도 성경에서 예수님 계신 곳을 찾고 하나님께서 인도하시는 대로 따라가는 것입니다. 칼빈은 기독교의 믿음은 눈을 감고 귀를 기우려 따라가는 것이라고 했습니다. 예루살렘이 아니라 베들레헴으로 왕궁이 아니라 시골이더라도, 가난한 여관으로, 구유로 찾아가는 것이 성탄절의 의미입니다.

Ⅲ. 나가는 말

A. 아기예수님께 경배를 드림(마2:11)

동방박사들은 천신만고 끝에 예수님 계신 곳에 도착했습니다. 구하는 이가 얻을 것이요 두드리면 열릴 것이며 찾는 사람은 찾게 될 것입니다. 그들은 드디어 집으로 들어가 "엎드려 아기께 경배" 하였다고 마태는 기술하였습니다(마2:11).

이러한 마태의 평범한 표현은 의미심장한 내용을 포함하고 있습니다. 모친 마리아도 함께 있었다고 했지만(2:11) 아기예수님께 경배를 드렸다고 했습니다.

성탄절에 이 땅에 오신 주님, 그 분만이 유일하신 경배의 대상이시며, 천하만민의 예배를 받으실 분이십니다. 그것은 사도 바울이 지적한바 예수 그리스도 이외에 구원 받을만한 다른 이름을 천하에 주신 적이 없기 때문입니다.

동방박사들은 준비해온 보배합을 열고 황금(Gold)과 유향(Incense)과 몰약(Myrrh)을 예물로 드렸습니다. 황금은 동서양을 막론하고 누구나 귀하게 여기는 보배입니다. 유향은 아라비아에서 생산되는 값비싼 향료이고, 몰약은 부패를 방지하고 심한 고통을 잊게 하는 귀한 나무 진액입니다.

성탄절은 황금보다 귀한 믿음과 향기로운 기도로 정성껏 주님께 예배를 드리는 가장 행복한 절기입니다.

B. 헤롯을 피하여 다른 길로 돌아감 (마2:12)

헤롯은 흉계로 동방박사들은 속일 수 있었지만 하나님은 아니었습니다. 아기예수님을 찾아 해치려는 그의 속셈을 처음부터 알고 계셨던 하나님은 꿈에 동방박사들에게 지시하여 헤롯에게 돌아가지 말라고 하셨습니다.

나중에 이 사실을 알게 된 헤롯은 자기가 박사들에게 속은 줄 알고 심히 분노했습니다(마2:16). 그러나 사실은 헤롯이 속지도 않았고 또 박사들이 속이지도 않았습니다. 오히려 헤롯이 속이려고 흉계를 꾸몄고 박사들은 하나님의 도움으로 속지 않은 것뿐입니다.

그런데 헤롯은 자기가 속았다고 스스로에게 속았으며 박사들을 속인 자들로 몰아부쳤습니다. 이런 사실은 옛날이나 지금이나 공존하는 악한 자들의 작태입니다. 성도들을 속이려 하다가 속지 않으면 오히려 자기들이 성내는 불신자들이 얼마든지 있습니다. 보이스 피싱 같은 것도 헤롯 같은 종류입니다.

"다른 길로 고국에 돌아가니라" 이 말씀에 유의하십시오. 아기예수님을 만난 동방박사들은 더 이상 헤롯의 길로 가지 아니하고 다른 길로 돌아갔습니다. 그 길은 하나님께서 제시하신 길입니다.

오늘 성탄절 예배를 드리신 성도 여러분! 이제 더 이상 헤롯의 길로 가지 마십시오. 그리고 하나님께서 제시하시는 다른 길, 좋은 길로 가십시오.

"여호와의 말씀에 내 생각은 너희 생각과 다르며 내 길은 너희 길과 달라서 하늘이 땅보다 높음 같이 내 길은 너희 길보다 높으며 내 생각은 너희 생각보다 높으니라"(사55:8~9)

천사가 이르되 무서워 말라 보라 내가 온 백성에게 미칠 큰 기쁨의 좋은 소식을 너희에게 전하노라
오늘 다윗의 동네에 너희를 위하여 구주가 나셨으니 곧 그리스도 주시니라
너희가 가서 강보에 싸여 구유에 누인 아기를 보리니 이것이 너희에게 표적이니라 하더니
홀연히 허다한 천군이 그 천사와 함께 있어 하나님을 찬송하여 가로되
지극히 높은 곳에서는 하나님께 영광이요 땅에서는 기뻐하심을 입은 사람들 중에 평화로다 하니라

<눅 2:10~14>

하나님께서 축복하신 결혼

[창세기 1장 26~28절]

본 문

26. 하나님이 가라사대 우리의 형상을 따라 우리의 모양대로 우리가 사람을 만들고 그로 바다의 고기와 공중의 새와 육축과 온 땅과 땅에 기는 모든 것을 다스리게 하자하시고
27. 하나님이 자기형상 곧 하나님의 형상대로 사람을 창조하시되 남자와 여자를 창조하시고
28. 하나님이 그들에게 복을 주시며 그들에게 이르시되 생육하고 번성하여 땅에 충만하라 땅을 정복하라 바다의 고기와 공중의 새와 땅에 움직이는 모든 생물을 다스리라 하시니라

내용 개요

Ⅰ. 시작하는 말

A. 결혼과 하나님의 축복 (창1:28A)
B. 하나님께서 만드신 결혼제도 (창2:24)

Ⅱ. 말씀 속으로

A. 하나님의 형상대로 만들어진 사람 (1:26)
  (1) 그러므로 하나님의 자녀로 살아야 함
  (2) 스스로의 품격을 높일 것

B. 사람을 창조하시되 남자와 여자로 지으심 (1:27)
  (1) 서로 돕는 배필로 만드심 (2:18)
  (2) 서로 합심하여 행복을 만들 것

C. 하나님께서 결혼을 축복하심 (1:28)
  (1) 하나님이 그들에게 복을 주시며…
  (2) 모든 소망을 이루고 승리하게 하심

Ⅲ. 맺음말

하나님께서 축복하신 결혼

창세기 1장26~28절

Ⅰ. 시작하는 말

A. 결혼과 하나님의 축복

성삼위 하나님과 존경하는 내빈 여러분, 그리고 신랑, 신부, 양가 부모님을 모시고 거행되는 성스러운 결혼예식에서 주례를 맡게 된 것을 본인은 생애의 큰 영광으로 생각하며 감사를 드리고, 신랑신부의 결혼을 진심으로 축하하는 바입니다.

본 주례는 무엇보다도 먼저 하나님께서 신랑신부와 오늘 새로 시작하는 새가정 위에 복의 복을 더하여 주시며 하나님의 은혜와 자비가 충만하고 신랑신부의 사랑이 영원하며 하나님께서 특별히 축복하시는 결혼이 될 것을 기원합니다.

B. 하나님께서 만드신 결혼제도(창2:24)

사람이 태어나서 성장하면 결혼하고 부부가 되어 가정을 이루는 제도는 처음부터 하나님께서 직접 만드신 제도입니다. 그러므로 "모든 사람은 혼인을 귀히 여기고 침소를 더럽히지 않게 하라"(히13:4)고 하셨습니다.

그러므로 결혼예식은 성스럽게 구별하여 경건하게 드려야 합니다. 예수님께서도 남녀가 결혼하여 하나를 이루는 것이 사람을 지으신 본래의 의도라고 지적하시고 하나님께서 짝지어 주신 것을 사람이 나눌 수 없다고 말씀하셨습니다(마19:6).

이제 봉독해 드린 창세기 1장 26절~28절 말씀을 셋으로 나누어 말씀을 드릴 때에 성령께서 각자의 마음속에 역사해 주셔서 신랑신부에게는 일생동안 기억되고, 유익하며 생의 지표와 이정표가 되시기를 바라며, 양가 부모님들에게도 큰 위로가 되시고, 이 자리에 참석하신 내빈 여러분들에게 은혜로운 말씀이 되시기를 소망합니다.

Ⅱ. 본 론 : 말씀 속으로

A. 하나님의 형상대로 만들어진 사람 (1:26)

(1) 그러므로 하나님의 자녀로 살아야 함

26절에 보면 하나님께서 사람을 하나님의 형상대로(Image of God) 만드셨다고 말씀하셨습니다.

그러므로 사람은 다른 어떤 피조물보다 월등히 고등스럽고, 우수하고, 우아하며, 지적 사고력이 뛰어나고, 정서작용이 활발하며, 의지와 판단력을 가지고 있습니다. 우리는 이것을 보통 인격적 존재라고 말씀합니다.

그러므로 사람은 하나님을 닮아야 하고 하나님의 자녀로 살아야 합니다. 사람은 하나님을 떠날 수도 없고 하나님과 분리할 수도 없는 존재입니다. 그래서 항상 하나님과 가까이 있으면서 그를 섬기는 것이 가장 안전하고 행복한 삶입니다.

여러분들은 힘들거나 어려운 것이 있을 때 하나님을 의지하고, 하나님을 믿고, 하나님께 맡기십시요 그러면 하나님께서 가장 선한 길로 또 옳은 길로 인도해 주실 것입니다. 왜냐하면 우리가 그의 자녀이기 때문입니다.

(2) 스스로의 품격을 높일 것

사람은 하나님의 형상대로 지음을 받았기 때문에 장점들이 많습니다. 좋은 성품들이 너무 많습니다. 그래서 이 영성들을 개발해야 합니다. 만약 그렇지 못하고 세상 쪽으로만 발달하면 사람이 삐뚤어지고 악해질 수 있습니다.

신랑신부는 하나님께서 우리를 사랑하심 같이 다른 사람을 사랑하시기를 바랍니다. 먼저 나를 낳아주시고, 길러주시고, 교육시켜주시고, 결혼시켜 주신 양가 부모님들을 진심으로 사랑하고 진정으로 존경하며 정성을 다하여 섬기고, 늘 감사하시기 바랍니다.

형제들과도 우애를 더욱 돈독히 하시고 서로를 배려하며 자기의 위치를 지키고 책임을 완수하며 형제간에 모범이 되시기 바랍니다. 이웃과 친척들에게도 새 부부의 성장과 발전을 보이십시요 사람이 결혼하는 것은 성큼 성장하고 발전하여 어른이 되는 것입니다.

이 외에도 사람이 사랑해야 될 것은 얼마든지 있습니다. 자기자신도 사랑할 줄 알아야 합니다. 그래서 스스로의 품격을 높이고 마음을 항상 깨끗하게 다스려 예술과 예능도 사랑하고, 사색의 차원을 높여 철학과 윤리도 사랑하고, 시와 글과 문학 그리고 구름과 꽃과 자연도 사랑하는, 어느 하나 빼놓을 것이 없는 진주보다 더 귀하고 보석보다 더 값진 부부가 되시기를 기원합니다.

B. 사람을 창조하시되 남자와 여자로 지으심(1:27)

(1) 서로 돕는 배필로 만드심(창2:18)

창세기 2장 18절에 보면 여호와 하나님께서 사람의 독처하는 것이 좋지 못하니 내가 그를 위하여 돕는 배필을 지으리라고 하셨습니다. 그러므로 부부는 서로 돕는 배필입니다.

배필은 남이 아니고, 거울 속에 비춰진 자기와 똑같은, 마주서 있는 또 하나의 자기라는 뜻입니다. 그러므로 부부는 항상 함께 있으면서 눈길을 떼지 않고 관심을 가지는 불가분리의 관계입니다.

그러므로 부부는 서로 이해해야 합니다. 이해해주고, 또 이해받고, 도와주어야 합니다. 도와주고, 도움 받고, 힘들 때 붙잡아주고 부족한 점이 보이면 흉보는 것이 아니라 즉시 채워줘야 합니다. 배필이기 때문입니다.

그러므로 부부는 서로 사랑할 수밖에 없습니다. 부부간의 사랑은 다른 사람보다 아주 특별한 사랑입니다. 절대적이고, 무조건적이고, 변할 수도 없는 아주 강하고 훨씬 절박하고, 보다 실질적인 사랑입니다.

애정문학의 대가인 솔로몬왕은 그의 저작 "노래 중의 노래"에서 이 사랑은 많은 물로도 끄지 못하고, 홍수에도 떠내려가지 않으며 어떤 사람이 재산을 다 준다고 이 사랑과 바꾸자고 한다면 그는 오히려 멸시를 받을 것이라고 하였습니다(아8:7).

(2) 서로 합심하여 행복을 만들 것

사람이 배필을 만나 결혼하고 가정을 이루는 것은 하나님의 거룩하신 뜻이기 때문에 인생경로의 바른 길을 가는 것입니다. 그래서 부부는 어디를 가나 누구 앞에서든지 당당하고 떳떳한 관계입니다. 이 세상에서 가장 가까운 사이이고 가족들 중에서도 부부보다 가까운 사이는 없습니다.

그리고 결혼한 부부는 당연히 행복해야 합니다. 부부는 행복할 권리가 있습니다. 그런데 행복하기 위해서는 행복할 수 있는 방법을 바로 알아야 합니다.

인생은 행복을 찾아 떠나는 것이 아니고 손잡고 뜻을 모아 행복을 만드는 것입니다. 행복을 찾아 이 세상을 주유할지라도 그는 불행한 방랑자가 될 뿐입니다. 행복은 찾아지는 것이 아니고 만들어지는 것이기 때문입니다.

신랑과 신부가, 나(Ich)와 당신(Du)이, 일인칭과 이인칭이 손과 마음을 마주하여 함께 노력하면서 만드는 것이 행복이라는 이 소박한 행복론을 이해한 사람만이 행복해 질 수가 있습니다.

신랑신부는 "나를 행복하게 하라"가 아닌 "우리 함께 행복을 만들자"라는 명제를 마음에 새기며 오늘부터 행복을 하나씩 만들어 가시기 바랍니다.

C. 하나님께서 결혼을 축복하심 (1:28)

(1) 하나님께서 그들에게 복을 주시며…

마지막 28절에 보면 하나님께서 그들 부부를 축복하셨습니다.

결혼에서 가장 중요한 것은 하나님의 축복을 받는 것입니다. 우리는 하나님의 축복 속에서 호흡하고 동작하고 행복할 수 있습니다.

사람이 할 수 있는 것과 하나님께서 주시는 것은 한계가 있습니다. 우리는 열심히 일하고 돈을 벌어서 좋은 집은 살 수가 있습니다. 그러나 그 집에서 누리는 평화는 하나님께서 주시는 것입니다. 사람은 또 값비싼 옷을 살 수가 있습니다. 그러나 그 옷에 쌓여 있는 사람의 수명은 하나님께서 결정하십니다. 사람은 고급침대를 구입할 수도 있을 것입니다. 그러나 그 침대에서 단잠을 이룰 수 있는 것은 하나님의 은총입니다. 상아 침대에서 잠을 이루지 못하고 몸부림치는 사람도 얼마든지 있습니다.

오늘 결혼하는 신랑신부, 그리고 양가 부모님, 그리고 여러분들에게 하나님의 그 크신 축복이 함께 하시기를 기원합니다. 언제나, 어디를 가서, 무엇을 하시든지 하나님께서 보호해주시고, 지켜주셔서 평강과 은혜가 충만하시기를 바랍니다.

(2) 모든 소망을 이루고 승리하게 하심

하나님은 인간을 만물의 영장으로 만드시고, 생육하고 번성하여 땅에 충만하고, 정복하고, 다스리라고 하셨습니다. 이 말씀은 항상 건강하고, 예쁜 자녀를 낳고 계속 전진하며, 경제적으로 부유하게 되고, 사회적으로 존경받으며, 자신들이 계획했던 모든 꿈을 이루라는 축복의 말씀입니다.

오늘 결혼하시는 새 부부는 부디 하나님과 사람에게 인정받고 성공과 승리의 길로 전진하시기 바랍니다.

Ⅲ. 맺음말

부디 행복하십시오, 처음 사랑을 견지하십시오, 하나님께서 새 부부와 항상 함께 하시고 보살펴 주시기를 기원합니다.

감사합니다.

예수께서 대답하여 가라사대 사람을 지으신 이가 본래 저희를 남자와 여자로 만드시고

말씀하시기를 이러므로 사람이 그 부모를 떠나서 아내에게 합하여 그 둘이 한 몸이 될지니라 하신 것을 읽지 못하였느냐

이러한즉 이제 둘이 아니요 한 몸이니 그러므로 하나님이 짝지어 주신 것을 사람이 나누지 못할지니라 하시니

<마19:4~6>

祝福 받은 부르심

[계시록 14장 12~13절]

장래 예배 설교

본 문

12. 성도들의 인내가 여기 있나니
    저희는 하나님의 계명과 예수 믿음을 지키는 자니라
13. 또 내가 들으니 하늘에서 음성이 나서 가로되 기록하라 자금 이후로 주 안에서 죽는 자들은 복이 있도다 하시매 성령이 가라사대 그러하다 저희 수고를 그치고 쉬리니 이는 저희의 행한 일이 따름이라 하시더라

내용 개요

Ⅰ. 서 론

A. 내용으로 안내하는 말
B. 사도 요한이 말하는 축복의 말들

Ⅱ. 본 론: 말씀 속으로

A. 믿음을 지킨 성도들의 祝福 (계14:12)
(1) 인내로 지킨 성도들의 믿음
(2) 역사의 격동기에 지킨 믿음

B. 주 안에서 부름받은 성도들의 祝福 (계14:13B)
(1) 주 안에서 부름받는 복된 성도들
(2) 주 안에서 부름받은 선진들의 모범

C. 수고를 그치고 안식하는 성도들의 祝福 (계14:13C)
(1) 세상의 모든 수고를 끝내는 축복
(2) 진정한 평안과 안식을 누리는 축복

Ⅲ. 맺음말

祝福 받은 부르심

계 14:12~13

장례 예배 설교

Ⅰ. 서 론

A. 내용으로 안내하는 말

사랑하고 존경하는 장로님을 먼저 하늘나라로 보내고 남은 가족들을 믿음으로 격려하고 위로하기 위해서 우리 모두 이 자리에 모여 정성으로 예배를 드립니다.

말씀을 묵상하실 때에 성령께서 우리 심령에 역사하여 주시며 유가족들의 아픈 마음을 어루만져 주시고 슬픔을 달래시며 이 자리에 참석하신 성도들에게 은혜 베풀어 주시기를 기원합니다.

B. 사도 요한이 말하는 축복의 말들

사도 요한은 본문 13절에서 "주 안에서 죽는 자들은 복이 있다"고 기술하였습니다. 계시록은 성경 66권중 맨 마지막 말씀으로 저자는 본서에서 일곱 가지 축복을 언급하고 있습니다.

첫째는 하나님의 말씀을 읽고, 듣고, 지키는 자의 복 (계1:13)
다음은 본문에 나오는 대로 주 안에서 죽는 자들의 복 (계14:13)

셋째는 깨어 자기 옷을 지키는 자의 복 (계16:15)
네 번째로 어린 양의 혼인잔치에 초청된 자의 복 (계19:9)
다음은, 첫째 부활에 참여하는 자의 복 (계20:6)
여섯 번째 하나님의 말씀을 지키는 자의 복 (계22:7)
그리고 마지막으로 자기 두루마기를 빠는 자의 복입니다 (계22:14)

성도들은 죽는 것을 마지막이라고 생각하지 않습니다. 오히려 영원하신 하나님의 나라로 부르심을 받은 것이라고 믿고 감사하며 위로를 받습니다. 그러므로 주 안에서 부르심을 받은 성도는 이 세상이 줄 수 없는 영원한 축복으로 초청되신 것으로 믿습니다.

Ⅱ. 본 론 : 말씀 속으로

A. 믿음을 지킨 성도들의 祝福 (계14:12)

(1) 인내로 지킨 성도들의 믿음

"성도들의 인내가 여기 있나니 저희는 하나님의 계명과 예수 믿음을 지키는 자"라고 하셨습니다.

첫 번째 우리가 축복 받은 것은 하나님의 계명을 지키고 예수 믿음을 지키면서 이 험난한 세상을 살아간다는 것입니다. 사람이 한 평생을 살면서 변함없이, 한 길로, 믿음을 지키면서, 또 그 믿음대로 산다는 것은 쉬운 일이 아닙니다.

그러나 성도들은 인내함으로 이 믿음을 지켰습니다. 야고보는

"인내를 온전히 이루라"고 했습니다(약1:4). 끝까지 믿음을 지키라는 뜻입니다.

(2) 역사의 격동기를 지킨 믿음

오늘 하나님의 거룩한 부르심을 받은 장로님은 격동의 시대를 인내와 믿음으로 일관해 오신 우리 교회의 자랑스러운 어른이십니다.

우리 시대의 조국은 바벨론 포로기나 제1세기의 유대 역사를 방불케 할 정도로 혼란기였습니다. 구한말 나라를 잃고, 일제 압정 속에 민족은 흩어지고 신음했습니다.

교회는 온갖 박해와 환난을 당하면서 겨우 뿌리와 가지 하나만 남겨 둔 것처럼 명맥을 이어 왔습니다. 교회의 지도자들은 체포되어 매맞고, 투옥당하고, 건물은 불타고 무너졌습니다.

잠간 해방을 맞았지만 해방의 기쁨을 누리지도 못한 채 곧 이어 육이오 전쟁이 터졌습니다. 뼈아픈 동족상잔으로 민족은 끓는 가마솥처럼, 성난 파도처럼, 방향을 잃고 소용돌이쳤습니다.

휴전, 데모, 군정, 개혁, 근대화 등 우리는 격동기에 태어났고, 격동기를 살아왔습니다.

존경하는 장로님은 이러한 민족의 격랑을 오직 예수 그리스도를 향한 믿음으로 초지일관, 일구월심, 진리를 실천하며 교회에 봉사하며 인내하심으로 믿음을 지키며 일생을 사셨습니다.

낯설고 물선 미국으로 건너와 우리 교회에서 18년간을 섬기고 봉사하셨고 개척 교회의 모든 어려움을 믿음으로 극복하시면서도 자녀들을 훌륭한 신앙인으로, 인격자로, 장로로 기르셨습니다.

우리는 여기서 성경이 말씀하신바 "성도들의 인내가 여기 있음"을 발견할 수 있습니다. 장로님은 끝까지 예수 믿음을 지켰으니 후회도, 포기도 모르는 믿음의 삶을 사셨습니다.

B. 주 안에서 부름 받은 성도들의 축복 (14:13B)

(1) 주 안에서 부름 받는 복된 성도들

사도 요한은 인내하고 믿음을 지킨 성도들(12절)의 죽음을 "주 안에서 죽는 자"(Die in the Lord, NIV)(13절)라고 표현하였습니다.

시편 기자는 "성도들의 죽는 것을 여호와께서 귀중히 보신다"(시116:15)고 하였습니다. 비슷한 말이기도 하지만 교인은 교회에 다니는 사람입니다. 신자는 회개하고 예수 그리스도를 구주로 믿는 사람일 것입니다. 그리고 성도는 예수 믿는 믿음을 지키고 성령이 충만하여 나를 이기고 또 세상을 이기고 빛으로, 소금처럼 살면서 성령의 열매를 풍성히 맺는 사람입니다. 우리 모두 "주 안에서" 부르심을 받는 성도들이 되십시다.

사도 바울은 "그리스도 안에서"라는 말을 많이 사용한 사람입니다. 바울은 옥중서신 전편에서 "내가 감옥에서"라는 말보다 "그리스도 안에서"라는 말을 많이 쓰고 있습니다.

바울은 가이사랴, 빌립보, 로마 등 여러 감옥에 수감된 적이 있습니다. 그러나 그는 차가운 감옥의 벽들이나 육중한 돌담을 생각하기보다는 늘 주님을 생각하고 주님을 사모하였습니다. 그래서 "옥중에서"가 아니라 "그리스도 안에서"라고 글을 썼습니다.

사도 바울이 말년에 그의 파란만장한 생애의 마지막을 예감하면서 이렇게 제자 디모데에게 편지를 썼습니다; —

> "관제와 같이 벌써 내가 부음이 되고 나의 떠날 기약이 가까웠도다. 내가 선한 싸움을 싸우고 나의 달려갈 길을 마치고 믿음을 지켰으니 이제 후로는 나를 위하여 의의 면류관이 예비 되었으므로 주 곧 의로우신 재판장이 그날에 내게 주실 것이니 내게만 아니라 주의 나타나심을 사모하는 모든 자에게니라"(딤후4:6~8)

(2) 주 안에서 부름 받은 선진들의 모범

초대 교회의 스데반 집사는 극심한 박해 때에 유대 폭도들에 의하여 돌에 맞아 순교하였습니다. 그는 돌무덤에 쌓이면서 "보라 하늘이 열리고 인자가 하나님 우편에 서신 것을 보노라"(행7:56) 하면서 성령에 충만하여 부르심을 받았습니다.

그는 이를 갈며 달려드는(행7:54) 난폭한 박해자들과 그들이 던지는 죽음의 돌들을 의식하지 않고 오직 예수 그리스도만을 우러러 보면서 장렬한 최후를 맞았습니다. 주 안에서 부르심을 받는 모습이었습니다.

유명한 역사가 유세비우스(Eusebius)는 주님의 동생이요 초대 예루살렘교회 감독이었던 야고보의 최후에 대해서 진솔하게 기록하였습니다.

야고보는 유대교권주의자들에게 붙잡혀서 예수님은 하나님의 아들이 아니며 그리스도도 아니라고 증거하라는 강요를 받았습니다. 그러나 그는 그들의 요구를 거절하고 예수님은 하나님의 아들이요 그리스도이심을 증거하여 돌에 맞아죽게 되었습니다.

야고보는 “하나님이여 이 죄를 저들에게 돌리지 마소서 저들은 저들이 하는 일을 알지 못하나이다”라고 기도를 했고 레캅반열의 제사장 하나가 “여러분 멈추시오. 저 의인은 지금 우리를 위해서 기도하고 있소”라고 외쳤습니다. 그러나 그때 한 세탁업자가 방망이로 야고보의 머리를 내려쳤고 야고보는 쓰러져 숨을 거두었다고 합니다.

이 자리에 참석하신 성도 여러분, 그리고 유가족 여러분, 우리 믿음의 선배들은 마지막 부르심을 받을 때에 그들은 죽음, 그 자체에 대해서는 아무런 의미도 부여하지 않았고 또 관심도 기울이지 않았습니다.

뿐만 아니라 그들은 죽음이 슬픔의 대상도 아니요 두려움의 대상도 전혀 아니었습니다. 우리 주 예수 그리스도로 말미암아 우리에게 주신 그 풍성하신 영생이 사망을 이기고도 넉넉히 남기 때문입니다.

주 안에서 부르심을 받은 성도들은 복이 있습니다. 우리 장로님은 달려갈 길을 마치고, 선한 싸움을 싸우고 끝까지 믿음을 지켰으니 주 안에서 부르심을 받은 줄 확신합니다.

C. 수고를 그치고 안식하는 축복(14:13C)

(1) 세상의 모든 수고를 끝낸 축복

아들 요셉을 찾아 애급으로 내려간 야곱은 바로왕을 만났습니다. 바로는 그에게 나이를 물었는데(창47:8) 야곱은 대답하기를, “내 나그네 길의 세월이 일백 삼십년이니이다” 그리고 “험악한 세월을 보내었나이다”(창47:9)라고 하였습니다.

과연 야곱은 이삭의 쌍둥이 아들로 태어나면서부터 130년을 사는 동안에 세상의 온갖 수난을 다 받았습니다. 속고 속이고 위협받고 도망 다니며 고난의 여정을 살아왔습니다.

모세는 人生이 아침에 돋는 풀과 같고(시90:5) 풀은 아침에 꽃이 피어 자라다가 저녁에는 벤바되어 마른다고 개탄하였으며(시90:6) 우리의 연수가 칠십이요 강건하면 팔십이라도 그 년수의 자랑은 수고와 슬픔뿐이라고 갈파하였습니다(시90:10).

하나님은 아담에게 "네가 네 아내의 말을 듣고 내가 너더러 먹지 말라한 나무 실과를 먹었은즉 땅은 너로 인하여 저주를 받고 너는 종신토록 수고하여야 그 소산을 먹으리라"라고 하였고(창3:17) 또 하와에게는 "내가 네게 잉태하는 고통을 크게 더 하리니 네가 수고하고 자식을 낳을 것"이라고 하였습니다(창3:16).

인류의 조상이 운명적으로 수고하도록 결정되었습니다. 그래서 그 후손으로 태어난 모든 인류는 수고로이 살도록 멍에가 메어졌습니다.

그리고 솔로몬은 그의 전도서에서 "사람이 해 아래서 수고하는 모든 수고와 마음에 애쓰는 것으로 소득이 무엇이랴 일평생에 근심하며 수고하는 것이 슬픔뿐이라 그 마음이 밤에도 쉬지 못하나니 이것도 헛되도다"(전2:22~23)라고 하였습니다.

주님은 "수고하고 무거운 짐진자들아 다 내개로 오라 내가 너희를 쉬게 하리라"(마11:28)고 하셨습니다. 주님은 우리를 푸른 초장과 쉴만한 물가로 인도하시는 목자이십니다.

비바람이 심하게 몰아치는 어느 날, 한 가정주부가 바깥에 둔 귀한 난초화분이 생각나서 급하게 뛰어나갔더니 난초화분은 이미 어디론가 없어진 다음이었습니다. 그 때 뒤따라 나온 남편이 "내가 그 난초를 아껴서 바람불기전 이미 안전한 곳으로 옮겼소"

라고 했습니다.

하나님은 우리 장로님을 극진히 아끼고 사랑하셔서 이 세상의 헛된 수고를 모두 끝내게 하시고 비바람을 더 맞지 않도록 그의 품으로 안아가신 것입니다.

(2) 진정한 평안과 안식을 누리는 축복

사도 요한은 "하나님의 장막이 사람들과 함께 있으매 하나님이 저희와 함께 거하시리니 저희는 하나님의 백성이 되고 하나님은 친히 저희와 함께 계셔서 모든 눈물을 그 눈에서 씻기시매 다시 사망이 없고 애통하는 것이나 곡하는 것이나 아픈 것이 다시 있지 아니하리니 처음 것들이 다 지나갔음이라"고 하였습니다.

하나님의 나라에는 슬픔이 없고 다시는 눈물이 없는 곳입니다. 세상의 눈물과 슬픔이 지나갔다고 했습니다. 그러므로 기쁨과 즐거움이 있을 뿐입니다. 불행했던 모든 기억들이 씻은 듯이 사라진 곳입니다.

아픈 것이 다시 있지 아니할 것이라고 했습니다. 이 세상에는 얼마나 아픈 것이 많고 병도 많고 사고도 많습니까. 그러나 하나님 아버지의 나라에는 이런 것들이 다 지나가고 하나도 남아 있지 않습니다. 그러므로 더 이상 느껴야 할 고통이 없고, 쉬어야 할 한숨도 없습니다.

우리는 그곳에서 앞서간 가족들과 친구들, 성도들의 환영을 받을 것이며 그들과 즐거운 만남을 가질 것입니다. 그리고 하늘의 평안과 안식을 영원히 영원히 누릴 것입니다.

Ⅲ. 맺음말

세계적으로 유명한 전도자 D. L. Moody는 임종 때 울고 있는 딸에게 "울지말라 내가 조금 먼저 떠나는 것뿐이다"라고 말했습니다. 목회자 토마스 목사는 자신의 임종을 지켜보는 아들에게 "내가 너처럼 젊어질 수 있다고 해도 나는 그것을 거절하고 지금 떠날 것이다"라고 하면서 조용히 눈을 감았습니다.

여러분 이제 우리는 편안한 마음으로 장로님을 보냅시다.

유가족 여러분! 믿음으로 승리하십시오.

그리 아니하실지라도

2011년 8월 17일 인쇄 값 15,000원
2011년 8월 26일 발행

지은이 / 권 구 철
발행인 / 백 성 대
편 집 / 박 명 화
표 지 / 김 창 원
발행처 / 노 문 사
주 소 / 서울·중구 인현동2가 192-30
등 록 / 2001. 3. 19 제2-3286호
TEL / (02)2264-3311
FAX / (02)2264-3313
ISBN 978-89-86785-84-5